何迪 编著

# 远游良多艰 壮心未能已

## 何康的青少年时代

人民东方出版传媒
东方出版社
The Oriental Press

图书在版编目（CIP）数据

远游良多艰　壮心未能已：何康的青少年时代/何迪 编著．—北京：东方出版社，2023.11
ISBN 978-7-5207-3461-5

Ⅰ.①远…　Ⅱ.①何…　Ⅲ.①何康（1923—2021）—传记　Ⅳ.①K826.3

中国国家版本馆CIP数据核字（2023）第088641号

**远游良多艰　壮心未能已：何康的青少年时代**
（YUANYOULIANGDUOJIAN ZHUANGXINWEINENGYI: HEKANG DE QINGSHAONIAN SHIDAI）

**作　　　者**：何迪 编著
**策 划 人**：孙　涵
**特约编辑**：王　蕾
**特约图片编辑**：王　苗
**封面设计**：李明元
**责任编辑**：王学彦　申　浩
**出　　版**：东方出版社
**发　　行**：人民东方出版传媒有限公司
**地　　址**：北京市东城区朝阳门内大街166号
**邮　　编**：100010
**印　　刷**：北京联兴盛业印刷股份有限公司
**版　　次**：2023年11月第1版
**印　　次**：2023年11月第1次印刷
**开　　本**：787毫米×1092毫米　1/16
**印　　张**：19
**字　　数**：240千字
**书　　号**：ISBN 978-7-5207-3461-5
**定　　价**：88.00元
**发行电话**：（010）85924663　85924644　85924641

**版权所有，违者必究**

如有印装质量问题，我社负责调换，请拨打电话：（010）85924602　85924603

# 序言

2021年7月3日8时零3分，我的父亲何康走到了人生99年旅程的终点。我在医院里写下了讣告："他一颗善良仁爱之心永不停息，他一生无私奉献的精神将永存。"在他生前、身后的两个父亲节，我写下了感言："他的一生，丰富多彩，可讲述的故事很多，可记载的业绩不少，但萦绕在我心头的始终是，'他是怎样的一个人？''他为什么会是这样一个人？'"2022年，新冠疫情猖獗。宅在家中，我开始整理父亲的遗物，二三百本笔记和日志、几百封书信、数千张照片，以及"文革"中的"交代""思想改造汇报"……一字一图都镌刻着生命印记，一枝一叶都牵动着父子深情。为了给自己一个答案，也为了满足爱他、怀念他、希望传承他精神的人们的心愿，我开始了整理与撰写父亲一生的工作。

回顾父亲的一生，编撰写作大纲，我拟出了"三部曲"加一尾声。第一部：《远游良多艰，壮心未

**父与子**
初为人父的何康抱着儿子何笛（何迪）。何迪1946年12月1日出生于南京，1947年随父迁往上海

能已——何康的青少年时代》，涵盖了1923年2月出生到1952年7月的岁月，为"立志篇"；第二部：《把心交给人民——何康海南岁月家信文稿珍辑》，涵盖了1952年7月到1977年年底，为"立业篇"；第三部:《我是八亿农民的代表——何康在农业的领导岗位上》，涵盖了1978年至1999年离休的岁月，为"从命篇"；加上《莫道桑榆晚，人间重晚晴——何康的离休生活》作为尾声，为"从心篇"。

"立志、立业、从命、从心"出自孔子的人生名言："吾十有五而志于学，三十而立，四十而不惑，五十而知天命，六十而耳顺，七十而从心所欲，不逾矩。"父亲13岁入福建马尾海军学校，15岁加入抗宣七队参加革命，16岁在重庆南开中学入党，18岁进入广西大学农学院，与农业结缘，24岁从事上海地下工作，27岁担任了华东农林部副部长。父亲在青少年时代立下了追随中国共产党的信仰，献身农业的志向，谓之"立志"，并以卓有贡献的地下工作和学习做好农业领导的行动践行志向。在近"而立之年"，29岁的他投身中国的热作橡胶事业，迁所建院，在海南儋州苏东坡曾经的流放地，草棚上马，建立了著名的热作"两院"，在宝岛新村奋斗了20年，可谓"立业"。到了知天命之年，他于1978年奉调回京，就任农林部副部长，而后任部长、人大常委会委员。党的十一届三中全会拉开了中国改革开放的大幕，父亲从旧官僚家庭出身和小资产阶级知识分子身份的紧箍咒中解放了出来，新的岗位为他提供了更大的平台，他自许为"中国农民的代表"，可谓"知天命"而"从命"。1999年父亲离休时已经76岁，到了"从心所欲"之年，享受生活，发挥余热，"不逾矩"。他用一生在体悟、实践着这个"矩"——要站在中国历史进步的一边！

党史专家章百家总结中共在取得全国政权前，人们为什么要参加革命，追随共产党？有三种原因：一是出于爱；二是出于恨；三是没了活路，被迫参加。显然，父亲的选择是出于爱：看到社会不公而爱人民，面临日本入侵而爱祖国。家庭民主自由的环境、时代革命的潮流、对共产主义的憧憬、进步书籍的启蒙、共产党人的引领，让他做出了自己的选择。少年立志，青年立业，中年从命，老年从心，追求人生真善美的境界，善为中心，左求真，右追美，父亲就是这样一个人。他坚持了一辈子，直至生命的终点。

在85岁时，父亲"敬题爷爷一九〇三年出川舟过瞿塘峡时旧作，题祝爱儿迪苗壮心未已，书此存念"，于是我取爷爷诗中两句"远游良多艰，壮心未能已"作为《何康的青少年时代》的冠题。作为何家的第三代，我追踪爷爷、父亲的足迹，努力回答父亲"为什么会是这样一个人？"。这本书记录了他成为这样一个人的起点。

# 目　录

### 第一章　我的家庭
悼念我的父亲何遂　　　　　　　　　　　　　　何　达　　003

### 第二章　走上革命的道路
我的少年时光　　　　　　　　　何康口述，何达、何迪整理　　021

何家"特别党小组"　　　　　　　　　　　　　　何　迪　　051

马尾海校"三人"组的故事　　　　　　　　　　　何　迪　　073

"抗宣队"的传奇　　　　　　　　　　　　　　　何　迪　　079

### 第三章　结缘农业的开始
生我父母，育我沙塘　　　　　　　　　　　　　　何　迪　　093

### 第四章　终身伴侣
母亲与父亲
　　——善集一身，爱聚一心　　　　　　　　　何　迪　　123

### 第五章　地下工作生涯
解放战争时期的何遂　　　　何世庸、何康、何嘉口述，何达整理　　187

从大陆战斗到台湾

——缅怀吴石伯伯　　　　　　　　　何康口述，何达整理　203

"有事情，找何康"

——为了吴伯伯的嘱托　　　　　　　　　　　何　迪　223

捐赠《长江万里图》

——实现父辈最后的嘱托　　　　　　　　　　何　迪　237

## 第六章　学习当领导

在华东农林部的日子里　　　　　　　　　　　何　迪　265

## 附　录

怀念先父缪秋杰　　　　　　　　　　　　　缪希霞　283

1951年"三反"运动中的思想汇报　　　　　　缪希霞　287

何家家系表　　　　　　　　　　　　　　　　　　　295

缪家家系表　　　　　　　　　　　　　　　　　　　296

# 第一章 我的家庭

# 悼念我的父亲何遂

何 达

原载于 1985 年 2 月 24 日《人民日报》

　　按语：这是由叔叔何达执笔，发表在 1985 年 2 月 24 日《人民日报》上的文章，用它作为本书的开篇，以便读者了解父亲何康的家庭背景。爷爷何遂 1968 年 1 月 11 日因心肌梗死去世，时值"文革"期间，没有举办任何告别活动，包括文字生平。"文革"结束，平反冤假错案，于是由父亲主导，寻求组织批准，将达叔撰写的文章送给时任中央书记处书记习仲勋同志审阅，并获得全国政协主席邓颖超的批准。当年出于保密的需要，文章没有涉及爷爷在解放战争时期为党工作的情况。22 年后，在编撰《何遂遗踪》时，由父亲和大伯伯、姑姑回忆，达叔执笔，写下了《解放战争时期的何遂》《从大陆战斗到台湾——缅怀吴石伯伯》两篇文章，我也收录在本书内，既交代了父亲在上海从事地下工作的情况，又让读者对中国现代史里的"老何家"有更全面的了解。

1951 年于上海，此乃新中国成立后首张家人合影。中为何遂、陈坤立，后排左起：何嘉、何世平、何世庸、何康、何达。当时何遂任华东军政委员会司法部部长，何康为华东农林部副部长

第一章　我的家庭

2007年春,"寻踪之旅"何家亲友大合影于保定陆军军官学校。何遂1907年二期入校,1915年应召为首位华人战术教官

父亲病逝17年了,他的音容笑貌常常浮现在我眼前。

父亲字叙甫,福建闽侯人,1888年生。

1904年,父亲进入福建武备学堂,结识了林觉民、方声洞、陈更新等,开始参与反清革命活动。1906年,他到南京在第九镇当排长。1907年,父亲考入了河北保定陆军随营军官学堂(后改称陆军大学)。这年,由方声涛主盟,加入了中国同盟会。

1909年秋,父亲在陆军大学第二期毕业后随耿毅等一批青年志士,到广西训练新军的机构"督练公所"参谋处,担任筹略科科长兼陆军干部学堂教官。1910年,他和耿毅、刘建藩、杨明远等几位同盟会会员创建了同盟会广西支部,耿毅为支部长,父亲为参议,赵正平为秘书长。在桂林福棠街二号设立机关,积极发展组织,出版《南报》(后改为《南风报》)宣传革命。

第一章 我的家庭

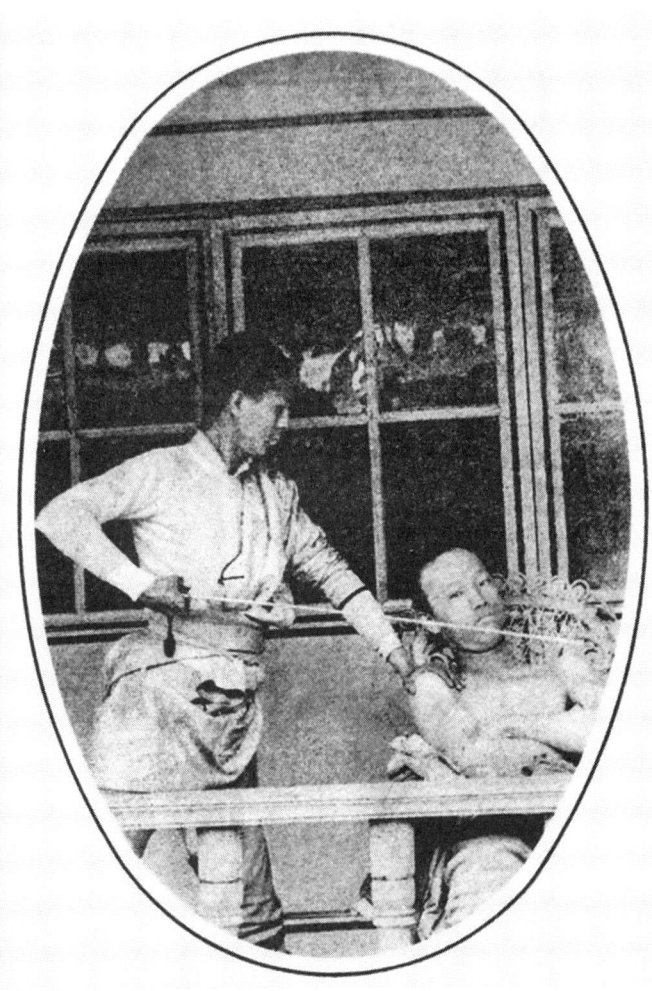

此合影1910年摄于桂林福棠街二号中国同盟会广西支部秘密机关。持剑者为广西同盟会支部部长耿毅，抱臂坐椅睥睨者为同盟会支部参议何遂，意示革命意志坚定，"威武不能屈"也

此为何遂收藏的旧照并做出人物标示，时为北洋第六镇统制吴禄贞亲信参谋，参加了辛亥起义

005

武昌起义爆发时，父亲是清军北洋第六镇统制吴禄贞的参谋。吴禄贞是革命党，在北方军人中颇有声望。山西宣布独立后，清廷任吴禄贞为山西巡抚，命他攻取山西。吴禄贞派父亲和协统吴鸿昌率部进驻石家庄。清廷电促吴鸿昌进攻娘子关，父亲得悉山西革命党实力空虚，便利用吴鸿昌畏葸不前和首鼠两端的心理，用缓兵计阻止了进攻。吴禄贞抵石家庄后，派父亲到山西去联系，消除了阎锡山的顾虑，父亲又随吴禄贞到娘子关与阎锡山会晤，组成燕晋联军，推吴禄贞为大都督，阎副之。当时，吴禄贞已与驻滦州的二十镇统制张绍曾、混成协协统蓝天蔚有约，准备同时起义，直取北京，并接受父亲献策，扣压清军运送辎重的列车，截断北京通往汉口前线的铁路交通。因此，吴禄贞的存在，对清廷和袁世凯构成极大威胁，这是吴禄贞被刺杀的背景。吴禄贞在石家庄火车站被刺的那个晚上，父亲宿于隔壁屋子里，听见枪声后冲出去，吴禄贞的人头已经不见了。父亲对我说，慌乱中他没有找到手枪，只拿了一把短剑，看到吴统制被害，悲愤到极点，曾用短剑自刎，那把剑恰恰没有开口，很钝，把他的脖子割破了，血流了下来，疼痛使他猛醒：不能这样死，要继承吴统制的遗志。父亲率领第六镇部分官兵宣布起义，被推为燕军大都督，他抱着失去人头的吴禄贞的尸体到娘子关。阎锡山对他说："如今燕晋联军仍然存在，我比你年长几岁，也不客气，我就担任联军大都督，你屈任副都督吧。"父亲只求他厚葬吴禄贞。吴禄贞的坟后来修在石家庄火车站旁，立了很大的碑，碑文中记下了父亲这段经历。

1961年10月初，纪念辛亥革命50周年，何遂（三排右十四）参加了由周恩来、董必武主持的多项纪念活动，他的《辛亥革命亲历纪实》一文被收入中华书局出版的《辛亥革命回忆录》第一卷

第一章 我的家庭

　　辛亥革命时期,年轻的父亲充满了反对封建帝制的革命激情和忘我的牺牲精神,在当时的历史条件下,他是走在时代潮流的前面的。父亲对辛亥革命的结局很失望,随着清王朝的覆灭,他在政治上也失去了明确的奋斗方向。

　　1915年,父亲应黎元洪的邀请,到陆军大学任战术教官,与李济深同事,他们从此相交甚契。云南"护国战争"发动后,父亲潜往山西大同,策动晋北镇守使孔庚通电反袁,电文是他起草的。这是北方首先起来反袁的。结果,孔庚被阎锡山抓了起来,父亲则由山西警备司令胡谦"陪送"出境。袁世凯死了,黎元洪、段祺瑞政府派父亲和沈鸿烈、郑桓等为代表,赴欧洲观战,父亲到过法、意前线,

欧洲观战团取道美国赴欧,1917年2月在美国华盛顿乔治城住处留影,右一为陆军上校何遂,右三为海军中校沈鸿烈,站立者为陆军上校郑桓

1916年12月到1918年7月，北洋政府派出欧洲观战团，何遂（左九）在法国战场，照片上有他的说明

并去过英、美等国。归国后，他写了一本书《欧洲观战记》。

这段生活以及父亲1913年去日本考察学习的经历，对他的资产阶级民主思想的发展是有影响的。"护法运动"时，父亲曾由广州"护法"政府委任为"靖闽军司令"，在福建从事推倒李厚基的活动，失败后，再次东渡日本。1920年父亲经直系军阀曹锟卫队旅（十五混成旅）旅长孙岳引荐，做了曹锟的军官教导团的教育长。1924年，冯玉祥联合孙岳、胡景翼发动"北京政变"，囚禁了贿选总统曹锟，建立国民军，通电欢迎孙中山先生北上共商国是。父亲作为孙岳的参谋长和挚友，始终参与策划和行动。国民军时期，他任第三军参谋长、第四师师长（第三师师长是杨虎城将军），还担任民国北京政府的航空署署长、国民军空军司令。国民军中聘有几十名苏联顾问，父亲受了一些影响。他当时极力劝说孙岳离开中原、华北，把有限的军队带到甘肃、新疆去，取得苏联的援助，实行军事割据，由此来实现他的

第一章 我的家庭

资产阶级政治主张。孙岳对此最初是同意的。军队已经由陕西向甘肃进发,可是后来,孙岳变了卦,决定回去就任直隶军务督办兼省长。父亲和他闹翻了,于是拂袖而去。

北伐战争时期,父亲赋闲于杭州,蒋介石派陈铭枢把他找到南昌。蒋介石让父亲回河南去,利用旧关系,动员直系和曾属国民军系统的军人倒戈,以响应北伐,父亲照办了。1928年春,父亲应李济深的邀请,到广州担任他的总参议,5月继李济深担任黄埔军官学校的代理校长,称"代校务"。到1929年年底,因蒋介石已在南京另设军校,黄埔军校的经费日益困难,父亲愤而辞职,到西安去做了杨虎城

1922年,何遂(右六)任孙岳第15混成旅参谋长,驻守大名。支持重修武灵丛台,收集历代有关诗文,编《丛台集》,并撰写了"丛台集序",立碑于丛台之上。1923年正月,何康出生于大名

1924年10月何遂参与了"北京政变",迎孙中山北上。时任北京政府空军司令、航空署署长,开辟了北京至西安的"西北第一航线",打通与苏联的航路。何遂(前排左六)与苏联顾问合影

第一章 我的家庭

1928年4月至1929年10月，何遂（前右二）任黄埔军校代校务（代校长），主持了第六期学员毕业与第七期学员的入学。此为指挥军事演习照

九一八事变后,何遂与朱庆澜共同发起了辽吉黑抗日义勇军后援会,任副会长兼总干事,支持东北义勇军抗战。此照上排中为何遂,下排中为义勇军将领冯占海将军十七路军的总参议。

九一八事变的炮声，震醒了父亲强烈的民族意识。他对蒋介石"攘外必先安内"的政策和对日不抵抗，放弃东三省的卖国行动，十分反感。1932年春，他在北平，与朱庆澜将军一起组织了辽、吉、黑抗日义勇军民众后援会，朱庆澜任会长，父亲任副会长兼主任干事。父亲以极大的热情，到处奔走呼号，演讲抗日、募集捐款。他自己也毁家纾难，捐款4万元，并多次到热河前线慰劳抗日义勇军，还拍过一些纪录片。但是，由于反动派的破坏，"后援会"被迫撤销，父亲不仅受到许多莫须有的指责，连我们在北平察院胡同的家，也遭到一群有政治背景的"强人"的抢劫。

西安事变发生后，宋美龄曾让蒋介石的侍从室副主任林蔚（林蔚是父亲的学生）找过父亲，要父亲设法利用和杨虎城的关系，保护蒋介石的安全。当时父亲虽曾找过沈德燮计划飞往西安，但他内心认为蒋介石是活不成的。西安事变的和平解决，出乎父亲意料，使他更看清了：真正从民族大义出发，爱国抗日，富有政治远见的是中国共产党。他热诚拥护枪口对外，国共合作，建立抗日民族统一战线的主张。1937年，中共中央代表团到达南京后，父亲结识了周恩来、叶剑英、博古、李克农等中央领导同志。父亲当时任国民政府立法院军事委员会委员长，这是个亦政亦军、和各方面联系很广的职务，他在各种会议和交往中坚决拥护国共合作，一致抗日。他对中国共产党的态度是很真诚、很热情的；我党领导同志也把他看作是真诚的可以信赖的朋友。父亲讲过这样几件事：周总理和他见面时，称赞他同冯玉祥将军等组织国民军，电迎孙中山先生北上议政，是进步的行动，希望他能为团结抗战多做贡献。父亲非常高兴，立即通过孙科上书蒋介石，要求担任国民党驻十八集团军代表，但未被蒋介石采纳。先前，父亲常到老虎桥监狱去看望陈独秀，并与陈独秀合写了一本关于日本片假名来源的小册子，被列入中山文库。周总理委婉地劝父亲不要和陈独秀交往过密，他接受了。当时国民党释放了一批政治犯，有许多刚从监狱里出来的衣衫褴褛的同志，纷纷聚到傅厚岗十八集团军办事处，国民党中某些别有用心的人便谣传共产党要暴动。那时南京市市长马超俊是孙科的亲信，父亲受叶剑英同志委托，特为此事向马超俊做了解释。有一天，父亲在家里宴请中共代表团，叶剑英同志告诉他，中共代表团驻地要加强警卫，缺少枪支。父亲立即让我的两个哥哥把家中的四支长枪和两支手枪送到十八集团军办事处。

程潜将军出任第一战区司令长官，父亲任第一战区高级幕僚室主任。这期间他曾陪同周总理乘一辆小汽车由河南前线赴山西五台山八路军总部，在路上数日交谈中，父亲深获教益，对抗战形势及中共的主张有了更深的了解。在山西境内，公路被日机炸毁，父亲让副官到村里去找老乡抢修，一个人也没有找来。周总理笑着对自己的秘书说:"你去,你去。"不久,就找来了一群乡亲,周总理亲自和他们一起搬石填坑,有说有笑,父亲对此大为惊讶。后来,他多次对我们谈及此事,一再赞叹:"共产党真会做群众工作。"这次在五台山八路军总部,父亲见到朱总司令、彭德怀将军等,相谈甚欢。他利用同阎锡山的旧关系调解过八路军与阎锡山的矛盾。当时八路军的给养较差,父亲对阎锡山说:"共产党在前面替你挡着日本人,既然是联合抗日,不让别人吃饱穿暖怎么行呢?"他还通过当时在军令部任要职的林蔚去疏通,给八路军增加了一些军饷。

抗战进入相持阶段后,父亲对蒋介石消极抗战、积极反共的做法是不满的。在重庆,父亲和母亲曾一起去拜望过周总理和邓颖超同志。邓颖超同志还亲切地问到他们子女的情况,并给予慰勉。1939年年底,第一次反共高潮期间,叶剑英同志曾由我大哥和三哥陪同去云庄找过父亲,请他向山西有关军政人士说明我党抗日救国的宗旨,要求制止摩擦。父亲即向山西驻渝办事处处长孙焕庸等做了工作,间接宣传了党的主张。

1930年,何遂在北京察院胡同29号宅内建慈恩塔,藏母亲孙弄琴青丝,此为何、孙两家大合影

1940年夏，因淮、泸食盐被日军控制，陕中、豫西地区食盐供应紧张。国民政府盐务总局局长缪秋杰想从陕甘宁边区运花马池盐接济。缪秋杰是父亲的好友（后为儿女亲家），通过父亲和叶剑英同志联系，叶帅认为，此事对抗日统一战线有利，而且将花马池盐外销，换取边区所需的棉布等日用品，对增加边区财政收入，活跃经济也是有利的。经父亲介绍，缪秋杰在重庆海关宴请董必武、叶帅、博古同志，父亲作陪。席间商妥，由我大哥以盐务总局代表的身份赴边区洽办。此事得到了较圆满的解决，客观上破坏了反动派对陕甘宁边区的经济封锁。

1941年1月皖南事变发生后，董老经我三哥转了一封信给父亲。父亲从信中获悉八路军办事处经济上有困难，他不顾当时政治局势的险恶，亲自与缪秋杰先生驱车前往曾家岩周公馆，见到董老，向他表示了对蒋介石破坏抗战的不满，并面交一笔现款。后来，董老、叶帅送他们延安生产的毛毯、衣料答谢，这毛毯父亲一直珍藏在家中。

抗战胜利后，父亲对蒋介石发动内战是反对的。他目睹蒋介石管区黑暗腐败、民不聊生的现实，

1954年9月，何遂（前排右二）当选为第一届全国人民代表大会代表、法案委员会委员

从几十年的切身感受中认识到，只能把振兴中国的希望寄托于中国共产党。解放战争时期，父亲与刘晓、张执一、刘长胜等同志经常接触，对党托付的任务总是积极、认真地去完成。

解放后，父亲任华东军政委员会委员、司法部部长、政法委员会副主任，是第一、二、三届全国人大代表，人大法案委员会委员。他拥护社会主义，拥护党的领导，对祖国面貌的巨变是衷心喜悦的。他60岁时患心冠动脉血栓症，1952年复发，住在上海华东医院。他认为自己生命即将结束，特地把负责上海统战工作的陈同生同志请到医院，当面对某些党员的作风问题等提出了尖锐的意见。事后他又觉得有些话说过了头，心里很不安，病情更趋严重。这时候陈毅同志到医院去看望了他，恳切地对他说：你是我们党的老朋友，我们把你当作老同志、老干部一样看待，希望你安心疗养，战胜疾病。父亲心上的疙瘩解开了，他很感谢陈毅同志的关心。后来在医护人员的精心护理下，他居然渡过危险期。1954年，他在太湖疗养时，陈毅同志看了他的诗稿，曾写了一首诗送给他，并将自己的近作《莫干好》一词抄赠给父亲。父亲非常高兴，把陈毅同志的赠诗裱在自己诗集的卷首。

对于20世纪50年代即已出现的一些过"左"的做法，父亲感到不理解、苦闷，甚至痛心。他的一些亲友在历次运动中受到冲击，有的在"文革"中被迫害致死。他晚年的心情虽然是不平静的，但对未来是乐观的，始终没有动摇过对中国共产党的信赖。他写过许多旧诗词，歌颂祖国的变化，歌颂党；他画了许多国画，把对祖国山河的热爱倾注于笔端。

父亲离去17年了。他不是一个完人，但他的爱国思想，民主精神，待人的耿直、热诚，特别是他和党的亲密关系，给子女的影响是很好的。1979年夏，李世璋同志曾给我讲述过这样一件事：1937年，他就任第一战区司令长官部秘书长兼政训处长后，赴南京公干，程潜先生要他催我父亲赶紧到前线莅职（父亲当时任第一战区高级幕僚室主任）。李世璋到南京普陀路我家时，叶帅正看父亲为他作画，父亲即兴挥毫，也为李世璋画了一幅青松。吃午饭时，叶帅把我大哥拉到李世璋同志面前说："这个青年人交给你，让他跟你去。"就这样，我大哥世庸、二哥世平都到了汉口前线，并先后分道赴延安，进了中国人民抗日军事政治大学。1939年，三哥也要由重庆去延安，父亲对周总理说："我已经有两个儿子到延安去了，老三再走，我就待不下去了。"周总理让博古同志把何康找到机房街八路军办事处去谈话，把他留下了。后来，他们兄弟三人都在国民党统治区做地下工作，我的姐姐何嘉、嫂子缪希霞也在解放前加入了共产党，参加了革命工作。父亲以他的社会地位和朋友多、学生多的有利条件，掩护并协助他们开展工作。

上海市政府

敘圃先生：

前接 大函，以尊藏古物六千八百九十五件，贈送上海市立歷史博物館，保管陳列以供眾覽。當經復謝，即令教育局照章點收，並函請 中央文化部核予褒獎以資表揚在案。茲查所贈各項物品，凡銅鏡、瓷器、玉印、泉刀、一切形象、文字、刻鏤、繪影，俱足以見文化之源流，供歷史之研展。今 先生不自珍秘，破子孫永寶之例，宏人民共享之懷，嘉惠市民，

上海市政府

同深感佩。茲准 中央文化部頒到獎狀一件，為特備函轉送，即希

察收，並致

敬禮！

計送中央文化部獎狀一件。

陳毅

潘漢年

褒獎狀

華東軍政委員會委員何遂先生將所藏古代銅鏡錢幣玉印及其他文物共計六千八百九十五件捐贈上海市立歷史博物館化私為公足資倡導特此褒揚此狀

獎狀

中央人民政府文化部

部長

副部長

一九五〇年　月一日

中央人民政府文化部印

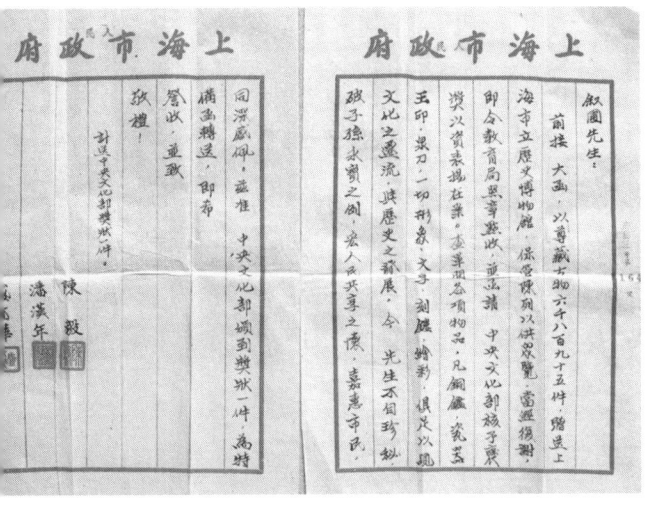

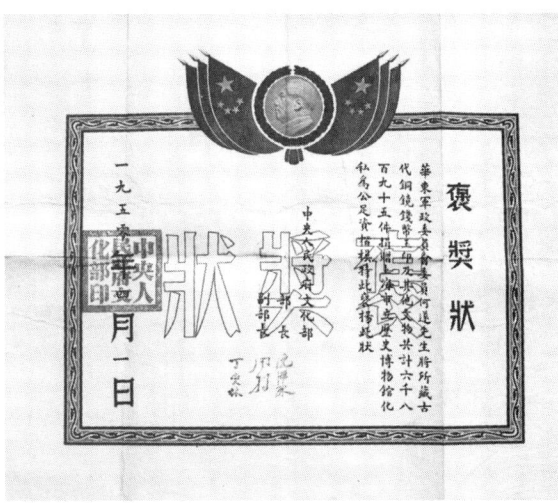

1950 年 3 月，何遂将所藏 6895 件文物捐赠给了上海市博物馆。陈毅市长致函称赞“今先生不自珍秘，破子孙永宝之例，宏人民共享之怀，嘉惠市民，同深感佩”，并授文化部褒奖状

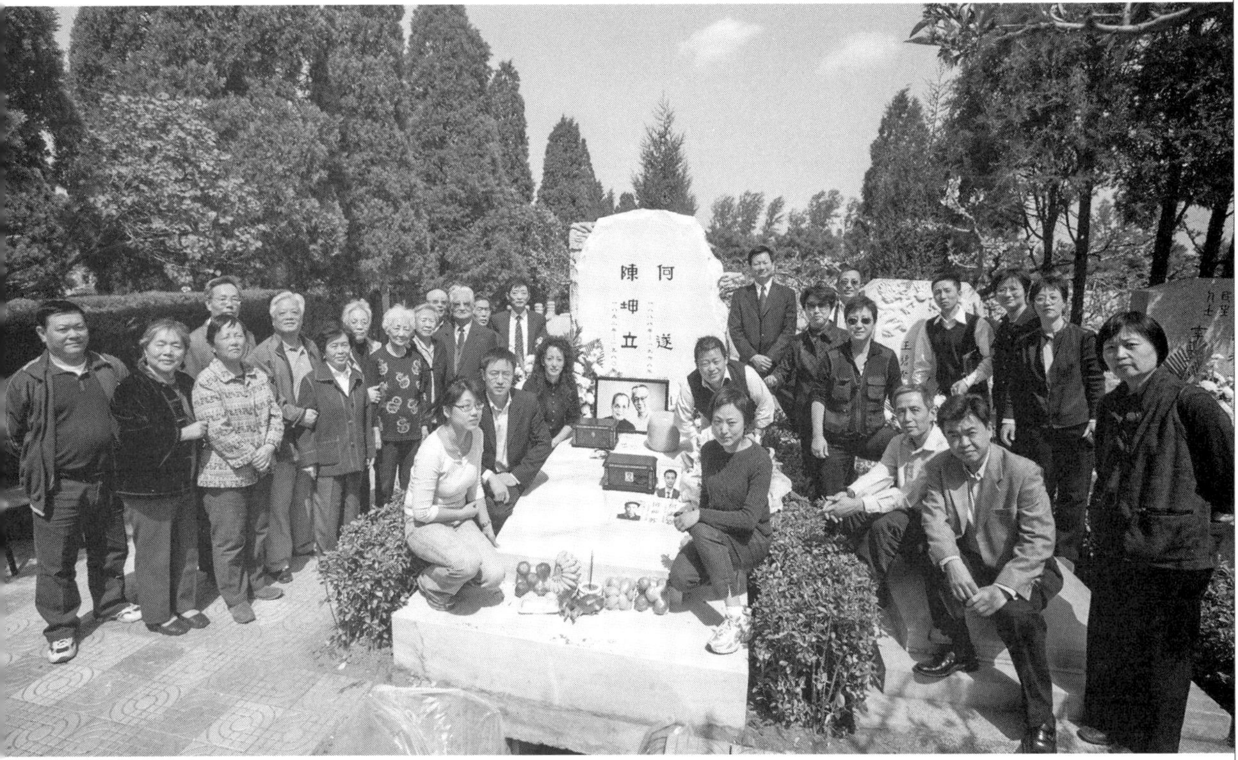

2007 年 4 月 20 日，何遂、陈坤立迁葬于福田公墓由他们领衔的家族墓，上图为亲友们的合影

父亲一生不近烟酒，唯酷爱书画、文物，他没有给子女留下任何金钱和物质遗产，这是我们要感谢他的。他唯一的财产就是大量的古文物和图书，先后分别捐赠给了北京故宫博物院、上海历史博物馆、南京博物馆和天津市图书馆。仅1950年捐赠给上海历史博物馆的古文物就有6895件。为此，陈毅市长、潘汉年、盛丕华副市长曾专函致谢，文化部发给父亲褒奖状。

父亲晚年最惦念的莫过于祖国统一，他常常思念在台湾的亲属、旧友、学生，一直盼望能和他们团聚。在悼念父亲的时候，我衷心希望父亲的这个遗愿能够早日实现。

第二章

# 走上革命的道路

# 我的少年时光

何康口述，何达、何迪整理

"远游良多艰，壮心未能已"是父亲何遂十五岁时写的一首诗中的结尾两句。60年后，他重抄此诗时加了一段注："此于1903年，由蜀返闽，舟过瞿塘所作。今已历六十年矣，以生平遭际一何近似乃尔。"回望一生，用父亲这首诗描述我的少年时光也是很恰当的。

## 一、父亲何遂

父亲尽管是福建人，但与北方特别是河北结下了不解之缘。1907年，十九岁的他以第一名的成绩考入了保定陆军随营军官学堂（后改为陆军大学）第二期，与来自直隶高阳的孙岳同班，并与他成为挚友，孙岳后来成为我大哥的干爹。就在这一年，父亲在孙岳家加入了中国同盟会。辛亥革命时，父亲作为北方革命党人、北洋第六镇统制吴禄贞的亲信参谋参加了起义，在石家庄截断了清廷南下的军火列车，有力地配

何康满月时的照片。右为大哥何旭，左为二哥何鹏

合了武昌起义军的行动。1915年，应北洋政府黎元洪的邀请，父亲回到北京，任陆军大学教官，后被派往欧洲观战20个月。1922年4月，直奉战争爆发，父亲作为十五混成旅旅长兼冀南镇守使（俗称大名镇守使，辖42个县）孙岳的参谋长，又回到了河北，驻守邯郸。1923年2月23日（农历正月初八），我在大名降生了。在我满月的照片上，父亲写道："小三以正月八日生，方面大耳巨头，目光炯然有神，啼声极大。命者云是富贵寿考相。年十八即当发轫，为社会英终其身，无骞运也。"看来，父亲对我的出生与未来寄托了很大希望。

母亲只管生孩子，自己不带，将我交给了从保定来的奶妈高爱带着。而父亲是个待不住的人，在我尚不记事的幼儿时便四处奔走，干了几件大事情。头一件是参与策划了1924年的北京政变，驱逐了贿选上台的总统曹锟，将小皇帝溥仪赶出了紫禁城，迎接了孙中山北上；第二件是当了一年北洋政府的

时任北洋政府航空署署长的父亲（左一），在开辟西北航线的飞机前和同事们留影

第二章 走上革命的道路

母亲陈坤立（左一）、父亲何遂（左二）带着五岁的何康在黄埔军校广州本部，牵着何康的手的是黄谦

左图：父亲何遂带何康参加黄埔军校集会
右图：1999年，在黄埔军校纪念碑何遂题写碑文前合影。大哥何世庸（中）任黄埔同学会广州分会会长

航空署署长，开辟了西北的航线；第三件是受蒋介石委托，说服直系军阀靳云鹗等反水，配合了北伐，深得蒋介石的赞誉。

黄埔军校随北伐进展，一部先迁武汉，后去南京，广州的校本部急需一位代行蒋介石校长、李济深副校长领导责任的代校务（即代理校长）。蒋介石在几位候选人中选派了父亲，于是1928年春天，我随父母来到了广州。我已经五岁，开始有了较清晰的记忆。那时家住广州长堤，父亲每天早上乘专用的小火轮到长岛上班，副官苏鸿恩总是跟着，另外还有警卫。我还没有上学，父亲喜欢带我去上班。记得一上码头不远就是学校大门，往左走是一幢有宽宽走廊的二层小楼，那里就是父亲办公的地方；进大门往右走，就是礼堂，父亲常常在礼堂里讲话。此时我在宽敞的校园里玩，礼堂对面的小山上有座亭子，是我常去的地方。父亲穿军装，有时也穿便服。我最熟悉的教官是黄谦，父亲称他菊生，福建人，

第二章 走上革命的道路

父亲在黄埔军校和同事一起规划作战演习时的情形

黄家的孩子黄夏、黄宋，和我们弟兄都很熟，父亲总是把我托付给黄谦。最严肃的是教育长李扬敬。所有人包括汽艇上的水手都喜欢我，水手还满足了我提出的驾驶汽艇的要求。

这期间给我留下印象最深的事情是，父亲在办公室用脸盆盛墨，把白纸铺在地板上，用扫帚写下七个大字：和平奋斗救中国。父亲很兴奋，先教我认字，又对我说："孙总理弥留之际还念叨这七个字，这是他最后的遗言！"这七个大字按原样，刻在了父亲主持兴建的孙总理纪念碑的东侧，也深深地刻在了我的头脑里。父亲还主持兴建了军校师生北伐阵亡烈士纪念碑、东征阵亡烈士纪念坊，坊中两米多高的碑文是他用颜体楷书书丹的。这些，至今仍为广州黄埔军校旧址中的盛景。

## 二、小学生活

大约在1929年秋天，父亲辞职了。我随父母先到上海接祖母（祖母本住在上海四叔何缵家里），然后回到北平西城察院胡同29号老宅。我进入东铁匠胡同女师大附属小学开始上学，大哥、二哥仍在汇文中学读书。

家很大，前院南房是个大厅堂，前面有很高大的假山石，父亲在假山顶修了一个"慈恩塔"，供着祖母的青丝（头发），后院内宅房子很多。舅父陈裕时住在我家，他是清末湖北革命团体中最年长的同志，因为辛亥革命时期极力主张向袁世凯妥协，逼孙中山把临时大总统位子让给袁世凯，引起众多党员（国民党员）的不满，袁世凯称帝，他游说湖南汤芗铭、四川陈宦通电反袁。此后他对政治失去了兴趣，当了居士。九一八事变后，他号召佛教徒抗日，当时他是北平佛教协会会长。他爱喝酒，经常在家里会见老朋友，还曾请过九世班禅到家住、开讲堂。父亲不管儿女，整天忙着考古；母亲忙着打牌，家中事均由祖母发号施令。为逃避祖母的监管，大哥、二哥经常住在湖北宜昌会馆。

1931年，父亲应杨虎城之邀，出任十七路军总参议，并于当年年初和1934年年初两次赴西安。其中一年，父母带我和妹妹先坐火车到郑州，转陇海线的专列，经三门峡、潼关至西安。我记得一位全副武装的军官向迎上去的父亲行了一个军礼，叫了一声"老师"，后来才知道他就是杨虎城。我们被安排暂住在菊花园的一个四合院里，杨虎城的家也在菊花园，他每天都坐车到西安新城去办公。杨夫人谢葆真（原名宝珍）漂亮且和蔼，她的儿子杨拯民和我同班，每天有汽车送我们到学校上学。

父亲看上去公事不多，杨虎城对他很好，有事情的话总是派车接他去新城，或者开会应酬。平常

上图：父亲驾车游
下图：何康与父母在军校礼堂

全家与祖母孙弄琴在慈恩塔前合影。祖母膝前为妹妹何嘉

跟着父亲的有三个人：一个叫叶乃奇，教父亲画国画；一个叫贾班侯，帮父亲练字；还有一个叫高尚穆，原来是卖古董的，专门陪父亲找古董、搞考古。

父亲的主要精力都放在画画、考古和旅游上。父亲多次带我登上西安古城，踏访"咸阳古道"，游乾陵、华清池，还去了一次终南山。父亲的游兴很浓，带我专门去寻找王宝钏等候薛平贵的寒窑，探访项羽给刘邦设鸿门宴的地方。我们发现传说中的那地方立着一个旗杆，旗杆上挂着一个斗——木头制的圆东西。父亲还带我去了渭河边的一片古战场，暮色苍茫，驼铃阵阵，荒草漫漫，父亲让我在地上寻找箭镞。我居然真的找到了一个，青铜的，锈迹斑斑，我幼小的心中突然感到一丝苍凉。父亲的记忆力非常好，别说古诗词了，就连《左传》《战国策》等也能成篇地背下来。他并不把我当孩子，而是满怀激情、滔滔不绝地讲着他的感受、他的见解，抒发他的感情。身处"大漠孤烟直，长河落日圆"的环境里，听着父亲充满激情的讲述，我常常感到内心里像种子遇到喜雨般，生发出对祖国广袤大地和悠

何遂（左三）探访西安碑林，在景教碑前留影

左图：大哥何旭、二哥何鹏刻蜡版宣传抗日
右图：舅爹陈裕时为北平佛教协会会长，在家中做法事，招待九世班禅

久历史的热爱。

九一八事变打乱了我们全家人生活的节奏。大哥从沈阳逃回来，讲述了他在九一八事变中的经历。他像换了一个人，发疯一般投身学生抗日活动，他是我们弟兄的领头羊。二哥总是紧跟大哥走，我则跟着两个哥哥走。

他们多次带我参加抗日集会，其中有叫"飞行集会"的，就是在热闹的大街上突然集会演讲、唱歌，警察一来，就一哄而散。大哥和二哥一人拉住我一只手，跑的时候，我感到真的是足不沾地。大哥、二哥经常在宜昌会馆里刻蜡版、印传单，有时塞给我一沓，让我到学校去散发。我就起个大早，到学校时教室里连一个人都没有，我就把传单一张张放进空着的课桌里。另外，我还学会了不少抗日歌曲、进步歌曲，我最爱唱的是《少年先锋队歌》，每天醒来我就高唱："走上前去啊！曙光在前……"我最喜欢的一句是："通红的炉火烤干净了我们的血汗！"

记得在1932年春节前后，父亲带着大哥到前线去慰问东北义勇军。傍晚时分，家里突然闯入多名黑衣大汉，穿着黑色的长衫，戴着黑色的帽子，有的拿短枪，有的扛长枪。他们不由分说，把全家老小都赶到后院厨房旁边的一间储藏室里，说是要"借盘缠"。母亲怀抱达弟护住祖母，很平静地说："你们要钱财，家里的东西随便拿，但不能伤人，伤了人你们一个也跑不了！"

大哥不在，二哥是年龄最大的，他想借敬烟的机会去夺看守的枪，又想溜出去报警，但是都被母亲制止了。天黑了下来，直到躲在外面的花把式（花匠）进来，我们才知道黑衣人已经走了。母亲清点财物，发现只少了父亲在欧洲观战期间英国人发给他的一枚勋章，还有苏联代表团赠送给他的一个水晶盘子。我记得盘子里有一片绿叶，叶上有一只昆虫，工艺很细的。还有几件并不值钱的东西，显然这不是劫财。父亲接到电报回来，愤愤地说："这不是抢劫，是恐吓！"后来有人透露出，来抢的人中有北平行营卫队中的人。从此家里便多了几名保镖，他们是走江湖的，会打拳，常在院子里一展拳脚。

1933年热河失陷，父亲已决定南迁，先让我去南京住在黄谦家里，由北平汇文小学转入南京白下路小学四年级，与黄宋同班，走读。那一年的暑假，全家人到庐山避暑。庐山有个庐林书院，是宋代朱熹的读书处，有几个学者在那里办学，既读四书五经，也读现代文，是寄宿制的，要求很严。父亲把我一个人放在了庐林书院，一个月后，全家人都走了。我无人管，一个人在那里天天读古文，"子曰：学

父母带我们游过庐山、黄山、终南山等名山大川。坐者左起依次为大哥何旭、母亲陈坤立、二哥何鹏、父亲何遂抱着我（何康）

而时习之，不亦说乎"，心里很是悲伤。那时祖母已随四叔住在上海，祖母喜欢跟四叔住，因为四叔会讨她的欢心。我直接给祖母写了一封信，讲自己在这里很孤单很苦，最后画了一个跪着的小人，意指跪在祖母面前。两三天后，我在溪水边洗完脸回到教室，正大念"子曰"，电报就来了，说父亲接到电报："祖母病重，望康儿归。"于是我到了上海祖母身边。

## 三、马尾海军学校

此时，大哥和二哥都在上海。大哥考入了南京中央陆军军官学校第十期，二哥进入了吴淞中学读书，我考入上海南洋模范小学。从1934年暑假至1935年，我都在南洋模范小学读书，该校很严格，一律住校，每四个星期回家一天，学生不许在校吃零食，家里送来的东西一律放在训导处，每天下午四点，一个学生发四块饼干。学习方面，要求非常严格，五年级上学期开始念英文。1935年秋天，我考入了南京金陵中学初中一年级，这时全家已迁至普陀路四号。我上学不久，突然发烧，是肺病，于是休学。从3月到暑假，我到位于杭州莫干山的四叔的别墅里养病。四叔很有钱，不但在上海、杭州有房子，在莫干山也有两幢别墅，姑姑、祖母都住在四叔家。

此时，父亲从海军部部长陈绍宽那里得知，海军部所辖的福建马尾海军学校（简称"海校"）要招生。海校前身是洋务运动时兴办的福建船政学堂，成为近代海军人才的摇篮。陈绍宽是福建同乡，"一战"期间，作为海军上校一起与父亲去欧洲观战，参加过英国和德国的海战。父亲从他那里获得消息时，福建的名额已经满了，我就用湖北（舅爹所在地）的名额、以贡噶活佛保送的名义参考。一共只收100名学生，每个省两个名额，50名学航海、50名学轮机。考场就设在海军部里，由陈绍宽亲自主持考试。我有点近视，在测视力时，陈绍宽把我推前了几步，最后我考入了轮机班。学制八年，完全是英国式的，航海班念5年书，上舰实习3年；轮机班念6年半书，上舰实习1年半。考进去的学生军衔是上士，实习时是少尉，毕业时是中尉。毕业考前十名送英国朴次茅斯海军学校深造。学校的地址就在福州马尾港，校名是"海军部海军军官学校"。我考取了轮机班，在家里一下子成了小英雄。按规定，满14岁才能参考，22岁毕业。当时我13岁多，不到14。

我记得是1936年6月出发的，剃了一个小光头，学校发了两套制服，以及衬衣、皮鞋、袜子、白色的包。两套制服中，一套属于礼服，在检阅或举行重要活动时穿；另一套较差，平时穿，帽子是黑呢

第二章 走上革命的道路

上小学时的何康

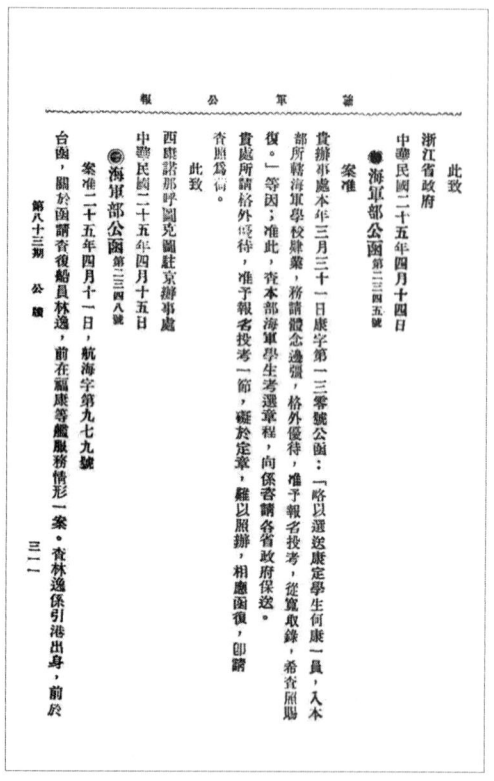

左图：《海军公报》载何康入学案准
右图：海军学生校服

子做的，帽檐外面有一道白色的箍。陈绍宽非常注重仪表，每一个铜扣子都要擦得锃亮。父母亲自送我去报到，几日后，我乘坐"通济"舰赴福州马尾港。"通济"舰是一艘练习舰，排水量为1900吨，有高高的桅杆，动力为柴油机，时速15海里。

我们住的船舱在甲板下，双层床，一个人发一个铁罐子放东西，四个人一间屋。早点名，晚点名，吃得也比较好。50个人为一队，学生中有队长和副队长，教官是个上尉，姓蒋。刚开始在长江里航行，顺江而下，船行比较平稳。出了吴淞口，驶入大海，船便大摇起来，所有学生都吐得比较厉害，我还算好的。走了三天，过舟山，到了马尾。马尾是个军港，学校就在军港的旁边，大门前有一棵大榕树，进门处摆着一尊钢炮，然后有一条长廊，房子是二层楼房，呈品字形，四方的院落。楼上住宿，楼下为教室。

校长是一名海军少将，姓李；训导主任叫周宪章，是一位上校，是英国朴次茅斯海军学校毕业的；教官均为中校或少校，包括四名英国籍教官。学校对学习和生活纪律都抓得很严，除了语文课念古文、

马尾海校定远队合影，后奔赴延安的黄汉基、黄钟瑛等身在其中

修身课念四书五经，几何、代数之类的数学课也要学，实验课都讲英文，授课的多为英国教官。1936年8月末，学生到齐，被分到各个队，分别是"成功队""则徐队""宗棠队""继光队""定远队"等。学习抓得很严，每学年考两次试。一般上午上文化课，下午游泳。我们刚开始在大游泳池游，而后乘运输舰到近海，在海里游。一年级学生游五百米及格，每多游五百米，奖励大洋一元，游泳不及格便被除名。每个星期天的上午整理内务，下午放假，我们可以到马尾市里去吃一点米粉。一出校门我们就要换上礼服，每个铜扣子都要擦洗锃亮，皮鞋也要擦得锃亮。

## 四、向往延安

这期间我在上海南洋模范小学读书时的一位姓张的同学（家里是资本家），寄了很多书报给我，我的大哥、二哥也不断寄一些报刊给我，所以我成了同学中消息最灵通的人。

七七事变（1937年）爆发，二哥寄来大量报刊，同学们得知消息，群情激愤，纷纷要求走出校门游行，支援抗战。校长对大家说："这只是局部战争，相信上峰会妥善处理。你们都是学生，军校的学生就要安心学习，不得参与外面的各种活动。"

这时候我与同学何世庚、赖坚组成了一个小社团，名叫"三人"。我们用钢笔在稿纸上抄小字报，在同学中传阅，看到的人当然并不多。我们又发展了一个同学，叫谭毓枢。

八九月间，日本来空袭马尾军港，军港损失虽然不大，却吓坏了学校领导，因为学校就在军港旁边。他们觉得不安全，于是将学校迁到了离马尾军港约二十里路的鼓山涌泉寺。从此，我们便在涌泉寺大门口的场地上操练，用竹箅子挡住菩萨，在大庙的佛堂里上课。

自从迁入涌泉寺，学校就很难管住学生了。一帮"小皮猴"，有的学生挤到和尚身边去打坐，还可以混上菜包子吃。和尚不敢惹这帮军校学生（被称作"军哥"），后来干脆蒸了包子送给军哥们吃。

校方的管理松懈了，学生们便漫山遍野地开小会。与此同时，大哥、二哥，还有上海的张同学不断寄来各种宣传抗日的材料。我发现其中有范长江的《塞上行》和《中国的西北角》，如获至宝，由此知道了陕北有红军，这一阶段我的思想发生了明显的改变。从家庭方面说，由于父亲比较开明，家庭氛围是和谐而民主的。我读了托尔斯泰的一些小说，特别是《复活》，深受托尔斯泰"勿抗恶"思想的影响。而此时，我还读了讲述产业革命的图书，有了阶级的观念。在"三人"小团体中，何世庚是城市贫民，父亲是工人，很早就因劳累而死了。何世庚讲到他父亲死的时候，脸是蜡黄的，家徒四壁，墙也是蜡黄的。我便对阶级有了实际的感受。何世庚一家在当时是底层大众，而我是生活在社会上层的，这就是社会的不平等。我的思想朦朦胧胧地开始从"勿抗恶"转向要革命，要改变不平等，这是思想升华的一个起点，但不是很清晰。更为现实的是，学校不许学生抗日，而共产党是主张坚决抗日的，于是我萌生了到延安去的想法。

当时学生已经领了枪，每天要在大庙前面的广场上操练。下午不上课时，我们"三人"小团体便跑到"渴水岩"开小会：抗战了，海军却上了山，我们不能再在这个学校待下去了。我们一致决定走，可如何走呢?学校有规定,考试不及格就开除。所以,我们决定到大考时罢考,交白卷,这样就可以名正言顺地走了。

我们开始做准备。考虑到北方冷,我们便把学校刚发下来的棉褥子里的新棉花抽了出来,买了布,准备到马尾城里一人做一件棉大衣。我们还把床上铺的被单刷上一层桐油和一层绿油漆,做成了绿油布。我与谭毓枢拿着东西,下山到马尾城里去找裁缝铺,刚好被队长看见,我们不顾阻拦地跑了。回来以后就被叫到训导处,李校长和周教导主任对我说:"你的父亲拜托过我们,你千万不要乱闹,犯了事,我们也帮不了你。"为此,学校以擅自离校为名,给了我和谭毓枢各记大过一次的处分。我们依旧每天只穿一件单衣,去爬山练脚力。

终于到了年终大考,我们原本准备故意考不及格,明明会答的题目,故意瞎答。考到最后一天,休息时同学们唱起了抗日歌曲,队长是一个上尉,他抓住年纪最小的谭毓枢,怒斥道:"为什么要扰乱考场!"说着就要拿竹尺子打谭,我立即冲上去,把竹尺子抢下来,大喊:"不许打人,我们唱抗战歌曲有什么错?"那个上尉怒吼道:"你怎么敢对长官这样?你出去!"我说:"出去就出去,我们不考了!"我愤然走出"教室",好几个同学跟我一起走了出来——罢考了。很快,学校就张贴公布告,说我临场犯规,侮辱师长,着即开除,限24小时以内离校。当天下午,我与谭毓枢、赖坚、何世庚等背上绿背包,高唱抗日歌,昂首挺胸,大步走下了鼓山。走到半山腰,听到教堂的钟声敲响了,这天正是12月25日,圣诞节。

我有一个叔叔住在福州苍前山,我们便先集中借住在他家两天。大家一算账,如果乘船、坐车去武汉,钱根本不够。不满15岁的我与谭毓枢年龄最小,大家就让我们俩乘船、坐车去,赖坚与何世庚联络其他要去的同学约十人,组成一个宣传队,步行去。

1937年12月28日,我与谭毓枢乘装有发动机的平底木船从福州溯闽江直达水口,上面的河道就窄了,只能换乘小船,也是机器驱动的。到达南平后上岸,改乘汽车到建瓯,再换车到浦城,辗转到达江山。江山已属浙江,是浙赣路上的一个大站,我们一算账,发现买火车票的钱不够。不过,此时浙北的杭嘉湖已经失守,大批难民拥到这里,整个火车站乱成了一片,根本无法买票,谁有本事谁挤上车。我与谭毓枢带着四个包爬上了一列火车的车顶,火车一路上走走停停,开了两三天才到长沙。

我知道大哥、二哥所在的外国语补习所已迁至长沙的岳麓山庄上课,便到那里找到了他们。大哥、二哥见到我很意外。我告诉他们,一打仗海军学校居然上了山,我们要抗日,准备到延安去。大哥、二

何康不满 15 岁辍学时共赴延安的同学们再聚首。拍摄于 1960 年。前左赖坚、前右何进（何世庚）、后左何康、后右何澄石

哥也觉得国难当头，再在后方学外语已没有意义。于是在岳麓山住了两天后，他们和我俩一起从长沙乘火车前往武汉。由于我突然咯血，母亲担心我肺病复发，便将我扣在家中，第一次去延安的努力因此中辍。

## 五、抗宣七队

不久，大哥随父亲到郑州第一战区司令长官部，当了政训处处长李世璋的机要秘书；二哥则通过林伯渠的秘书林居先的介绍，到延安进入了抗大第四期。父亲带我去了位于汉口的租界中街的八路军办事处，在那里我知道了"孩子剧团"，并于 1938 年 1 月加入了拓荒剧社。

1938年夏，何世庸、何世平在长沙外语培训班学习，在湘雅医院留影

我接到通知，带着简单的行李到武昌的育婴堂集合，同行的有我舅爹的女儿陈怀端（我叫她端姐）和谭毓枢，到了武昌育婴堂才知道，"拓荒剧社"已正式改为政治部第三厅下属的"抗宣七队"，后来更名为抗敌演剧第三队，归政治部第三厅领导。队长光未然（张光年）尚未到任，由副队长徐世津和另一个副队长王虹梓主持，在他们之后，赵辛生（赵寻）、彭后嵘也担任过副队长。队员里有很多人后来成为文艺界的知名人士，如田冲、胡宗温、胡丹沸、邬析零、史民、兰光、田雨、黎霞（后在山西牺牲了）、陈璧（陈怀端）、钱辛稻（画家，日本留学生）等。后来，抗宣七队在光未然的带领下渡过黄河，奔赴延安。由此，光未然写下了著名的《黄河大合唱》的歌词，由邬析零担任指挥，抗宣七队在延安进行了《黄河大合唱》的首场演出。

抗宣七队合影。后排右一是何康，左一是胡宗温。何康是宣传队里年龄最小的演员，胡宗温比他大三个月

周德佑所作抗宣七队部分成员漫画手稿。前排为周德佑（左）、徐世津（中）、田冲（右），第二排为赵寻（左）、邬析零（中），后排左一是何康

在抗宣七队里，我印象最深的是周德佑，他的父亲周苍柏是湖北武汉著名的银行家和实业家，也是剧团的主要资助者。周德佑参加抗宣七队时，只给父母留了一封信，可以看出他行事果敢。周德佑当时只有18岁，却已是共产党员了，而且是徐世津的主要助手。他的姐姐周小燕是著名歌唱家，哥哥周天佑是钢琴家。他见我与谭毓枢年纪小，对我们十分关照。

春节后我们坐汽车从汉口出发，一路上雨雪纷纷，第一站是汤池（温泉），那里有一个共产党主持的训练班，负责人是陶铸。我们在训练班住了半个多月，听了形势报告等，一边进行政治学习，一边排

抗宣七队在应城的大合影，前排左四为何康

练节目。生活上是实行共产主义，每个人带的钱全部交出，由负责生活和财务的副队长王虹梓管理，王虹梓的夫人汪霓也是队里的演员。每个人每月发两元零花钱，每天每人的菜金是一角二分。这期间周德佑主动借给我几本书，有高尔基的《童年》、艾思奇的《大众哲学》、莱昂捷夫的《政治经济学教程》等，这些书完全把我吸引住了，连上厕所时我手里都攥着一本。

过了半个多月，我们进发到应城。应城有一个膏盐矿，竖井打入地下，一层石膏一层盐，把石膏采上来，把水注下去，盐溶于水，再把水吸上来，晾晒、浓缩，整制成一块一块的岩盐。矿主很有钱，听说是从武汉上面来的，给我们摆了丰盛的接风宴，而且把附近一座富丽堂皇的法国教堂的神父请出来作陪。看起来他们的生活是很奢侈的，一个个都穿着缎子做的长袍马褂。可是工人们的生活非常困苦，我和周德佑、谭毓枢都到一二百米深的膏盐矿看过，工人们几乎是赤裸的，终日不见阳光，而且巷道低矮，直不起身子来。联想到矿主奢华的生活，我们内心产生了强烈的不平。这期间我的思想发生了明显变化，进一步抛弃了"勿抗恶"的理念，产生了要反抗、改变社会不公的想法。

我们到应城的第一场演出就是在膏盐矿，向工人宣传抗战的道理。后来许多工人通过汤池政治训练班的培养，转到了新四军，有的成了新四军的骨干。

在应城待了约一个月，我们又去皂市继续演出。由皂市继续到六七十公里外的天门县时，正好赶上下雨，道路泥泞，全体团员艰难地步行了两天才到目的地，住在一所学校的教室里，当时大家都累坏了。恰巧天门县岳口镇一支由土匪收编的部队殷切地要求我们去演出，队上决定克服劳累去进行抗日宣传。我们就在岳口镇汉水边上搭了戏台，白炽的汽油灯很明亮，所有演员都很卖力气。我们仍然演周德佑编剧、徐世津导演的抗日剧。我扮演的抗日小英雄被日本兵抓住了，演日本兵的是身材高大的田冲，当演到"日本兵"用皮带抽我时，他糊涂地把皮带拿反了，用皮带的铜头抽我，疼得我大哭起来，表情极为真切。在白炽的汽油灯下，黑压压的士兵们有的愤怒地举起了枪，高喊"打倒日本帝国主义"。田冲下场后抱着我说："我弄错了，我错了！"我一生都记得这件事。

在天门县，周德佑病倒了，发高烧。当地医疗条件差，徐世津派人把他送回了汉口。但不久噩耗传来，周德佑竟因伤寒病加过度劳累，医治无效，去世了。我记得1938年3月20日《新华日报》为此出了专版，刊登了他父亲周苍柏和母亲董燕梁的讲话。周恩来、邓颖超、董必武、叶剑英都参加了葬礼。周德佑在世时非常关心我，一路上不仅帮我扛东西、借书给我，还把他用小字写的学习笔记、作的诗歌给我看。他是我的启蒙人。听到他去世的消息，全队一片哭声。直到现在，我想起他的音容笑貌，依然悲痛不已。

在天门县期间，副队长徐世津还宣布了一个惊人的消息：另一位副队长——王虹梓和汪霓携款潜逃，把周苍柏捐给队里的两千银元和大家上缴的钱全部卷走了。徐世津说，王虹梓吹嘘他是坐过大牢的左翼文人，但现在查明，他只是上海的一个文化痞子，被逮捕坐牢是因为桃色事件。他生活腐化，大家反映他经常和老婆下馆子、开房间，看到风声不对，便卷了大伙儿的钱，跑得无影无踪了。

这件事对全队的打击很大，但大家并没有屈服，一路上边筹钱边演出以宣传抗日。我们先到岳口，乘船溯汉水而上，到达钟祥县。县政府比较友好，支持我们在县政府里演戏，给我们做饭吃。我们狼吞虎咽地吃起来，因为从岳口到钟祥，为了补助队里的经费，包括我在内，很多人都通过拉纤挣钱，体力消耗很大。数日后，钟祥县的领导用小汽船把我们送到了襄阳。就在从樊城到襄阳的路上，我突然发起了高烧。

抗宣七队拉纤的队伍

　　襄阳是座较大的城市，医疗条件比较好，医院检查发现，我得了伤寒症，肺部还有阴影。前有周德佑的教训，徐世津立即派人顺汉水把我送回武汉，暂住在武昌的"海光农圃"（海光农圃原为周苍柏的私家花园）里疗养。那里有一幢小洋房，一位姓戚的大姐负责管理，周德佑的坟墓就在东湖的半岛上，在楼房前面立了一个石碑，上面写着"爱儿周德佑之墓"。周德佑的父母和姐姐周小燕都来看望过我，很是关照。我身体基本康复后，才回到汉口的家。随抗宣七队奔赴延安的第二次努力再次受挫。

　　回想起来，这期间还有两件事使我印象比较深。第一件事大约发生在1938年5月下旬，父亲很郑重地让我把一个密封好的文件亲手交给邢契莘伯伯。邢伯伯也住在江汉关附近，他的女儿邢文蔚、邢文燕都和我很熟。当时，宋美龄是中国航空委员会秘书长（会长是蒋介石），主持委员会日常工作，邢契莘是宋美龄的主要助手（他是美国留学生，作风西化，讲一口流利的美式英语）。我当时并不知道文件的内容，只是遵嘱把文件交给了邢契莘伯伯。后来我才知道，父亲早在5月中旬就向第一战区司令长官程潜提出了决黄河堤,"以水代兵"阻止日寇利用豫东平原的有利地势,以机械化部队的优势,沿陇海线夺取郑州,再沿平汉线攻占武汉的计划。父亲还曾带大哥去开封向商震(三十二军军长、河南省主席)讲述他的建议,并把这个建议交给了林蔚,请林蔚直接递交蒋介石。此时,因见我方局势极端恶化,所以父亲才让我再一次去送材料。另一件是家事,父亲从南京带回了一个年轻的女子。我见到了这位姓于的女子,长得不错,衣着朴素,神态和举止是文静的。母亲说,她不是烟花女子,是逃难,她还有一个姐妹,都是由父亲带出来的。母亲认了,给了她红包和首饰,摆了一桌席,对近亲们宣告她就是"二房"。可是才两天,这个女子就走了,留下一封短信,说她感觉到这个家庭是很和美的,不愿因她而破坏了这个家庭的和谐与幸福。

## 六、加入共产党

大约在 1938 年 8 月,举家入蜀。大哥、二哥已去延安。我、小妹何静宜(后改名何嘉)、达弟、

1938年,何康由汉口到重庆的船上过三峡时留影

1939年12月,五兄妹于重庆合影。左起依次为小妹何嘉、何康、大哥、小弟何达、二哥

高妈和徐祖善一家,包括徐伯母吴凤仪、姨太太小梅、徐鸣,乘坐太古轮船公司的火轮最上层的头等舱,溯江而上。我在夔门还照了一张相。

当时我很懊丧,好像自己离了队。到了重庆,我仍然想去延安,母亲哭得很厉害,不想让我离开她。父亲对周恩来说,他两个儿子都去了延安,老三再走,他就很为难了。博古把我带到机房街八路军办事处谈话,打消了我去延安的念头。

我考入了由天津迁至重庆沙坪坝的南开中学,校长是张伯苓,但校名改为了"南渝中学"。我上高一,妹妹何静宜在初中部。张伯苓很开明,学校的气氛比较活跃,语文老师姓周,对我很赏识。蒋介石夫妇还到学校里来过。当时我家住在"云庄",是丁春膏的房子。我住在学校。我连续写了多篇文章介绍我在抗宣七队的生活,特别是我在膏盐矿的见闻。这些文章被张贴在壁报上,很快引起了学校地下党组织的注意。有一个高二的同学,叫王世堂,是共产党员(后脱党),他的父亲王勇公(王孝缜)

1982年,何康、缪希霞携子何迪看望当年的单线领导人叶剑英元帅

20世纪80年代，抗宣七队队员在何康家重聚。左四为田冲（后为北京人民艺术剧院演员），左五为王负图（后为外交部驻埃及、法国大使馆参赞），左六为彭后嵘（后为新闻电影制片厂厂长），左七是何康，左八为邬析零（后任中央歌舞团副团长、人民音乐出版社副总编辑），左九为田雨（赵寻夫人），左十为赵寻（赵辛生，后为中国文联党组副书记、中国剧协分党组书记），左十一为胡宗温（后为北京人艺演员），左十二为兰光（东方歌舞团副团长），左十三为钱辛韬，右一为何康夫人缪希霞

是我父亲辛亥革命时期的战友，他约我到他家吃饭，问我愿不愿意参加共产党，我作了很积极的表示。从此，我经常被约到大操场的球门边谈话，由我的妹妹何静宜在远处放哨。我的入党申请就是趴在操场的讲台上写完的。

记得是1939年5月22日，王世堂通知我，我的入党申请被批准了。1939年6月9日晚自习后，在学生宿舍后面一个农民的场地上，面对在一块大石头上贴的事先画好的马克思画像，我举手宣誓，要为共产主义事业奋斗终生。入党介绍人是王世堂、邓鸿举和齐亮（齐亮是山东人，出身城市贫民，他曾是西南联大共产党的负责人，解放前夕牺牲于渣滓洞），参加人还有郝连杰和邓鸿举（高三学生，比我大两岁,时任党支部书记,后来更名邓裕民,20世纪50年代初成为我的妹夫)。此外还有梁淑敏(女)、刘慧兰(女)和雷学诗。

我入党后不久,风声突然紧了起来。因邓鸿举太活跃,首先撤出,跑到化龙桥的新华书店去当营业员了。经他推荐,全体党员选举,我这名新党员继任南渝中学的党支部书记,属沙磁区(沙坪坝、磁器口地区)特委领导。放暑假前,我被通知到红岩村八路军办事处参加由蒋南翔主持的"沙磁区学生党支部负责人培训班"。到了红岩村,没想到遇到了徐鸣,他和我在同一个培训班学习。这位大我两岁的发小也加入了共产党。"跑警报"时,在防空洞我碰上了叶剑英和吴博。吴博是二哥在上海吴淞中学的同学,二人很要好,她常到家中玩。她见了我非常亲热,仍管我叫"小三"。叶剑英这时知道了我也像两位哥哥一样,加入了中国共产党。吴博告诉我:"你爸妈还和叶参座提到了你大哥、二哥,说十分想念这两个去了延安的儿子。"

这年年底,根据叶剑英的指示,大哥、二哥分别从晋东南抗大四大队和闽北回到了重庆,我们兄弟三人分别一年多后又团聚在了一起。为了遵守保密纪律,我没告诉他们我也入了党。所以他俩去曾家岩见叶剑英时,还责怪我不告诉他们我已入了党。叶剑英笑着说:"你们让他来找我,我替你们打通关系。"再见到我们时,叶剑英交代大哥、二哥都不要回去了,留下来通过父亲及父亲的社会关系做上层的统战工作。在叶剑英的安排下,我们兄弟三人成立了特别党小组,不与地方党组织发生联系。1940年冬,由叶剑英将我们的关系交给了董必武。董老见我们时,要求我们广交朋友,好好学业务,长期潜伏,伺机而动。大哥、二哥都有社会职务,而我正要上大学。听到我有志学习农业,董老鼓励我要好好学,将来我们的工作需要专业人才。从此,我们三兄弟直接在叶剑英、董必武的领导下,作为一枚战略棋子被部署下来。这是否应验了父亲在我满月时写的"年十八即当发轫"?

我迈入了青年时代。

# 何家"特别党小组"

何迪

2020年10月，在达叔迈入90岁前夕，他耗时6年，数易其稿，以何家两代人为主线，以1938年武汉会战为背景的长篇历史小说《战未决》由北京十月文艺出版社出版。为此，我邀请专家们开了新书座谈会，并在《北京青年》副刊刊发了杨浪、朱学东的发言，文章称89岁的何达为最年长的新进小说作者，在中国现代史里有个"老何家"。从1953年起，达叔开始为爷爷何遂记录口述史，其间写了《辛亥血》《碧涛》等记实文学，编撰了《何遂遗踪》，为兄长们持笔写了不少回忆文章，至此历经67年，《战未决》成为他真正创作的小说，由此跨入了作家的行列。达叔说，这是他最后的心愿，可以交班了。作为何家第二代，经历最为坎坷的他，1957年在大学读书时被打成右派，下乡劳改，当了中学老师，"文革"中挨斗，差点丧命。"文革"后获平反，调到中国新闻社任记者，50岁才重焕青春。尽管经历坎坷，但他从未熄灭心中书写家史的愿望，从未放下手中之笔。他把收集的几大箱资料转交给我，希望我能接棒完成他未竟的事业。

这批资料中有2000年年初，他与父亲、大伯伯何世庸一起回忆家族历史的记录，仅录音带就有十几盘。父亲的《我的少年时光》的大部分素材出自这次访谈。同样大伯伯的口述和二伯伯生前留存的资料也在达叔的收集中。这既为编撰《何遂遗踪》打下了坚实的基础，也为我理解何家第二代的道路选择留下了宝贵的资料。

大伯伯原名何旭，生于1914年，为家中长子，在三兄弟中，最受父母呵护，经历也最丰富。11岁被送往温哥华成为小留学生，受到西方环境的影响，如行人过马路的规矩，学生虽小仍持有尊严，这与中国传统的礼教大相径庭。在1927年的动乱中，时任富阳县县长的何昂为躲避战乱出逃，年仅13岁的何旭替其大伯伯何昂持掌了一个星期的县官大印。九一八事变时，正在沈阳读医学预科的他，目睹了日本入侵，东北军不战而退的状况，如父亲回忆中言："他像换了一个人，发疯一般投身学生抗日活动，他是我们兄弟的'领头羊'，二哥总是紧跟着他走，我则跟着两个哥哥走。"他随爷爷何遂上热河前线慰问，并用当时并不多见的摄影机拍下了纪录片，还与北大学生、后来成为著名记者的范长江结下了不解之缘。随后他考入中央陆军学校第十期，成了一名军人。七七事变后，在叶剑英推荐下，他随第一战区参谋处长李世璋上了河南前线,并加入了中国共产党。1938年秋奔赴延安,进入抗大五期,先为学生,后当教员,随抗大一分校挺进晋东南。直至1939年11月应召,回到重庆,根据叶帅的指示,兄弟三人组成了"特别党小组"。

二伯伯何鹏就没有大伯伯那么幸运了。他出生于1917年,当时爷爷正在欧洲观战,自幼得了小儿麻痹症,一条腿留下了残疾。爷爷走南闯北之际,他往往被寄养在亲戚家中,缺少了父母的关爱。爷爷心中不安,把他送去日本读书,但尚未安顿好,又被爷爷召回,说苏联大使许诺,送他去苏联留学,结果需要自费,学费高昂,未能成行,摆了个大乌龙。抗日战争全面爆发,大伯伯听了堂兄弟们的建议,办了个印刷厂,印刷抗日宣传材料,结果自己上了前线,甩给了二伯伯看守。好在大伯伯儿时的玩伴林居先在武汉八路军办事处工作,经她介绍,1938年3月二伯伯先大哥一步奔赴了延安,入了抗大四期,两个月后成为中共党员。毕业后先加入了抗宣二队,后又上了山,成为游击队员,由福建省委书记曾镜冰派遣,去重庆动员爷爷到福建做统战工作。结果被叶帅留了下来,成为兄弟三人小组的成员之一。

1973年,兄弟重逢。左起依次为何世平、何世庸、何康和妹夫邓裕民

这兄弟俩青少年的经历，一个跌宕起伏，有声有色，另一个则诸多坎坷，乏善可陈，我猜想这成为他们后来改名的原因之一吧，大伯伯改名为世庸，二伯伯改名为世平。唯独老三我父亲，未改其名，在《我的少年时光》的回忆里，16 岁前的日子过得丰富多彩，而后的路途也基本上顺顺当当，应了爷爷在他满月照片上写的话，"无蹇运也"。

## 一、"特别党小组"

1939 年 11 月，由叶剑英参谋长（叶帅）指示，16 岁的何康与 25 岁的大哥何（旭）世庸、22 岁的二哥何（鹏）世平组成了"特别党小组"，由中共南方局直接领导，不与地方党组织发生关系，开始了他们的青年时代。

在达叔留存的资料中，有两封信十分珍贵，是 1954 年审干期间，父亲和大伯伯于 7 月 18 日在同一天给二伯伯写的信，讲述"特别党小组"组织关系的情况，以下是两封信的全文。

父亲的信：

二哥：

来信敬悉，最近我也在搞出国的审查，我虽经"三反"整党等运动，但始终未正式审查做过鉴定，正好趁此弄清一下，这在我们非常必要，否则熟悉我们的人不在了，就难办了。

我自离开南开后到上海工作前始终是由领导同志个别联系，你的情况也相似。1939 年冬（11 月？）大哥同你到重庆后，我们曾一同到曾家岩八路军办事处去过，当时是由叶参座负责联系，并把我们编成一小组。1940 年 7 月我从成都回来后准备到桂林去，曾去曾家岩找过叶。当时由董老联系，董老说今后我们归他联系，要我们广交朋友，好好学业务，长期埋伏，待机而动，他需要时，当派人找我们。我们转关系可直接找他，关系即不转到地方。我记得大哥为到陕北边区办盐事，曾去曾家岩找过董老，不知你当时去否。在桂林的一段，我与地方党无联系，只是李晓亚，（即李亚群，现任西康省委宣传部长，当时是中央派到广西的特委？）通过徐鸣与我们发生联系，准备搞电台。当时有位李先生（即申光，现任邮电部计划司长，我来京后还见到过他）住在我们家，当时你不知在否。1944 年到 1945 年 11 月我在重庆办农场时，曾数次去红岩村联系、看文件，当时都是找董老，可是有时候由钱瑛大姐、荣高棠及其他人代接见。1946年我自柳州为迁校运动到重庆，那时你同大哥均住大河顺城街，我们曾一同去红岩村找董老商定回南京工作事，当时董老答应到南京即派人找我们。1946年10月我回到南京后，董老已派人来找过我们，后我同老邓去梅园新村找过董老。此后即将我们关系交上海分局，当时刘晓同志负责，并由张执一同志负责与我们联系，你到台湾去后即通过我给你联系。1948年尾（张）同方行不是到台湾去找房子等你，还找吴国璋帮他们找房子。我所知情况就是这样，你哪段不清，可以专指出来，再回忆一下。对写材料主要是真实，不及固然不好，太过也不好。我感到我们的家庭出身和长期在白区工作，做的事情不多，这些情况造成我们政治磨炼较差，对党的贡献不大，但另方面我们家庭社会关系虽复杂，但我们自己倒入世不深，关系很浅，原因是我们自幼就受革命影响，加入党也较早，虽在旧社会中浮沉，但与它思想上是隔绝的，而我们始终找党，未脱离党，党叫我们做的工作一定努力去做，没有做过反动的事，这是我们问心无愧之处。我盼你这次能好好将历史审查清楚，做下结论，免得今后之人对证。

近来我们很忙，办公已搬到郊外，每天要来回二趟，很不方便。迪儿放暑假回家，吵得厉害。你调什么地方的可能性大？望能调到北京来。

匆匆恕潦草，祝好！

三弟
7月18日

大伯伯的信：

二弟：

来信收到，今年这一时期特别忙，信也写得少了，乞谅。

你问的情况，答复如下：

1939年11月前后我们相遇于重庆江北，不久即同往见叶参谋长（是在曾家岩50号——重庆办事处城内地址），我的关系是由抗大晋东南分校或总部直接转去的，你的关系我记得是曾镜冰同志写了一个小条子给你。参谋长当时决定我们要在战略岗位上做事，闽北较小，起的作用不大，要你到桂林去，如果实在待不下去，闽北也可作为藏身之地。这就是说从那时起我们三兄弟就都在参谋长直接领导下从事工作了。当时参座曾讲了一下形势，并说明当前工作是争取中间派，这一种战略性的工作。三弟原来不肯告诉我们他的情况，后来参座出来打通了关系，我们三人很自然地像一个党的小组似的，在办事处负责同志直接领导下，开始了新的工作。

以后参座回延安（1940年冬至1941年年初）就将我们三个人的关系移交给董老。改由董老单线联系我们，联系地点仍是曾家岩50号或郊外红岩嘴山上办事处。既然是直接的单线的联系，则在伪盐务中调来调去，只是事先或事后征求一下意见或报告一下。因为在皖南事变以后对我们这样的人，中央指示是长期埋伏起来，多交朋友，多学习，多钻研业务，即所谓勤学勤业勤交友。并规定没有什么特别事情，无须常到他那里去。并告诉我们要去，首先看重庆《新华日报》出版情况，这是能不能去办事处的标志。后来董老有没有亲自告诉过你一遍，我就不记得了。我是在1941年1月，皖南事变发生后不久同三弟一起去，由他亲自讲的。你那时可能在永康，有没有进伪盐务就不清楚了。1942年夏天我从桂林回到重庆［那年春天在金华附近碰见你，并带二嫂（二弟妹）回桂林］，见董老报告情况，并将你同三弟的情况也报告了董老。

记得1942年夏秋之交你调到桂林。办事处李亚群同志（现任西康省委宣传部长兼文教局长）在桂林搞统战工作，曾通过徐鸣的关系找你，要在我们家安设一电台，后来没有成功。我于1942年冬来桂工作，不久徐鸣同志就把这架无线电机移交我保管，直至1944年秋发生湘桂战事，当李亚群同志从重庆匆匆赶来告知三弟，这部机器才由我毁掉。

1945年冬我同智勤一起回到重庆，第一件事就是同你一起去见董老（是到红岩嘴），先由李亚群同志同我们谈了一天，传递了最近的情况与政策，看了文件。第二天董老自城返红岩嘴，我们详细报告了情况，当时刘少文同志曾希望我们去上海搞生意（特别希望你去），但董老不赞成，仍要我们坚持在原岗位。那一天李亚群同志登记了我们两个的履历，说是要送到中央组织部存档。这是我在白区工作时最后一次见董老，后来回到南京，是董老派人同我联系的（听说三弟后来去见过他）。

1947年夏秋，董老撤回延安，将我们的关系转交给刘晓、张执一同志，我们在锦江碰了面，其后是张直接领导我还有你，"三（弟）"有一阵是张领导，后来又归刘。你在台盐时期是张单线领导的，联系的方法主要是通过康弟，他自己也到台盐看你一次，才决定你到高雄。张离开华东，你的关系就留在华东刘晓同志那里，所以在港通过老万（注：万景光，上海局驻香港办事处主任）就接上了。我想情况就是这样，我们的领导人与联系人就是叶、董、张、刘。李亚群（即李晓亚）不过是同我们作技术上的联系,他可以证明你在桂林的情况,但关系仍在董老处。有人说我们的关系是存在保险库中就是这个意思。

我在整党中主要的证明人就是董老与张胖子(注:张执一)。李亚群同志也把我在桂林情况写了证明。

就我记忆所及就是如此。大嫂肚子已突出,小孩都很好,勿念。代问爸妈及二嫂(二弟妹)诸侄好。

致敬礼

大哥

7月18日

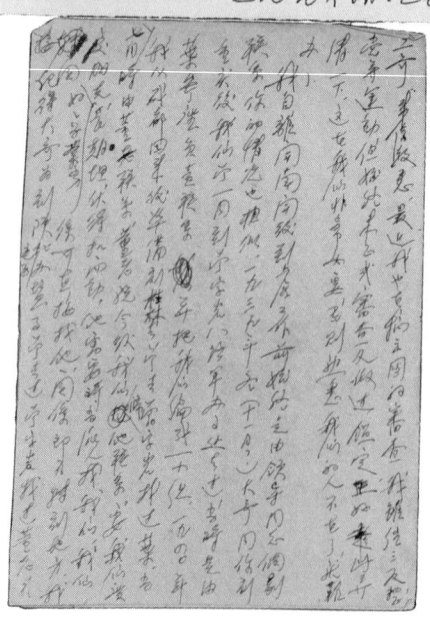

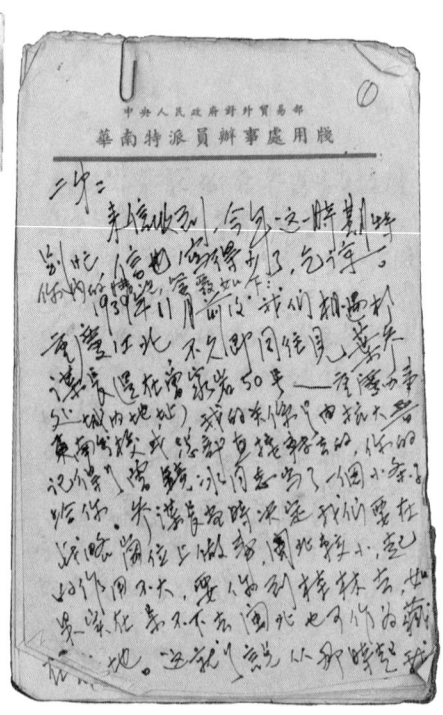

1954年审干,何康与大哥给二哥的通信

21 世纪初，父亲何康重返曾家岩

这个由兄弟三人组成的"特别党小组"确实有些特别,一是由南方局、上海局的领导直接掌握,不与地方党组织发生关系,既没有定期的组织活动,又未经历过党内整风学习与审干的运动,如大伯伯在信中所言:"有人说我们的关系是存在保险库中就是这个意思。"二是要有公开的身份,从事上层统战、情报工作。大伯伯、二伯伯都由爷爷何遂的挚友、我的外公国民政府盐务总局局长缪秋杰安排在盐务系统工作,长达8至10年。父亲则按董老的指示,"学一门技术,将来可用于建设",转入广西大学农学院学习。1946年9月毕业后,父亲进入了爷爷担任委员长的国民政府立法院军事委员会,有专员空缺,担任专员,吃份空饷。为此必须有一份资历证明,于是找了吴伯伯,由曾任第四战区参谋长吴石出具了1944年何康在他手下任"少校翻译官"假资历;爷爷的大哥何昂是军事委员会秘书长,负责招收工作。同时父亲利用爷爷和外公的关系,在南京栖霞山开办农场,延续他对农业的热爱并作为地下党的后备基地。这两项掩护身份的工作都向组织汇报过,并得到批准。1947年9月,遵照上海局领导刘晓、刘长胜、张执一的指示,以何遂和缪秋杰的名义,在上海设立了地下党的经济机关瑞明股份有限公司,何康出任总经理,成为"职业"地下工作者。随后,父亲辞掉了专员,停办了农场。面对兄弟三人的这段历史,父亲在信中特别嘱咐:"我盼你这次能好好将历史审查清楚,做下结论,免得今后乏人对证。"

父亲的担心不幸成为现实。20世纪50年代,大伯伯在担任两广盐务局长任上,遭内部争权夺利者匿名诬告,说他长期在伪盐务机构任"要职",是潜伏下来的特务,造成了每次运动他要因莫须有的"历史问题"被审查。二伯伯在"文革"中被揪出来,让他交代在伪盐务系统工作8年,特别是在台湾3年的经历。而父亲任"伪专员",办农场,在解放后历次干部审查中都已清楚,有结论,但在"文革"中成为反复交代的主要问题,与党缺乏紧密联系,又没有经常性的组织生活,被说成"脱党",审查了5年才得出"没有历史问题"的结论。

## 二、何世庸的故事

成立"特别党小组"后,大伯伯接受的第一项任务,是利用爷爷何遂和缪秋杰的关系,筹运陕甘宁边区花马池盐。下面是由他口述,达叔整理的"筹运花马池盐的往事"(引自《何遂遗踪》):

1940年，抗战在相持中日显艰苦。由于沿海盐区相继沦陷，芦（长芦）盐、淮（两淮）盐运道断绝，特别是晋南解池盐场被日军攻占后，陕中、豫西、川北的食盐供应大为紧张。战争是全方位的，日寇有目的地控制盐产区，是因为盐是人人必需又没有代用品的"政治商品"。时任国民政府盐务总局总办的缪秋杰是一位严谨干练的业务官员，缪秋杰有鲜明的爱国思想，他深知一旦闹起盐荒，对军事和民情将产生严重后果，认为除奖励陕豫土盐增产外，调运花马池盐（俗称"浪盐"）以解燃眉是最佳方案。大花马池位于宁夏、陕西交界处的盐池、定边县境，地处陕甘宁边区。要到共产党管辖的地区去调运食盐，缪秋杰慎重地先征得了孔祥熙的同意，又

大伯伯何世庸为黄埔军校（改称为中央陆军军官学校）第十期学员

通过父亲与叶剑英同志商洽。我为此事特地去向叶剑英作了汇报。叶说，这件事关系稳定抗日局势，对巩固抗日统一战线有利，而且将花马池盐外销，可以换回边区所需的棉布等日用品，活跃边区经济，对国共双方都有利。我们应该努力去办好它，表明我们是真正愿意团结抗战的。叶要我直接参与这项工作。于是，缪秋杰在重庆海关总署宴请董必武、叶剑英、博古同志，父亲与我作陪，在座的还有西北盐务局长陈纪铨、陕西盐务办事处长费文尧。席间商定由我代表盐务总局到西北去协助陈、费办好此事。我随父亲去见了李济深，辞去了战地党政委员会的工作。

7月，缪秋杰委任我为西北盐务局视察员，我行前去见了董必武同志，董老说，林伯渠正在重庆办事，你先到红岩办事处见一见他。林伯渠同志是陕甘宁边区政府主席，他对我搞这项工作表示欢迎和支持，他说他会把有关情况通知西安和兰州的八路军办事处，需要的时候可以去找办事处的负

责人。

我到西安后住在邓宝珊家，发现西北盐务局长陈纪铨对如何把花马池盐运出来毫无准备。而费文尧过去常吹嘘自己对边区"筑了一道经济封锁线"（不许边区的食盐外销）。所以，我决定自己沿运输线作一番考察，我到了甘、宁、青，骑马进入青海草原，一直到达都兰附近的茶卡盐池。我粗略计算了一下，这个盐池储有3亿多吨含氯化钠95%以上的青盐，但只能用牦牛运出，数量有限，以致陕豫几千万军民站在盐罐旁叫盐荒。此行使我勾画出了由宁夏经甘肃入陕豫的运输路线。回西安后，与费文尧商议，都认为必须在定边、池下设立盐务收运机构。此时（大约是11月），缪秋杰恰到陕西、宁夏、甘肃、豫南和鄂北考察，我在西安向他作了汇报。缪同意与边区交涉设立收运机构，并决定把西北运输处迁至平凉，费文尧任处长，派我到该处专门负责办理花马池盐外运事宜，在平凉、天水、中卫、汉中、咸阳、长武、老河口等处设置运输分支处。

为在定边设立机构一事，我到七贤庄八路军办事处找伍云甫处长。他不在，幸好董必武同志在隔壁听见我的声音出来见我，董老答应把这个要求向党中央汇报。我向董老反映，陕西盐务处有两个中统派来的盐务督察员，他们知道我是代表总局办理筹运花马池盐的，对我很感"兴趣"。董老说，现在华中的局势很紧张，我们要警惕，要在各方面加强坚持团结抗日的工作，要从"公开"两字着眼，越大方越好。我告诉董老，日前我同费文尧到胡宗南的军需处长达观家里去，胡的参谋处长在那里打牌，那位参谋处长说，他就要请假回老家四川去了。董老笑道，这说明胡宗南这个期间不准备和我们打仗。你以后要注意从一般情况中发现重要问题。在西安，经我联系，董老又与缪秋杰就运盐事宜进行了一次商谈。10多天后，董老派人送来一封信，传达送至费文尧办公室，恰巧两位督察员在场，我们就当他们面拆开信，并给他们看了。信是说设立机构一事，延安已有回音，约我去面谈。我又去见了董老。他说，党中央已批准国民党西北盐务运输处在定边设立收运机构，要我转告陈纪铨、费文尧，将来派去的人可以到兰州或西安八路军办事处拿介绍信。董老告诉我，叶剑英、博古同志就要调回延安工作，他本人是回延安还是仍回重庆工作在等候中央指示。

费文尧带任醒民负责到定边去建收运站了。12月，西北盐务运输处迁至甘肃平凉，我也从西北盐务局视察改调为西北盐务运输处视察。年末，费派我回重庆向缪秋杰汇报在定边设立机构的经过，我是到自流井（今自贡市）缪秋杰家过的新年，向他作了汇报。我1月回到重庆时，震惊中外的皖南事变发生了。当时重庆的政治气候阴霾重重，国共团结抗日的局面濒临破裂。是三弟何康先去见了董老，带信回来给父亲说，办事处经济很困难。我去见董老时，带去了父亲送给办事处的一笔现款。董老给我讲了皖南事变前后的情况。他说，国民党不让我们在《新华日报》上讲皖南事变，我们准备用另外的方式向外作一个报道，表明我们的态度（指散发传单《新四军皖南部队惨被围歼真相》）。董老要我找一个有前后门、出入方便的地方和一个可靠的人担任转迁工作。我提出了"云庄"这个点，并推荐从山西回来的剧宣三队队员我的表姐陈端担任这个工作。董老同意了，让我带陈端去一趟。我向董老汇报了近期的一些情况，说到前些日子，李宗仁、白崇禧送给父亲5万元，父亲利用这笔钱，由母亲主持在城内石门坎开了一家盐店，那地方也不为人注意。董老说，可以利用这个店做周边通信点，由办事处隔一个时期派人去取一次信，要我先征得母亲的同意。接着，董老讲了形势的严峻，谆谆嘱咐我要做长期埋伏的打算；当前要充分利用公开身份，做好运盐的事情；要利用长期潜伏的机会，勤学、勤业、勤交友，自己多学一些东西，外国文也不要丢了。董老问我学什么外语，我说俄文，董老说，学俄文容易引起疑心，还是改学英文吧。那天，我是晚上去的曾家岩，谈完话夜色已浓，董老亲自送我下楼，又叫人到门外查看后，才让我离去。董老亲切关怀的长者风范，是我终生难忘的。

我带陈端去见了董老，董老把她介绍给张晓梅，由张和她联系工作。我告诉董老我的母亲同意把盐店作为通信点。由于我把自己是共产党员的情况告诉了陈端，董老严厉地批评了我，他说，即使是亲人也不能暴露自己的身份，不准同地方党发生关系。

春节后，我回到平凉。费文尧说，任醒民在定边工作推不开，让我亲自去看

1939年8月大伯伯何世庸赴延安，抗大五期毕业后任军事教员

看。3月初，我到兰州八路军办事处开了去边区的证明，带着西北盐运处派赴定边工作的两个职员，经驿马关先到庆阳，见了王维舟同志，由他开了路条才骑驴来到定边。任醒民是有工作热情的，当时阻碍工作的关键是西北盐运处对"浪盐"的收购价格太低。任醒民说，他曾写信给毛主席，建议由西北运盐处派运输工具到定边来接运，运出边区，按二八或三七分成，边区占二或三成，由西北盐运处在驿马关附近设点收购，但未获回音。任醒民陪我到花马池，见了陕甘宁边区盐务局局长张永励同志，参观了花马池盐场，了解了边区运盐的一般情况。我第二次去见张永励时，摆脱了任醒民，向张和前来检查工作的后勤部部长叶季壮汇报了我的身份和我接受任务的前后过程。叶季壮要我随他到延安去解决问题。

这是我第二次到延安。我先去看望了叶剑英、吴博同志，叶剑英带我去见了朱德总司令。朱让我就住在后勤部，不要住招待所，因为那里人员复杂。我同叶季壮研究了任醒民的建议，都认为由国民党的机构派运输工具深入边区来运盐容易把事情搞复杂化了，而且数量也有限。因此问题的中心还在收购价格上，费文尧交给我带来的价格，按边区草料价格计算仍然偏低。朱德同志提出两点指示，一是要把发动群众运盐到驿马关的事交给边区政府去办，要我向边区政府主席林伯渠汇报以取得支持；二是要我向国民党盐政当局反映只有提高收购价格才能收购到大批的盐，因为最大的运输力量是老百姓的小毛驴。我在延安住了半个月，受到非常亲切热情的招待。朱德总司令和林老分别在饭店里请我吃了饭，把我介绍给肖劲光、谭政、傅钟、莫文骅、李涛等同志，总司令还约我到他家里吃了一顿便饭，把党在国民党区域采取的长期隐蔽政策向我作了比较详细的解释，并嘱咐说，虽然我是代表国民党来办事的，出边区后仍然要防卫国民党检察站的搜查，不能疏忽大意。

由于日寇开始发动后被称为中条山战役的新攻势，国民党陕西省政府主席熊斌特别批准西安八路军办事处把长久禁运的一批钢材运进了延安，叶剑英要我搭乘运钢材的车回西安去。叶帅送给父亲和缪秋杰一批延安生产的毛料和毛线，并表示对他们在经济上帮助重庆办事处的谢意。叶剑英要我转告父亲和他的朋友们，像边区这样穷苦的地方尚且能自力更生，坚持抗战，大后方人力和资源丰富，更应走自力更生，坚持抗战的道路。临行前，林老要我亲自带一封信给伍云甫。我想起总司令的嘱咐，把这封信藏在了汽车破旧的座垫下面。经过国民党检查站时，虽然我出示了护照，但是他们仍然对我进行了搜查。到西安后，我把这封信交给了伍云甫。

回到平凉，费文尧正苦于收购到的盐数量太少，边区老百姓宁可把盐存在庆阳，也不肯卖给驿马关收购站。我把收购价格和边区草料价格作了比较，向费说明不提高价格就收不到盐。此时，庆阳王维舟同志派人来建议将现定价格提高半倍。在严重缺盐的压力下，国民党盐政当局接受了这个建议。收购价格提高，加上边区政府发动群众的工作，很快组织起了一支有数百匹牲畜的运盐队伍，从陕北定边经甘肃环县到庆阳再到驿马关。由于国民党辖区缺盐，胡宗南经营的军事封锁线也只能为运盐队伍敞开大门，这支队伍又带回了棉花、棉布和日用品，形成盐棉交流。仅1941年最初的三四个月，在驿马关一地就收购了1万多担食盐。这条运输线维持了一年多，到1942年下半年，由于边区内部"左"了一下，把任醒民和收运站赶了出来。但是，这件发生在皖南事变前后的事，仍不失为在抗日民族统一战线旗帜下，国共合作抗日的一次成功实践。

大伯伯办盐务还有后续篇章。

1948年，何世庸被派往两广盐务局任职，主持海南莺歌海盐场开发可行性研究，当时主政广东的宋子文特别召见他，要担任筹备专员的大伯伯做好这项工作。据他回忆，"日方建设莺歌海盐场时，技术人员大都来自台湾，为了搜集资料，我在1948年春随盐务总局组织的工程考察团到台湾去了一个月。随后与总工程师郑厚平乘军机对莺歌海地区进行了空中考察。"但因国共内战的影响，该项目中断。

除以盐务官员为掩护，在粤港还有另一个掩护关系。大伯伯的岳父李朗如曾经担任孙中山侍卫长，在香港经营陈李记药行，李朗如的家成为大伯伯的工作据点，在上海局的领导下，从事上层统战与情报工作。1949年6月爷爷与姑姑何嘉赴台，8月二伯伯一家与姑姑和奶奶撤离台湾，9月初爷爷飞返香港，都在李朗如家落脚。他与上海局驻港办事处负责人余秉熙、万景光密切配合，传递了吴石、聂曦等人送来的重要情报。同时，他还想利用盐务官员的便利，在广东水东地区开发小盐田，由瑞明公司投资，为党的经费挣取回报。

1949年10月14日广州解放，大伯伯由地下浮出水面，接管了两广盐务系统，担任局长。1955年2月，中共华南分局作出开发莺歌海盐场的决定，9月成立了以大伯伯为处长的莺歌海盐场筹建处，11月上报了计划，被列入了国家建设项目，由陈郁省长直接分管。1958年在"大跃进"的促进下，从部队转业的5600名官兵加入了开发建设工作，在当年即产盐100吨。1962年，郭沫若写下了"盐田万顷莺歌海，四季长春极乐园。驱遣阳光充炭火，烧干海水变银山"。莺歌海盐场成为华南最大的盐田，与历史悠久的长沪盐场、布袋盐场（台湾）并列为中国三大海盐产地。1960年1月，董必武在大伯伯陪

1924年11月摄于广州。端坐前排正中者为孙中山先生，后排六位随从人员右起第一人为大本营参军李朗如（大伯伯的岳父）

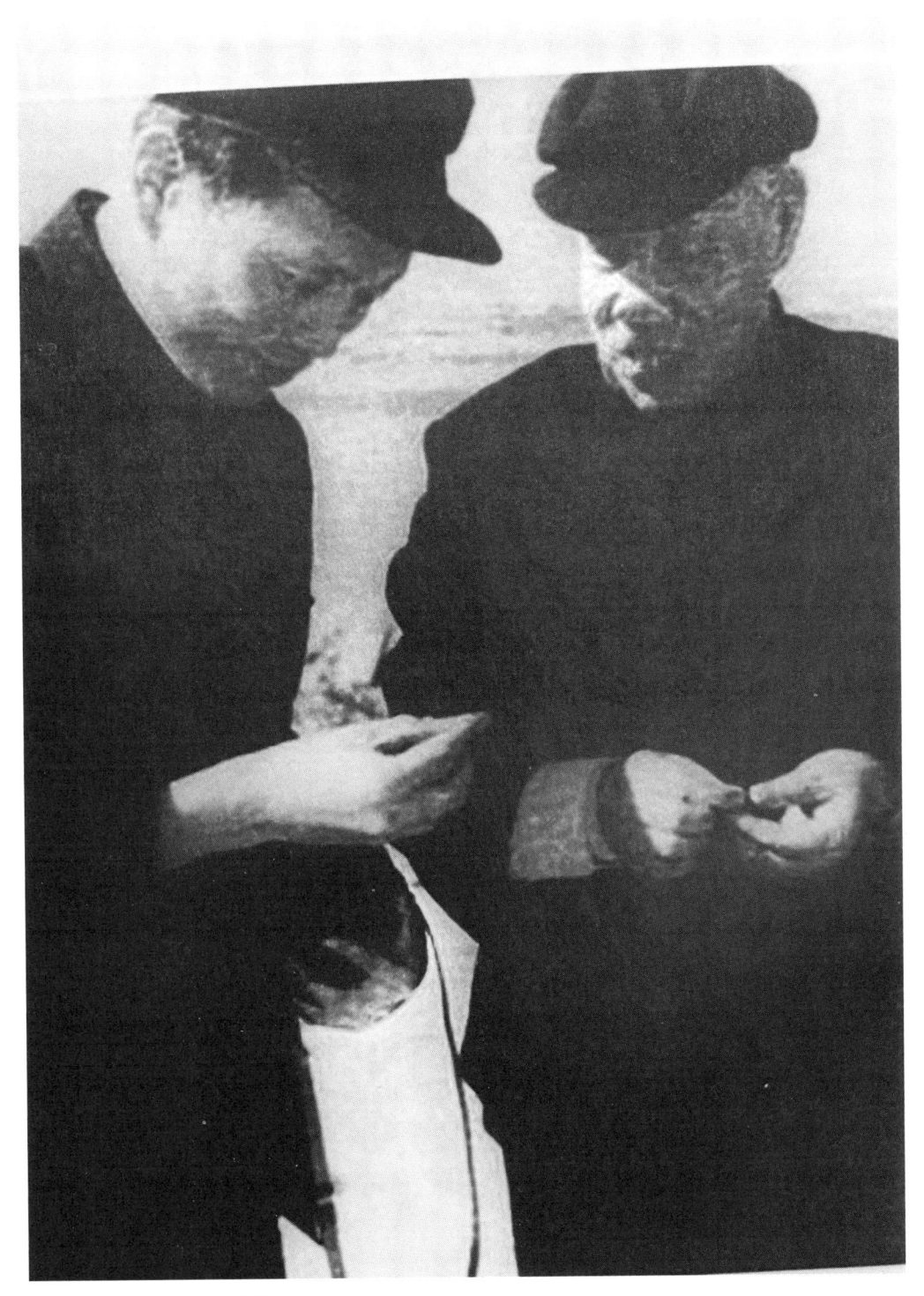

何世庸陪同董老参观莺歌海盐田

同下,访问了莺歌海盐场,随后又访问了热作"所院",看到当年由他直接领导过的何家兄弟,由地下工作者练就成了生产建设第一线的领导干部,感到由衷地高兴。

## 三、何世平的故事

"特别党小组"中的二伯伯离开重庆后的经历比大伯伯坎坷。他生性平和、低调,因曾从事了8年对台湾的地下工作,口风特别严。在地方党史资料征集办公室的要求下,留下了《闽北战斗生活的回忆》一文(引自《闽北党史通讯》,1988年第3期):

二伯伯何世平在抗宣二队

1938年2月,经汉口八路军办事处博古同意,我去延安。3月初我进抗大第四期学习,5月入党。抗大结业后,分配我到"军委会政治部"第三厅抗敌宣传第二队工作(抗敌宣传队是周恩来同志根据当时党在国统区领导抗日民族统一战线的方针政策组建的)。抗宣二队在"第三战区"管辖的江西、浙江进行抗日救亡宣传活动,支部书记是舒仁岳。1939年夏,政治形势更趋恶化,第三厅和抗宣、抗演各队都被解散,划归各站区政治部。"三战区政治部"调抗宣二队到上饶"整训"。这时二队党支部扩大了,包括"上饶师管区"同乐会的同志。不久同乐会8位同志先后被捕，支部书记舒仁岳撤离，由贡献继任书记。我们支部和上级党组织断了关系。

1939年9月，李永贵（党员，上饶宣慰团团长）领我到崇安村头下洋，见了福建省委书记曾镜冰和王助同志。曾叫我立即回家动员我父亲何遂来福建任职（我父亲任国民党立法院军事委员会委员长，1937年中共代表团到南京时就和周恩来、叶剑英、博古等同志常有来往。我兄弟三人都是党员）。曾同志还写了张小条子叫我面交叶剑英同志。1939年10月我回到重庆家中，即和刚从晋东南回渝的大哥同往曾家岩50号见了叶剑英同志。叶分析了形势说当前重点是争取中间派，这是战略性的工作，指示我应在战略地区岗位找工作，如待不下去可再回福建，并说在国民党工作要混个"资格"慢慢往上爬。这样，父亲同我找了桂林行营政治部主任梁寒藻，让我去桂林，为梁寒藻登记私人应酬信，终日无所事事，十分无聊。父亲又给我介绍了他的黄埔学生，要我去瑞金军官学校。经组织同意后，我到了瑞金，得知军校两个月后才开学，我便去浙江永康我父亲好友吕公望家里暂住（他的儿子是我

离休之后的老战友又重逢在北京。何之（何世平，左）、舒仁岳（舒若，中）、谢鼐（谢筱乃，右）

儿时的好友）。1940年春，曾镜冰同志知道我在永康，派人带我去崇安村头山上，说他不赞成我去军校，认为通过社会关系就能得到"资格"，决定留我在山上工作，直到1940年冬下山。

1940年春，我参加了干训班（"武夷干校"第三期）学习，担任过指导员。干校设在离省委机关二里左右的竹林里。一间大竹棚子作课室，有竹舞台、竹桌、竹凳、竹门、竹窗，举目所及都是竹的世界。在领导支持下，我把在抗大学到的都搬了来："团结紧张，严肃活泼"。过的是军事生活，平了一块地做操场，整队出操，站岗放哨；晚上有"口令"，还搞过夜间紧急集合；设置了"列宁室"，有动员来的图书、棋类及自制的游艺用具。我们出"学习"壁报，举办歌、剧晚会，还组织了歌咏队。曾镜冰同志专为干校写校歌，亲自作词谱曲，这就是今天传遍闽北的《武夷颂》。我们还在小山岗上依山傍树布置竹凳，竖了个木板写着"列宁公园"（美术字是我写的）。干校学员主要是城市来的党员知识分子，还有省委机关工作人员和工农武装干部。我记得贡献、杨觉（兰珍）也参加了。由于不少同志要回白区工作，大家都用假名，我当时叫何之，改名肖何。学习内容有社会发展史、实践论辩证法、党的建设、抗日民族统一战线政策等，着重讲形势教育、政策教育、革命气节教育、工农与知识分子的团结。教员记得有陈公生、"老马"（卢慈居）、"老顾"等，主要是曾镜冰和王助同志。他们上的大课最受欢迎，课室里挤满了人。学习时间大概有个把月，学员因工作需要有来有去。驻地由省委派武装警卫。伙食由老科长（王忠华）精心操办。干校生活是紧张的、艰苦的，但充满生机和情趣。

根据地的生活是动荡的，时常转移。有一次"打谣风"（有敌情要转移），我随着省委机关干部转移，炊事班有个同志把一桶猪油翻倒了，跟在后面的同志站不住，随油滑了下去，我自然是一个，大家笑称"坐汽车"（四肢着地）。有一次转移到下洋，老科长安排改善伙食，派我负责杀只旱鸭，哪知用刀割了多次，一放手鸭子竟跑到水坑里游了起来，还是依靠大家帮助才完成任务。生活条件十分艰难，在下洋时，我是和一个长头疮的小孩合被睡的（听说是个烈士的孩子）。还有一次"打谣风"，曾镜冰同志叫我同一位红军班长带12名战士隐蔽在吴家寨山上练兵。在当地群众帮助下，只一天工夫就搭起可供20人住宿的竹棚，还依山搭了一间给我住，有桌、有凳、有床，还安了一个竹枕。我们又平了一块场地，还依山势地形修筑了防御工事，有竹钉、绊索、竹炮等。这对我们只有一杆长枪、一颗手榴弹、一把手枪（仅有两粒好子弹）的队伍该增加多大的威力啊！在延安时人人都夸窑洞冬暖夏凉，实用，在闽北我深深体验到生活中一天也离不开竹子。武夷山的竹林对闽北坚持革命武装斗争的贡献多大啊！

我在山上期间，曾去过崇安、建阳联系工作，还到过南平专员公署搞统一战线工作。在省委机关见到过宋梅影、蔡翔云、庄征同志。我和庄征、贡献曾在省委礼堂演过一场话剧。11月间，曾镜冰和孙竹云同志结婚，我主持了晚会。感谢他们分出一床被子给我，这以前我是以棉大衣当被盖的。这些琐事至今我还记忆犹新。

1940年9月，我随曾镜冰同志去皖南新四军军部，实际是要我以家庭地位掩护他去东南局开会，他扮成我的勤务兵。我们从山上出发，夜行昼宿，有10多个武装护送。我因患小儿麻痹症，由一个绰号叫"胖子"的同志照顾。他力大无穷，能将两杆步枪枪口相对平举起来。我不善走田埂路，常跌进水田里，是他把我从水田里提了起来。我咬着牙才跟上队伍。

在皖南云岭新四军军部，我们见到饶漱石（化名梁朴）和曾山同志。曾镜冰同志参加了东南局会议。后来听涂峰同志说会议内容是因皖南形势险恶，决定东南局随军北撤。东南局分别召集闽、浙省委与中央局的联系。涂峰为联络员（涂参加了会），我是政治交通队员之一。涂峰说政治交通队员是经东南组织部挑选指定的。

1940年冬，省委根据东南局指示决定我去永康吕公望家建立联络站，争取打入国民党机关，我通过父亲、经盐务总局局长缪秋杰（后为我三弟岳父，曾为党做过一些工作，解放后任财政部参事，已病故），派为驻两浙盐务局（设在永康）视察，并在吕公望家定居下来，建立了永康联络站。吕是永康的名门大户，曾任浙省督军、省长。《中国近代革命史辞典》中载有其事迹。解放后吕任浙省文史馆馆员，已病故。吕公望与我父亲俱为同盟会会员，1909年在广西结为至交，共同从事反对封建帝制活动。我同吕公望的儿子吕师简（又名马韬，现在上海文史馆工作）是儿时好友，一直有联系。1940年年初我去永康时和他同室居住，朝夕相处。我按照曾镜冰同志要我深交一两个朋友以利开展工作的指示，有意识地做他的工作。他知道我的身份，是可以信任的。

有吕家这块挡箭牌，因此，永康联络站工作开展得还较顺利：1941年皖南事变后，饶漱石偕涂峰同志来找我，叫我设法护送他们去上海，我请吕师简找了几个商界"小开"同去上海跑单帮，饶漱石化名吕超，扮作侨商同行，由吕师简护送至上海。华中局拨给浙省委的5万元经费，也是汇到吕家后由我收转给涂峰的。

永康于1941年4月遭日机滥炸，吕公望家中弹（我被埋在楼梯角瓦砾中未受伤）。以后盐务局迁驻金华罗店。1941年10月，涂峰转达刘英（闽浙赣特派员）指示，要我到浙江温州定居。这里可以说是永康联络站的继续,我除收转党的经费外,还经常与福建省委联系,曾镜冰同志几次派庄征(金风)来温州都由我联系。最后一次来,刘英同志刚被捕,庄征和我立即将带来的材料销毁。在敌人捕杀共产党人时,我就通知有关同志撤离。有一次五马街上悬挂人头,我叫我爱人韩蕴去涂峰、周友珊住处通知速撤,周友珊避居我家,数日后即逃往永康吕师简处。

不久涂峰派杨思一(化名老胡)通知我离开温州,1942年4月我通过盐务总局调到桂林粤西盐务局。这以后再没有和福建省委联系。

1942年4月,二伯伯调到桂林粤西盐务局后,由大伯伯负责和他的组织联系。抗战胜利,1946年5月中共南方局迁往南京,他们兄弟三人先后回到南京,由董老、钱瑛通过父亲和大伯伯、二伯伯联系。内战爆发,南方局撤离,将兄弟三人的组织关系交给了上海局,由刘晓、刘长胜、张执一直接领导。

1946年起,二伯伯何世平在台湾潜伏三年,二伯母韩蕴、奶奶陈坤立与高山族姑娘合影

1946年8月，经组织同意，二伯伯一家前往台湾，在台南盐场潜伏下来，父亲作为他的单线联系人，曾两次前往台湾。上海局策反与情报委员会书记张执一和瑞明公司副总经理方行1948年春赴台考察，为随后在香港召开的台湾工作会议进行调研。张执一专门前往台南见了二伯伯，指示他应到高雄港口工作，为将来解放台湾作准备。张执一在考察中发现省工委书记蔡孝乾追求生活享受，与小姨子同居，作风轻浮，曾建议组织上将其调离。张执一未将二伯伯的关系交给台湾地下党蔡孝乾，1949年6月，受组织委托，姑姑何嘉陪同爷爷赴台做策反工作，也未与台湾地下党发生横向联系。

1949年5月27日上海解放，报纸登出中共接收上海的军管会名单，父亲作为农林处处长在列。而二伯伯在盐务系统的保护伞缪秋杰于1948年9月因反对将盐税附加税作为国民党党费，遭免职。1949年1月北平解放，缪秋杰由组织安排从香港回到北平，曾代表新政权向旧盐务系统人员喊话，保护盐业资产，加入新中国。这些消息都传到了台湾，二伯伯一家及姑姑、爷爷按组织安排及时撤离，返回香港。

二伯伯与二伯母返港后即加入了由万景光领导的中共上海局（后改为华东局）台湾工作委员会香港联络处的工作。1950年年初，蔡孝乾被捕叛变，台湾地下党遭到毁灭性打击，包括6月10日国防部参谋次长吴石、朱枫、陈宝仓、聂曦等人牺牲于马场町。这是中共地下工作重大的损失之一。二伯伯、二伯母与万景光一起做善后安排，继续开拓新的渠道。1951年2月万景光调回内地，二伯伯接手华东局台湾香港联络处工作。

1952年12月，二伯伯调回上海，任华东统战部工商科长，兼做对台工作，直至1955年调回北京，任职全国人大常委会办公厅研究室副组长，就此中止了与台湾工作的关系。二伯伯严守保密纪律，没有透露过台湾地下策反、情报工作的内情。

解放战争时期，兄弟三人的"特别党小组"在何家第二代中扩展，在上海地下党经济机构瑞明公司担任会计的母亲于1948年入党。受党组织的安排，1948年姑姑何嘉中止了复旦大学的学业，陪同爷爷去武汉做白崇禧的工作，随后又一起前往台湾，配合联络吴石将军的情报工作，她也加入了共产党。上海地下党情报策反委员会书记、直接领导人张执一在回忆录中写道："何遂抗战初即与我党发生关系，他的三子一女一媳均为我党地下党员。"他们在青年时代的奋斗为新中国的成立作出了自己的贡献。

# 马尾海校"三人"组的故事

何迪

第二章 走上革命的道路

　　马尾海军学校的前身为福建船政学堂，由洋务派领袖左宗棠、沈葆桢创办于 1866 年，是中国第一所近代海军学校，是近代航海教育的发源地，为中国培养了大批海军人才。严复、叶祖奎、刘步瞻、方伯谦、邓世昌、萨镇冰、程璧光、詹天佑等都曾在此求学。其中不少人成为清末民初的海军将领，闽系成为掌控民国海军最主要的派系。

　　但是中国海军的成长伴随着太多的屈辱，先有发生在马尾的 1884 年中法马江海战，南洋水师全军

马尾海军学校大门

覆没，后有 1895 年，中日甲午海战，北洋水师全军覆没。历史的屈辱激发了一代代年轻人开始追求自强救国之道。1937 年七七事变爆发，揭开了全民族抗战的序幕。父亲在《我的少年时光》中回忆，八九月马尾遭日机轰炸，海校迁到了鼓山，"抗战了，海军却上了山"，"学校不许学生抗日，而共产党是主张坚决抗日的，于是萌生了到延安去的想法"。

父亲 1936 年 8 月入学海校轮机班六期，与同期的赖坚、何世庚（何进）组成了"三人"小团体，后又吸收了谭毓枢，传阅进步书籍，关注形势发展，谋划前往延安。而另一批航海班的学员在郭添礼（后改名为田里）的发起下组成了"突击读书会"，有黄汉基、何澄石、陶柄坤、黄炎、彭协中、陈长洸（后改名为陈光），与"三人"小团体不谋而合，于是商定以考试不及格的方式，集体退学，奔赴延安。

轮机班何康、赖鑑（赖坚）、何世庚（何进）"三人"小团体，吸收了谭毓枢父亲与谭毓枢因与监考老师冲突,被开除,在1937年12月下旬先行离开马尾。而赖坚、何进等11名同学在1938年1月初,打着"海军学校北上抗日宣传队"的横幅,沿途进行抗日宣传,步行奔赴延安。当大队人马到达武汉时,父亲与谭毓枢已加入了抗宣七队,在湖北进行抗日宣传,行进的目标也是延安。赖坚、何进等同学经过3个月的辗转,抵达延安。赖坚进入了陕北公学,何进上了抗大第四期,在延安入党,开始了他们的军旅生涯。赖坚、何进曾写信给父亲,描述了他们在延安的新生活,让父亲羡慕不已,也为自己因病未能跟随抗宣七队奔赴延安而沮丧。

1939年5月何康在重庆南开中学入党,11月,由叶剑英参谋长指示他与大伯伯、二伯伯组成"特别党小组",由南方局单线联系,不与地方党组织发生关系。为了遵守保密原则,父亲中断了与延安的赖坚、何进的通信关系。"三人"小团体重聚已是20年后的1960年。缘于母亲缪希霞赴京为热作所、院跑钱要物,在计划经济的年代,向主管的农垦部要到了指标,还得跑供货的主管部门落实货源,当年最要紧的是发电设备。从姑父邓裕民那儿得知,赖坚在电工部二局当副局长,于是父亲致信老同学,希望"走后门",早点落实电机的供货。分别了22年后,"三人"小团体在北京重聚,还增加了同赴延安的海校另一位同学何澄石。分别后他们各自的经历都很精彩,但一个共同点,就是在新中国成立伊始,都奔赴了祖国建设最需要的第一线。赖坚一直从事通信设备、军工生产,1952年赴苏联留学,成为新中国电机设备生产的专家;何进转入钢铁战线,成为中国钢铁摇篮——鞍钢第二钢铁厂的厂长;何澄石参加了新中国海军第一所学校——大连海军学校的组建,后调入海军总部担任海军教育培训领域的领导;何康则奔赴橡胶、热作垦植、科教工作的第一线海南岛。当年十五六岁的海校小伙伴们已成为各自领域内的骨干,为了纪念久别的重逢,他们专门到照相馆留下了珍贵的合影。

时间又过了20年,"三人"小团体再重聚之时,都已到了知天命之年。1978年父亲调回离开了20年的北京,担任农林部副部长,赖坚在国家经委任军工局局长,何进在冶金部计划司担任副司长。尽管历经波折,他们都活出了各自的精彩。

赖坚20世纪60年代初调入国防工业办公室,在周总理的亲自领导下,成为"两弹一星"中央专委会办公室7名成员之一,为中国的"两弹"事业作出重要贡献。"文革"期间,他又负责了核潜艇的研发工作,曾手持中央军委"特别公函",前往实验基地与工厂,稳定局面;协调相关部门,落实配套设备与新材料研制;与核潜艇工程总设计师一起攻克一系列重大技术问题,保障了核潜艇的研制进度与质量;但在相聚时却很少谈及自己的工作,他是国防工业事业中真正的无名英雄。何进在《鞍钢宪

当年的"三人"小团体离休后的重聚,左起何进、何康、赖坚

法》的鼓舞下,由管钢铁厂到建钢铁厂,转战大江南北,成为钢铁冶金战线的得力干部,在冶金部计划司副司长任上离休。何澄石曾任海军军校部副部长,在青岛海军潜艇学院当过顾问,广州海军舰艇学院任副院长,1983年离休,在海军33年间,他参与组建了14所海军学校,为新中国海军人才培养作出了贡献。

当年海校一起奔赴延安的同学中,除了彭协中转入地方工作,担任江西农林办公室主任,为农业农村的发展做了大量工作("文革"中遭迫害致死,"文革"后平反昭雪),其余的都留在了军队工作。田里从事舰船研究领导工作,为新中国的舰艇发展作出重要贡献。黄汉基则转到空军,成为航校校长,为培养空军人才奉献了一生。而陈长洸出身于海军世家,奉命回到福建从事党的地下工作,组织地方武装,1948年在战斗中负伤被捕,英勇牺牲,成为这批赴延安海校学生中的烈士。

进入新世纪,这批马尾海校的少年已步入老年,离休后来往更加频繁。赖坚担任了黄埔军校校友

第二章 走上革命的道路

左图：海峡两岸"三通"后，曾经两次担任黄埔同学会副会长的赖坚，积极促进两岸老同学的往来交流，这是2008年的一次海峡两岸老同学相聚，从左至右分别为王绥琯、何友恪（陈志远）、何进、赖坚、何康、俞平等
右图：赖坚作《三人行》

会副会长，积极组织海校校友们的交流。马尾海军学校培养了大批海军人才。福建帮成为掌控国民党海军的实力派。当年父亲入学海校，爷爷拜托的海军部长陈绍宽就是福建同乡。内战爆发，陈绍宽辞职，由桂永清接任，大力排斥闽系海军官员。中共上海局掌握了这一情况，加大了策反力度。1948年闽系海军参谋长周应聪到上海任海军办事处主任，在上海地下党策反委员会书记张执一、沙文汉的领导下，通过父亲，请爷爷和吴石利用同乡朋友的关系，联系周应聪为内应，作为策反渠道之一，先后做了邓兆祥和林遵（也是福建同乡）的工作。直接参与策反工作的主渠道之一为海校同学何友恪（为从事地下工作，改名陈志远），在上海局吴克坚的领导下，做了大量工作，成为杜宣编剧的电影《长虹号起义》素材原型。1949年2月，邓兆祥率重庆舰在吴淞口起义，4月林遵率第二舰队在南京笆斗山江面起义，极大撼动了国民党的统治。参加起义的人员中有不少马尾海军学校的校友，如欧阳竞、刘渊等起义后为新中国海军建设作出贡献。还有些校友到了台湾，其中一些人做了台湾海军的高官，如父亲的同班同学邹坚担任了台湾海军总司令，也曾返回大陆，参加校友们的团聚。此外，父亲的同班校友王绥

珺成为著名的天体物理学家,科学院院士。

从当年的"三人"小团体到现在的海校大家庭,赖坚于2006年元旦聚会时赋诗一首《三人行》:"三人同行互为师,师菊师梅师松竹,图书丛中觅真谛,初学马列获新知。卢沟桥头烽火起,激情难伏书案中,北上抗日奔延安,从此分散各西东。抗战胜利建国时,何进炉旁炼钢铁,何康务农立田中,赖坚坚守电工城,各尽职责乐其中。而今已入耄耋年,颐养天年乐融融。"

# "抗宣队"的传奇

何迪

在整理父亲的遗物和撰写他的故事时,时有令人惊奇的发现,它们像一颗颗散落的珍珠,通过追溯父亲的历史线索,将它们串联了起来,焕发出传奇色彩。

## 一、参加革命的起点

在父亲的遗物中,有一封1999年9月13日中共中央组织部审字[1999]79号:"中共农业部农党组发[1999]45号《关于更改何康同志参加革命工作时间问题的请示》报告收悉,经研究,同意何康同志参加革命工作时间从1938年1月算起。"这是父亲1998年结束了人大常委会委员任期,1999年办理离休手续时,农业部老干部局审核父亲履历时做出的建议,把父亲履历里一直填写的参加革命时间从1939年5月22日入党,更改为1938年1月参加抗宣七队作为起点。根据是《中共中央组织部关于抗敌演剧队的性质及其他几个问题的通知》,农业部老干部局许小平、胡处长到中组部查阅了父亲的档案,其中都记载了父亲1938年1月即参加了抗宣七队,证明人是张光年。农业部上报时,还有两个附件,分别是父亲和抗宣七队党支部书记田冲写的回忆文章。

1998年,由中共党史资料征集委员会办公室主任谢筱乃,也曾是抗宣二队副队长,发起、组织了"纪念周恩来百岁诞辰暨他创建的15个队团成立60周年座谈会"。父亲致信:"筱乃同志请转七队诸同志:由于我一月底要去意大利参加一个国际环境与发展会议,我又是中国参加会议的唯一代表","所以无法参加广州盛会"。接着他写道:"我今年已七十五岁,回忆六十年前我十五岁时在国民党福建马尾海军军官学校学习,1937年12月下旬,因要去延安参加抗日救亡活动,罢考被学校开除。我和同学谭毓枢二人一路扒火车到武汉,由我表姐陈璧介绍一同参加了七队。记得那是岁末年初一个寒冷的冬夜,端姐(陈璧原名陈怀端)带我们到武昌育婴堂路队部报到。一进门就被屋里的大哥哥大姐姐围了起来问长问短,一股暖流驱走了严寒,我开始进入七队大家庭生活。"这封信叙述了自己短短几个月的抗宣七队生活后,在结尾处,父亲深情地写道:"六十年过去了,要说这些年能为党为国家为人民做一些工作,是和七队这个革命大学校、大家庭,各位大哥哥、大姐姐对我的启蒙教育分不开的。我衷心感谢您们,

左图：1938年1月，"抗宣七队"出发前大合影
右图：中组部关于何康参加革命工作时间的文件

并将永志不忘。"

　　与这份材料同时，附有抗宣七队老大哥田冲的文章作佐证：1937年12月，在武昌巡道岭八号挤满了准备出发西北的青年，其中包括了海军学校的何康、谭毓枢。1938年1月，在"拓荒剧团"基础上，成立了中华全国戏剧界抗敌演剧第七队，学习红军长征，步行踏上了前往西北抗日宣传的路程，第一站是湖北应城，第二站是汤池，陶铸同志亲自给队员们授课，讲了大形势，阵地战将转为游击战，建立农村根据地，宣传民众是不可缺少的一环。田冲写道："我们听完，兴奋不已，有的同志真的向往打游击，一面行军，一面布置练习包抄，隐蔽打埋伏。队员中，还真有两位小海军呢！"田冲还回忆，"抗宣七队"的真正核心，年轻的共产党员周德佑因过度劳累，染病身亡。3月22日夜他与胡丹沸赶回武汉，前往周府，周伯父、伯母第一句话就是："你们来晚了一步，上午，周恩来先生派邓颖超女士代表他和共产党参加追悼会，还送了一副挽联，称赞德佑是模范青年。这个光荣不仅属于德佑，也属于同德佑共同战斗的人，请你们代表我们转告七队吧。""恩来同志代表党给予德佑的评语，成了我们奋斗的目标和学习的榜样。"在武汉，田冲被吸收入党，返回七队，按照湖北省省委何彬的指示，组成了七队执委会，选举了田冲、赵叔翼（水牛，又称大哥）、徐世津（德佑的挚友）、何康（有军事才能）、陈璧（曾把房子给七队住）五人为执委，率队继续北上宣传。到了襄阳，党组织派胡开沸领着彭后嵘、吕光等党员加入，发展党员，成立了党支部，由田冲担任了支部书记。7月，按党组织安排，抗宣七队归属

政治部第三厅领导，更名为"抗敌演剧第三队"，在张光年（光未然）的领导下，渡黄河，赴延安，成为《黄河大合唱》的首演核心队伍。

父亲因病被送回武汉，失去第二次奔赴延安的机会。但是七队的生活成为他参加革命组织的开始，父亲写道：年轻的共产党员"德佑是最早教我革命道理的引路人"。在周德佑父亲周苍柏的东湖海光农场养病期间，"我每天都到他墓旁看书，凭吊"。1952年7月，接受开垦种植橡胶新任务的父亲南下广州，途经武汉，14年后重返旧地，他在给母亲的信中写道："我到周德佑的坟上去看一看，已经荒得不像样了，连个墓碑也没有，问了很多人，凭了当时的记忆及小树形成的墓道才认出。大家都知道是个老党员的坟，真应该好好修一修。"

## 二、先烈英灵的感召，书信传奇续前缘

也许是天意，也许是不尽的思念，一桩巧得不能再巧的事情发生了。55年后的2007年7月，父亲收到一封来信，开头写道："我是周宝佑（周德佑的妹妹）的老伴郭予信，听我家周洪娣阿姨说她的老乡薛阿姨在您们家工作，正是太巧了，特向您们致意问候。"8月16日，又收到了郭予信的第二封信，写道："小燕（周德佑的姐姐）今天来电话，知道我们偶然联系上了，她很高兴，并向您们致意问候。她在电话中谈到湖北省政府决定改建东湖公园，东湖较浙江西湖大好几倍，西湖管理得很好，景点、人文、历史以及环保都得到充分显示，得到游客普遍赞赏，而东湖却疏于管理，引入许多杂耍类游乐场，把环境和治安都搞得很糟。因此东湖成立了改建委员会，决定把景点、人文、历史和环保结合起来整顿治理，使东湖成为高品位的风景区。过去在修高干招待所时，把明明刻有周德佑烈士的坟也挖掉了，现在改建委员会准备收集有关周德佑和他父亲周苍柏的材料，或以纪念碑或铜像等形式来纪念与东湖有关的历史人物。小燕想请何大哥补充一些有关周德佑的历史材料，提供给东湖改建委员会，使德佑的历史材料更符合当时的客观实际。湖北省报的记者将于本月底左右到周小燕家取材料，请在百忙中抽时间补充有关周德佑的材料。"父亲在信上画了红线，在信封上注明"8月底要，周德佑同志七队材料"。

2008年4月12日，父亲收到了东湖风景区城管执法局陈勇的来信，写道："我是武汉一名历史文化研究者，已写过数篇关于周德佑烈士的纪念文章。去年年底我曾与您联系过一次，在电话里您给我回忆

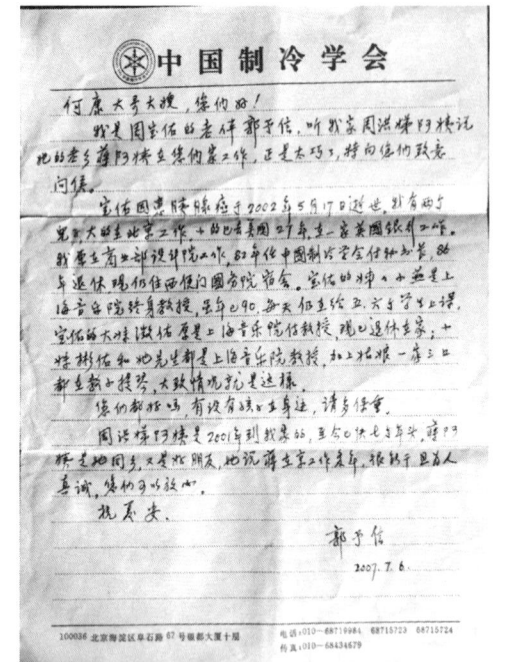

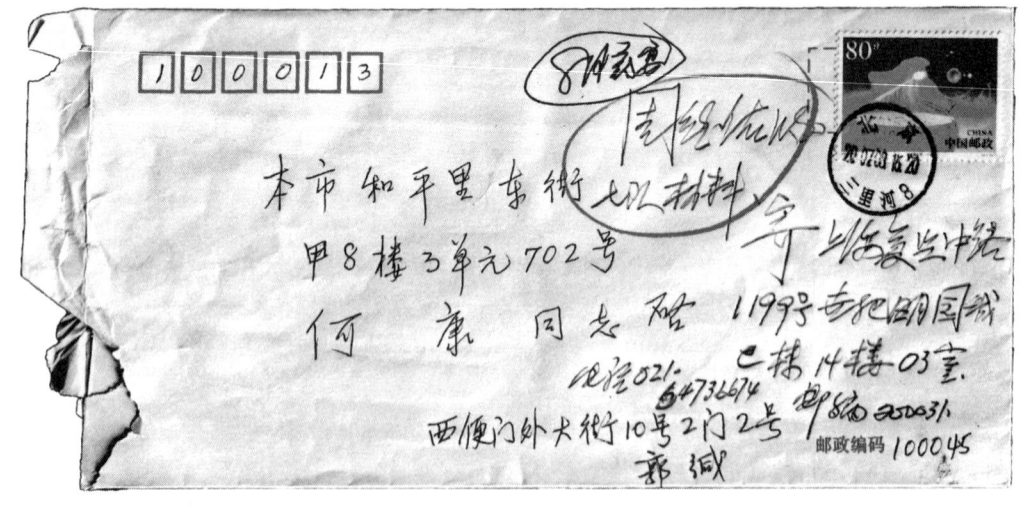

书信的传奇，为建立周德佑烈士墓而共同努力，图为周德佑妹夫郭予信的来函

了当年（1938年）在东湖养病及祭扫周德佑墓的情况，我已经写进3月19日《长江日报》纪念周德佑专集里了。"随信寄来一份报纸，其中陈勇专门就周德佑墓寻找与重建写了专文《周恩来："应该为他树一块碑"》，这是1949年在北京召开第一届全国文代会时，周总理向周小燕说的一句话："像他这样一位有才华的青年，离开优越的环境，参加我们的队伍抗战，真不容易，应该为他树一块碑。"但是"究竟有无墓碑，一直存在争议。解放初期，人们并没在墓地上发现有墓碑。时间又过去了大半个世纪，见证人已经很难找到。直到前不久，笔者联系上周德佑生前战友何康（后任国家农业部部长），何老作了肯定的答复：当时周德佑烈士的墓上是有碑的。他说，'德佑当时是队里的负责人，我还很小，只有15岁。在队里，他像哥哥一样关照我。德佑染病牺牲后不久，大约是5月份，我也出现相同的症状，队里担心我也出事，将我送到东湖去治疗休养，我在东湖大约住了两个月，我到他坟上去祭拜过'"。

2008年重建周德佑墓碑，题写着1998年3月邓颖超的悼词

2008年在"海光农圃"的旧址上建起了苍柏园,刻有邓颖超题词的"缅怀'民族最优秀的救亡抗日烈士'周德佑"的红色花岗岩墓碑伫立在园内,周苍柏与周小燕、周德佑两代人的塑像迎接着拜谒的人们。父亲在1952年感叹周德佑的墓"真应该好好修一修"变为现实,他把革命的引路人永远铭刻在了心中。

## 三、端姐与慧姐的传奇故事

抗日宣传队是父亲参加革命的起点,也是很多知识青年投身革命的起点,老何家还有三位:带父亲参加抗宣七队的表姐陈璧、父亲的堂姐何慧,还有父亲的二哥何世平。他们也是有"才华的青年,离开优越的环境,参加我们的队伍抗战,真不容易"。不容易的还有他们今后的人生,与他们人生故事的交集也是充满了传奇。

左至右:徐世津、陈璧、邬析零(来自陈璧的老相册)

首先是带领父亲参加抗宣七队的端姐陈璧。她是舅爷爷陈裕时的女儿，陈裕时是早年参加同盟会的革命党人，1910年为广西龙州驻军的管带（相当于营长），与奉命调查中越边防的爷爷何遂相识，成就了她妹妹陈坤立（我奶奶）与爷爷的婚姻。1935年早已退出政坛的他却要将女儿陈怀端（即陈璧）许给一位大她20岁的国民党军官，端姐不从，逃婚出走，何家兄弟也打抱不平，用自己的伙食费、零用钱资助端姐，由何家老大何旭帮助她进入了上海助产学校。上海沦陷后，她返回湖北老家，陈裕时是湖北辛亥元老，宜昌大户，在武汉为拓荒剧团提供了活动场所，这成为端姐加入剧团，又带领何家老三何康加入抗宣七队的缘起。1938年5月，何康因病离队，端姐在抗宣七队的故事由一篇刊于2020年12月29日《北京晚报》的文章《老相册里的"抗演三队"》得以延续。作者邱崇禄是位老照片的收藏者，他从北京旧货市场潘家园买到了一本陈璧的老相册，根据老照片的线索追踪，描述出"剧协七队"改编为"抗演三队"，1939年2月抵达延安。途中，队长张光年（即光未然）受黄河汹涌澎湃气势的感染，创作了组诗《黄河吟》，后由冼星海作曲，创作出《黄河大合唱》，4月13日，由抗演三队在陕北公学大礼堂首演。作者遗憾地表示关于相册主人陈璧的资料不多，只查阅到她与队友史民（戴再民）结婚，后死于难产。这本从旧货市场买的相册将端姐的历史连贯了起来，也让人们看到了抗宣队

1938年4月，在延安以七队队员为核心首次演出了《黄河大合唱》

友们在延安的风采。

另一篇由武汉黄忠明撰写的《来自昙华林的抗日文艺轻骑兵》更详细地叙述了抗宣七队及后续的"抗演三队""剧宣二队"历史。20世纪90年代，黄忠明从张家口的旧书摊上淘得一包旧文稿资料和20多张旧照片，由此开始了他探寻旧照片背后故事的历程。1997年他访问了胡宗温和邬析零，辨认出抗宣七队成立时大合影中的队员，展示了七队早期活动的照片。他曾与陈勇专程来京采访过父亲。邱崇禄与黄忠明两人从旧书摊上淘到了宝，使得抗日战争中在周恩来领导下宣传活动的历史更加丰满、鲜活，更有利于传承革命历史文化。

1939年5月，根据党中央的要求，毛主席还亲自做工作，让抗演三队以政治部第三厅下属的合法身份，返回国统区继续抗日宣传活动，党支部转为地下，不与地方组织发生关系，直属中央组织部领导。抗演三队被派回阎锡山的第二战区，更名为剧宣二队，按战区政治部要求，经中共党组织同意，集体加入国民党。1945年1月，抗宣队的十几名主要骨干被国民党的政治部"真理辩证处"逮捕、关押，政治部主任梁化之亲自审讯，企图破获中共的地下活动。直至1946年3月，经国共和谈，狱外的田冲等人积极营救，在被关押了一年零二个月后，这部分队员才获释放，其中包括队长王负图、党员赵寻、彭后嵘等。

其次是父亲的二哥何世平，1938年8月在延安抗大四期毕业后，被组织分配到长沙中共办事处，协助徐特立做招收知识青年赴延安工作，到武汉八路军办事处报到时，被周恩来的秘书吴奚如改派他去抗宣二队。按照政治部副部长周恩来的指示，由第三厅厅长郭沫若将各支分散的抗日宣传演出队伍重新组织，建立了15支抗宣队。第三厅派抗宣二队前往江西，1939年抗宣二队改为由第三战区领导。二队队长是何惧，副队长是谢鼎（筱乃），党员成立了支部，舒若岳为书记。与抗宣三队的遭遇一样，第三战区政治部要求抗宣二队队员集体加入国民党，随后集训，清查队内共产党员。1939年夏秋之际，抗宣二队与福建省委接上关系时，省委书记曾镜冰得知他的父亲何遂是福建籍的国民政府高官，于是派其带着给叶剑英的便条去重庆，与南方局接头，并动员何遂到福建帮助做上层统战工作。因为1939年春，何遂以桂林行营总顾问的身份到三战区开会，与抗宣二队的上级机构三战区政治部主任谷正纲熟识，曾打电报召二儿子来见面，曾镜冰才动了请其父回家乡帮助工作的念头。何世平再次找到谷正纲，以回家升学为由，请谷正纲批准离队，并发给一张军用乘车证，于9月16日离开了抗宣二队。10月经桂林抵达重庆，与从晋东南抗大一分校回渝的大哥和在南开中学入党的三弟，在叶剑英的指示下组成

"特别党小组",作为党的战略棋子布署下来。

第三位是父亲的堂姐何慧,她是六叔的女儿,1938年年初去了延安,与后来拍摄著名照片《开国大典》的陈正青结婚,陈正青曾任新华社摄影部副主任,何慧任摄影部国际组组长。何慧与我姑姑何嘉同在新华社工作,都被评为先进工作者,小时候我见到堂姑和亲姑姑时,都怀着崇敬之情。1966年8月,陈正青、何慧夫妇被迫害,自杀身亡。后来见到她的女儿陈平叙述当年的情景,令人痛心。我的堂姑何慧与抗日演出队结缘的故事本身就是一个传奇。20世纪90年代初,父亲接到一封新华社摄影部转来的信函,附了张照片,发信人是上海电影局原副局长洪林,他在信中写道:"附上的照片摄于1937年年底,当时我在武汉大学读书,何慧因北平沦陷,也在武大借读。37年底,战火蔓延,学校不大上课,武大同学便组织'武汉大学抗日宣传队'到鄂东的大冶、鄂城等地去作宣传,我和何慧演出了《放下你鞭子》,此即剧照。敲锣的是我,中间的是何慧,蹲在地上的那位,忘了是谁了。这张照片我没有保存,去年我的哥哥洪同自台北回沪探亲,带给我这张照片,说是我当年送他的,真是经历战火,辗

1937年年底,《放下你的鞭子》剧照,中为何慧,左为洪林

转流传，十分难得了。寄上2张，一张赠你，一张望转何慧家属，也表示我对这位老同学的悼念。"照片辗转了50多年，不仅经历了战火，还跨越了台湾海峡，让我们得以看到堂姑年青时候的风采。

满怀抗日救国激情，向往进步的知识青年们，延安是他们心目中的圣地，是他们革命的起点。何家这几位亲人，虽是富家子女，但都通过抗日宣传活动成为中共队伍中的一员。除了端姐陈璧早逝，她的丈夫史民（戴再民）、二伯伯何世平、堂姑何慧、姑父陈正青，在解放后或因出身，或因在抗宣队集体加入国民党，或因仍未能脱掉知识分子的"小资产阶级"习气，在后来的岁月中都经受了很大的磨难，甚至付出了生命的代价。1978年春，在党中央平反冤假错案的鼓舞下，15名宣传队的亲历者聚在北京，起草申诉书，跑中组部，终于在这年夏天《中共中央组织部关于抗敌演剧队的性质及其他几个问题的通知》中明确指出："抗敌演剧队是党直接领导下在国民党统治区的特殊斗争环境中进行抗日宣传活动的革命文艺队伍，不是什么反动团体，更不是反革命组织。"关于集体参加国民党的问题，通知指出："这一行动是党的决定，不能定为个人政治历史问题。"史明的右派问题获得改正，何慧、陈正青获

20世纪80年代，抗宣七队战友重聚

得平反，并举行了骨灰安放仪式。

回顾这段历史，我也理解了父亲在离休前夕，为什么同意将参加革命的起点改为1938年1月他参加抗宣七队的时间，因为他始终怀念着革命的启蒙人周德佑，他难以忘怀那段少年时光，耳中永远回响着他当年最爱唱的《少年先锋队歌》："走上前去啊！曙光在前！"

第三章

# 结缘农业的开始

# 生我父母，育我沙塘

何 迪

2021年4月初，春寒料峭。98岁的老父亲在北京医院已待了1年10个月，精力耗尽，正走向生命的尽头。我与王苗为追踪父亲的求学足迹，第一次访问了广西大学农学院的旧址——柳州沙塘和广西大学桂林雁山园。1941年春，父亲在这里入学至1946年9月毕业。他曾回忆，小时候随爷爷走南闯北，小学上了4个：北京女师大附小、西安菊花园小学、南京白下路小学、上海南洋模范小学，转校就读，复学跳级，都没有毕业。中学读了3所：在南京金陵中学上初一；随后在福州马尾海军军官学校学了一年半，因为要与几位同学奔赴延安，于1937年年底被学校开除；1938年1月经武汉时，加入了抗日演剧七队，上的是"社会大学"；1938年10月到达重庆，进入南开中学读高一、高二，中途退学，仍然没有毕业。1940年父亲进入了成都光华大学经济系，半年后，转入广西大学经济系。1941年1月皖南事变爆发，在曾家岩，董老指示由他们兄弟三人组成的"特别党小组"，要隐蔽下来，做长期打算，要"勤学，勤业，勤交友"。当得知父亲学的是经济学时，董老表示，最好还是学一门技术，将来可用于建设。父亲自幼随爷爷走南闯北，游历名山大川，对大自然怀有特殊的感情，对万物丛生的大千世界产生了极大兴趣。在抗宣队于鄂北宣传时，他感受到了底层百姓生活的疾苦，认识到粮食是关系民生的大问题。尽管已读了一年的经济系，但他毅然决然地选择了调换专业，转学到广西大学农学院。父亲离开自己的父母与初恋爱人（后来成为我的母亲），只身从省府桂林南下柳州沙塘，迈出了他结缘农业80年的第一步。

2021 年 4 月，"寻踪之旅"途中，何迪、王苗摄于广西大学旧址——桂林雁山园的大榕树下

## 一、结缘农业的第一步

广西大学(简称"西大")成立于1928年,真正招生已是1931年暑假后。到抗日战争爆发特别是许多沦陷区的名校南迁时,西大已跻身于一流大学,广西大学农学院更成为"中国战时农都沙塘"的核心机构。这么短的时间内西大取得飞跃式的进步,得益于三个方面。首先是以李(李宗仁)、白(白崇禧)、黄(黄旭初)为领导的新桂系治下的广西省政府予以大力扶持。他们实行地方自治,以"建设新广西"为目标,在地处西南一隅、贫困落后、相对封闭的环境中,吸引一流人才,兴办教育,保障民生,优先发展农业成为推动现代化、建立模范省的首要任务。其次是以马君武校长为代表的一批海外留学归来的教育家,引进了现代高等教育的体系与理念,兴教育倡科学,培养新式人才以救国,坚持了独立自主的办学方针。最后是战时的人才聚集效应,由沦陷区来到大后方的一流教授与学者落脚在桂林,广西大学招贤纳士,提供了安身之处。同时,外来生源也提高了入学新生的质量。

广西大学是政府主导创立的第一所本土高等教育学府,聘请了马君武为首任校长。他出生于桂林,是具有爱国民主思想的革命先行者,曾参与组建同盟会,起草了《中国同盟会成立章程》;他还曾担任孙中山临时政府秘书长,参加起草了《中华民国临时约法》《临时政府组织大纲》等一系列重要文件,后担任过广西省省长、实业部次长、交通部部长等官职,积累了人脉关系,培养了行政管理能力。马君武更是一位学贯中西,具有独立人格,崇尚科学的学者、教育家。他曾留学日本京都帝国大学学习化工,后又留学德国,在柏林大学获得工学博士学位;通晓英、法、日、德四国语言,翻译介绍了《法兰西革命史》、卢梭的《民约论》、达尔文的《物种起源》,编译了代数、几何、微积分、矿物学、植物学等一系列教材。在清末民初中国进入现代转型的关键时刻,马君武搭建起了中西交流的桥梁,传播了现代科学知识与民主思想。1924年退出政坛后,马君武投身于教育事业,先后担任了北京工业大学、上海大夏大学(现为华东师范大学)校长。在广西省政府的邀请下,他回归故里,开始了创建广西大学的艰辛路程。1931年九一八事变后,他痛恨张学良不抵抗的行为,写下了有名的讽刺诗句:"赵四风流朱五狂"。

在1931年10月10日的新生入学典礼上,马君武致辞:"广西大学成立了。广西是经济贫困、文化落后的省份,首先办实用科学,设立理、工、农三个学院。"并撰写校歌表达他的办校宗旨,"复兴中华,建设广西,是我们立校本意。为国牺牲,为民服务,是我们学习目的。求得知识,炼好身体,更遵守严

1990年年底,何康陪同马保之夫妇祭奠广西大学老校长马君武

格纪律。对内团结,对外抵抗,为祖国奋斗到底。"

从1928年广西大学成立到1940年8月去世,马君武"两辞三聘",担任西大校长的时间总计不足8年,但就是在这近8年里,他奠定了广西大学现代教育的基础。从校园建设到院系设立,从学制到学分的设定,从延揽海归人才到导师制的实行,从学生德、智、体的综合发展到奖学金激励机制的实行,从课程以实用为目标的设置到教材采用英文课本的规定,从图书馆书目收集到实验室仪器采购,从实习基地的开拓到学用结合的倡导,马校长殚精竭虑,无一不亲力亲为。例如,马校长斥巨资购买康有为的藏书,亲赴德国采买高倍显微镜,五顾茅庐请中山大学著名教授陈焕庸担任西大当时新设的植物研究所所长,等等。1937年抗日战争全面爆发,大批沦陷区的文人、教授、科学家南迁,马君武主持下的广西大学成为他们继续开展科研、教育、文化活动之地。竺可桢、陈望道、千家驹、李四光、费孝通、薛暮桥、王力、李达、陈寅恪等都曾是西大的教授或兼职授课。

我们参观雁山园时，看到了教授墙，名人荟萃，还参观了男女生宿舍与教室，联想到母亲在此园中读会计银行系4年，父亲在这儿领取了毕业证书。马君武去世的故居前挂着他写的对联："种树如培佳子弟，卜居恰对好湖山。"触景生情，我们为父母感到庆幸，在抗日战争最为艰苦的岁月里，他们能够在有"北蔡南马"之称的马君武校长创建的广西大学完成学业，为今后事业的发展奠定了坚实的基础。

农学院是广西大学的重要组成部分，远离校本部，坐落在柳州郊外的沙塘镇。1934年，广西省政府将沙塘镇辟为广西新农村建设的试办区，设立了广西农事试验场。中央农业试验所也在此设立了工作站，使广西大学农学院形成了教育、科研与试验三位一体的农业科教中心。学院的教授与试验场的技正（旧时中国技术人员的职称）都在农学院授课，这批农业专家大都有海外留学的经历，农艺系主任肖辅、园艺系程世抚、试验站主任马保之、论文导师黄瑞纶、张信诚技正、农学院院长兼森林系主任汪振儒，以及李景均、骆君骕、陈华葵、胡济生等都是名载中国农业科研教育史的杰出人物。父亲就读时的农学院旧址现已被辟为沙塘中国战时农都博物馆，抚今思昔，关于父亲对终生事业的选择，我们有了更深的理解。

## 二、求学生涯

由著名农业科学家金善宝主编的《中国现代农学家传》中记载了父亲求学时的情景。

何康善于思考，勤于钻研。这和他较早接触进步书刊，特别是读过一些马列主义哲学著作有关。他不读死书，讲求学习方法。他认为，对某个学科，首先自己要掌握明确的概念，不能让人家牵着鼻子跑野马。这样，就得先下决心读"破"一本奠基性的书。那时，他对荷曼、罗宾斯的植物学教科书，硬是从头到尾，把所有的生字都弄懂，把所有的章节都学透。这好比先搭起一个书架子，然后再看参考读物时，就知道把细胞、组织、器官等插到哪个格去。如果发现新的东西，马上吸收，一般的便一略而过。他还认为一旦把植物学、土壤学等基础课读好，再去学食用作物、特用作物、园艺作物等，即可触类旁通。

何康也很注意理论与实践的结合，不但上实习课专心，课外还种菜、养猪、搞青贮饲料。二年级时，因为农艺系开的土壤课里，对土壤微生物讲的不多，他又非常喜欢钻研这方面的问题，这一学科的专家并非西大教授，而是广西农事试验场的张信诚，求知欲望十分强烈的何康，便主动去请求当张的助手。经过诚挚的交谈，张信诚欣然接纳了这名西大高材生。何康学习成绩优异，是1944年中华农学会奖学金在西大学生中两名获得者之一。（另一名是李政道之兄李崇道，后任台湾农业复兴委员会主任、中兴大学校长。）

这段文字客观、真实。在整理遗物时，我发现了一批父亲上学时的笔记本，有的已

1946年9月广西大学农学院毕业照及人物名单

被虫蛀了，其中有一册令我印象深刻：内有一行行用英文、拉丁文、中文列出的植物学名，还分别画有对应的植物图。看到树木花草，说出它们的拉丁学名，成为父亲终生的爱好。父亲90多岁时，尽管记忆力大大衰退，但依旧能辨认出许多植物的学名。秋天院中银杏树金黄满冠、银叶铺地，父亲会说"金勾巴路瓦"，这成为我唯一记住的植物拉丁学名。父亲还讲过一桩趣事，1983年4月随同时任总理访问新西兰、澳大利亚，参观农学院、农庄、牧场时遇到专业名词，翻译卡壳时，父亲会帮忙，主动帮着介绍花草树木，并附带着拉丁学名。总理吃惊地问他从哪儿留学回来的，父亲答，他在抗战时期读的是广西大学农学院，是纯"国产的"。

《中国现代农学家传》记载了父亲写毕业论文的故事。

三年级时，开始考虑毕业论文选题。何康发现广西南部地区，由于稻田缺肥，大多采用稻草还田措施增加土壤有机质，结果却往往发生植株黄萎现象，反而减产。这究竟是由于碳氮比失调还是其他原因？应该怎样解决？他想以这个生产中的实际问题为论文题目，征求张信诚意见时，张不仅表示支持，还帮他做了试验设计，同意他利用农事试验场的温室进行试验，还将自己所做的尚未发表的小麦试验报告给他参考。

在进行"土壤碳氮比对水稻生长及产量之影响"试验之前，他已经看过不少有关资料，选题确定后，他一边进行盆钵试验，一边日夜攻读有关文献，仅欧、美、日本和印度的材料，就参考了48种。他系统地综述了前人的工作，应用变量分析，取得了预期的结果。简单地说，稻草还田之后，必须增施人粪尿，增加氮素，以供微生物繁殖营养，避免因碳氮比失调，而影响水稻的生长和产量。试验数据证明，何康所作的结论，完全符合当时国际上所公认的原理。论文包括26幅图表，共逾万言。指导教授是黄瑞纶和张信诚，扉页有黄教授签名盖章将其评为优等论文。那时正值湘桂大撤退，兵荒马乱，原稿不知所终。

时隔35年，1980年何康率中国农业代表团访美，在华盛顿与他的恩师——美国史密松尼博物馆研究所高级研究员张信诚博士——重逢时，白发苍苍的老教授，激动地将自己长期珍藏的何康亲笔写的论文原稿，连同原始记录"完璧归赵"。在场的人听了那段传奇般的经历，无不为之动容。

何康的毕业论文及准备的材料

1946年9月何康由广西大学农学院毕业

我曾见过这篇毕业论文的原稿,从工整的书写中透出了父亲对科学的态度、对导师的尊重。在遗物中我还发现了父亲作论文时收集的资料,厚厚的一沓,细看只是准备论文时笔记的一小部分。1983年,当年的老师,著名的土壤微生物专家、科学院院士陈华癸、中国农科院土壤肥料专家张乃凤、土壤生化资深研究员胡济生看到这份毕业论文,都认为仍有学术参考价值,并将该论文推荐给中国农业科学院院刊发表。陈华癸院士的推荐函写道:

在抗日战争的烽火年代,一个爱国青年在中国共产党的指引下走上了革命的道路,在与反动统治势力进行生死搏斗的同时,又艰苦地钻研科学技术,为他日建设社会主义新中国做好准备。四十年的经历证明,这种准备是完全必要的,是必不可少的。

抚育我们这一代人成长的是时代,是人民,是中国共产党,其间也包括良师益友的教导和熏陶。这篇论文上签署的就是两位良师的名字,一位是已故的黄瑞纶老师,一位是寄居海外的张信诚老师。

1980年,美国华盛顿。导师张信诚将保存了36年的何康的毕业论文原稿交给了当年的学生。右起依次为中国驻美大使柴泽民、左天觉、何康、张信诚、冯汝篪、×××、何琳、左夫人

黄瑞纶老师桃李满天下，他的学生们正在和论文的著者一起勤奋地献身于社会主义祖国的现代化建设事业。冥冥之中，黄老师可以坦荡地说："我献身于祖国的科学事业，我培育了一代英才，他们正在卓有成效地建设着可爱的祖国。学生是无尽的，人生是短暂的，我可以安息了。"

张信诚老师是我的同行旧友，在抗日烽火的年月里，学成回国，在昆明、沙塘两地从事教学、科学研究，是我国土壤微生物学的开拓人之一。之后他远渡重洋，寄居海外。正是他把这篇论文携行数万里，珍藏35年，又还给了论文的著者。耄年不归，游子乡心，拳拳之情，于此可见。

胡济生认为，"这是我国第一篇提出土壤中碳氮比论点的论文，依据这一原理，加以现代技术，近年来中国农村推进秸秆盖田和少耕措施，达到了养地和增产的效果。"

## 三、师生情

父亲是广西农学院院史中行政职位最高的毕业生之一，曾任农业部部长，但在老师面前，他永远是学生。我目睹了父亲与张信诚会面时持弟子礼；在获世界粮食奖的庆祝会上，张老师为学生的成就由衷地感到喜悦时的笑容。论文的另一位导师——农业化学家黄瑞纶，解放后成为北京农业大学的一级教授；系主任肖辅担任了浙江农学院的副院长；农学院院长汪振儒在中国林学院担任教授、系主任，1980年受父亲的委托，以72岁高龄上了井冈山，为改变革命老根据地的贫困状况出谋划策；老师戴弘、徐明光成为父亲担任华东农林部副部长时的同事。戴弘总结了农民陈永康"老年青"良种培育经验，为水稻增产作出了贡献；徐明光作为第一副场长，创立了新中国第一个机械化广北农场。师恩被永远铭记在父亲的心中。

马保之和父亲的师生情谊，让我感受到了"一日为师，终身为父"的真正含义。马保之是马君武的长子，出生于1907年，比父亲年长16岁。他在美国康奈尔大学获博士学位，并于英国剑桥大学读博士后，1934年作为英国农业专家John Wishart的助手，到南京中央农业实验所工作。1941年父亲进入广西大学农学院时，他是中央农事实验所广西工作站（沙塘）主任、广西农事试验场场长，兼任农学院教授。抗战胜利后，他担任了国民政府农林部农业司司长，兼任联合国中国善后救济署农机管理处处长。1949年到台湾后，他先后担任了"中国农村复兴委员会"（简称"农复会"）植物生产组组

第三章 结缘农业的开始

上图 1991 年，何康陪同马保之夫妇访问母校广西农业大学，下图在广西大学农学院旧址战时农都沙塘

长、台湾大学农学院院长。1960年后,他作为中国台湾专家,曾在越南西贡、非洲利比里亚工作了14年,被称为"利比里亚农业之父"。1975年,他返台后担任了台湾食品工业发展研究所所长,1978年被推选为亚洲蔬菜研究发展中心理事会主席。他在台湾乃至国际上享有很高的声誉,门生遍及世界各地,其中也包括我的父亲。

1990年12月,"沈宗瀚农业学术谈论会"在北京举办,这是父亲在任时积极推动,由中国农学会出面组织的两岸农业科技界的首次盛会。父亲主持了会议,并在开幕致辞中赞扬了沈宗瀚对中国现代农业科技作出的贡献,海峡两岸共同研讨沈先生的农业学术思想,对促进中国农业的发展和两岸的交流都很有益处。沈宗瀚是中国农业界的元老,曾执教金陵大学、执掌中央农业实验所,有众多的门生故旧。赴台后担任过农复会主任,对台湾的土地改革与农业发展作出过重大贡献。

作为沈宗瀚的得意门生、助手和接班人,马保之陪同沈宗瀚的长子沈君山及其他亲友与会。马保之忆往谈今,表示40年来首次返回大陆,见到了很多老同学、老朋友,他们人虽在两岸,心却都在一块儿,心心相印。沈君山是台湾新竹清华大学物理系教授,而后被遴选为校长。他与连战、钱复、陈履安并称为"四大公子",在台湾具有较大影响力。江泽民总书记接见了沈君山,曾与他进行了三次长谈,在海外产生了巨大影响。1991年3月中旬,马保之作为台湾农业专家,参加了海南省第二次国际咨询会议。会后访问北京,与老友程思远副委员长会面。4月7日,父亲陪同马老师飞往南宁,访问别离了45年的广西农业大学,祭拜了马君武陵墓,并约定第二年重返,参加广西农业大学60年校庆。1992年是父亲人生中非常特殊的一年,年初动了脑颅咽管瘤手术,5月27日我母亲去世,6月又因手术后遗症再次入院治疗。他的脑垂体功能丧失,记忆力也受到很大损伤,只能服用激素和各类微量元素药品补充身体之需。我看到原本生龙活虎的父亲后来的身体状况,既痛心,又无奈。而父亲为了践行承诺,抱病陪同马老师一起参加了10月23日广西农业大学的庆典,致辞并作了专题讲座。他们为纪念雕塑揭幕,那是一座小牛偎依在母牛身旁的塑像,基座上父亲题写了两个大字:"育哺",这既是对"广西农业大学六十年"的纪念,更是他们师生关系的写照。

1993年秋,马保之访问北京,见到了他的另一位学生郁隽民。郁阿姨是母亲临终前嘱托我们为父亲寻找的新老伴,她当时刚从美国密苏里大学讲学归来,正与父亲接触。马老师看到这对老学生,听了母亲生前嘱托的故事,于是催促他们尽快结婚并参加了婚礼,成就了一段美好的姻缘。1996年马师母病逝,为了减轻丧妻之痛,父亲于次年7月在中国农科院为马老师举办了90岁生日的祝寿活动,看到

为六十年校庆的纪念塑像揭幕，塑像两边分别为何康与马保之

父亲与老师一起吹生日蜡烛时的照片，师生之间不是亲人胜似亲人的感觉油然而生。1999年马老师决定告别在美国的子女，回故乡桂林定居。他在给广西农业大学和广西师范大学的简历中写道："父亲说'广西人才少，要多为广西工作'。母亲从小让我学会'爱人如己'的道理，父亲从小培养我的独立、爱国的思想，我想创造吉尼斯纪录，以92岁的高龄来做义工，带研究生。"76岁的父亲与老师约定当年10月一起到广西农大开课，马老师讲国际农业发展与合作，父亲则讲中国的农业资源与区域规划。曾经互为师生，今天同堂授课，50年前沙塘的情景重现。

马师母病逝前，父亲和郁阿姨多次陪同马老师、马师母返回桂林和沙塘，为马君武扫墓祭奠，还设立了君武小学。看到广西贫困地区的教育状况，马老师推动了为贫困地区小学捐款，除了自己捐，还介绍了他做顾问多年的新加坡支显宗慈善基金会捐助，几年下来先后捐了1000多万元。2000年12月陪同马老师访问君武小学时，父亲当即捐给君武小学基金会1万元。在马老师去世后，父亲仍然关心贫困地区小学的进展及受资助情况，负责管理基金的马老师的侄女一直写信向父亲汇报工作进展，以

马保之、左天觉参加何康、郁隽民的婚礼

便父亲从旁促进。

  2003年12月13日,马老师在父亲的陪同下重返沙塘,这是他们最后一次共同访问母校。2004年1月下旬,马老师要陪回国探亲的子女访问云南,高原地形加上正值冬季,父亲很为老师担心,一再嘱咐要多加小心。担心成了现实,马老师得了感冒,于1月29日不治病逝,时年97岁。父亲非常悲痛,因身体原因,大家劝他不要前往参加送别仪式,于是他决定请马老师的生前好友、学生到家里开追思会,并与郁阿姨各自准备了讲稿。2月14日在和平里林业部大院三号小楼的家中布置追思会场,条案上摆着马老师的遗像和著作,四周布满了鲜花,遗像上方是一幅国画,内容为松柏,两旁悬挂了父亲写的挽联:"一生勤耕大陆台湾非洲农业园区功绩卓著,晚年回归故里致力城乡科教事业义重情深——马保之老师千古,学生何康郁隽民敬挽。"

  参会者平均年龄90岁。年岁最长的是著名的土肥专家张乃凤,时值百岁,还有93岁的昆虫专家邱式邦院士,中国农学会会长、农科院院长卢良恕,研究员胡济生、黄敏夫妇,农业部原副部长相重扬。

贺马保之老师 90 大寿

父亲宣读了马老师临终前写下的心愿："中国人应爱中国，团结自己的同胞，与同胞合作，牺牲小我成就大我，这样的中国一定可以富强。因我一生致力于农业，我一直感望中国能改善农村生活，增加农民收入，并这样做着。但团结才是力量，希望学农的人能以这愿望作为自己的奋斗目标，中国的农民一定会富裕，中国也一定能富强。"父亲说，马老师是"爱国、爱民、爱农、爱乡"的"四爱"老人。有这样的老师为榜样，有这样的学生在传承，那一代的农业人的理想与情操定会生生不息，永远值得后人尊敬与怀念！

## 四、同窗谊

《广西农业大学校史》描述了抗战时期沙塘校园的生活："在校学生人数达 200 余人，外省籍的占半数以上。他们共同学习、生活，团结一致，感情融洽。他们求知心切，每晚都列队在图书馆阅览室门

何康为马保之贺寿题词,挂在马老师的办公室中

何康在马保之老师追思会上

外,抢先入室,希望借到参考书,占得一个较好席位(当时只有阅览室有汽灯照明,宿舍都是油灯)。"父亲是外省籍生,又是非常用功的学生。他常回忆在桐油灯下彻夜读书的情景,洗脸时,满鼻孔都是熏黑了的油烟。读书生活虽然艰苦,但也充满向上的朝气。1941年年底,农学院进步学生创办了"西农剧社",1942年春排演了《沉渊》三幕剧,演出效果受到老师的赞扬,随后由黄明带队,到柳州、桂林公演,在桂林受到时任广西艺术馆馆长欧阳予倩的接见和指导。剧社继续排演了《面子问题》《原野》和《长夜行》等进步抗日剧目。1942年秋,农学院又组织了进步的歌咏队——"大家唱"。歌咏队兴旺时期达40多人,课余时,《松花江上》《在太行山上》的歌声响彻沙塘宁静的上空。父亲是剧社和歌咏队的积极参与者,与社、队骨干唐天培、郑大兴、容丽娟、贺善文、林洪元、温杨真等结下了深厚的友谊,在后来的岁月里也有许多交集。

2021年4月我到访沙塘前,正在接受癌症治疗,90岁高龄的叔叔何达发来短信:"柳州沙塘,号称'战时农都',我在那住了一年半,印象太深了,特别是农学院笔直的路和路边高高的油加利树(做枕木用的)、篮球场、剧场、用木板铺设的游泳池,还有通往镇子路上的小桥流水,现在恐怕完全看不

广西大学农学院学生到工厂参观,后立右一为何康

1943年，何康带着弟弟何达在沙塘读大学

见了，能找到几张有代表性的照片就好。"达叔讲，1943、1944年，他随三哥（也就是我父亲）到沙塘镇读小学五年级，三哥要忙于学业，同时还要照顾他，晚上带他一铺睡觉。当时他身上长疥疮，三哥天天帮他洗浴、挤疮、涂抹硫黄膏，长达数月。在三哥的照料下，疥疮得以痊愈。兄弟情深，使达叔终生难忘。

1944年日军发动湘桂战役，8月直逼桂林。在校本部读财会金融系的母亲独自从桂林来到沙塘，农学院的学生们议论："何康的未婚妻来啦！"其实是母亲来找父亲，准备带着达叔、姑姑和父亲的奶母高妈一起逃难。他们找到了驻扎在柳州的第四战区参谋长吴石伯伯，吴石伯伯派副官将他们送上了火车，驶往贵州独山。父亲未随他们同行，因为他记挂着沙塘校园中急盼撤退的同学们。最终由吴伯伯帮忙，挂了一节车厢，帮着同学们疏散。这批同学中有我后来的继母——读园艺系的郁隽民。因车厢中位置有限，父亲坐在了车篷顶上，一路下来，脸上挂满了煤烟，头发吹得直立，给郁阿姨留下了深刻的印象，她常回忆道："坐在车篷顶上的何康像个活关公，怒发冲冠，满脸漆黑。"

父亲未随西大迁往贵州榕江，而是休学一年，回到重庆，与同学曹湘、郑恭开办了学圃农场，贺善

第三章 结缘农业的开始

办学圃农场时留影

文、温杨真、唐天培、高名世等同学也先后参与过。在"文革"期间,父亲在交代材料中写道:"在学校学习时就与同学合办过春晖农场,种瓜、菜,搞些小试验。当时就曾与董老派来的联系人李亚群同志(解放后任四川省委宣传部副部长)请示过,大学毕业后准备约几个同学,以办农场作为公开职业,还可结合搞些农业科学研究,李表示同意和支持。我们在1944年10月开始兴办学圃农场,土地使用的是北温泉老和尚在东山坪的庙产——四五十亩山地,老和尚和我父亲熟悉,所用之地又是山地,故没要租金,只送他一些瓜菜做酬。农场资金是由父亲何遂和岳父缪秋杰供给的。"

2021年8月,我与王苗、何巍的寻踪之旅,来到北碚缙云山缙云寺,了解到父亲提到的老和尚原来是大名鼎鼎的太虚大师。七七事变后,他以中国佛学会理事长身份发出《电告全日本佛教徒众》通电,谴责日本侵略行为,同时发出《告全国佛徒》,号召佛徒练习防护本领,奋勇护国。他由沦陷区浙江雪窦寺辗转来到陪都重庆,在北碚缙云寺任方丈,办汉藏理学院,传承文化,宣扬佛法,抗日救国。时任国民政府立法院军事委员会主席的爷爷家住北碚,爷爷也因此成为太虚大师的学友、诗友。缙云寺汉藏理学院的收藏中有一幅爷爷的指画和吴石将军的配诗。我们下榻北温泉柏联酒店,入口处就是

111

1945年10月10日父亲、母亲举行婚礼的数帆楼。学圃农场成为父亲和同学们实践农业的基地，但他们不善经营，随着抗日战争的胜利，菜价下落，又闹猪瘟，亏损较多，爷爷也将随政府举家迁回南京，遂于1945年11月结束学圃农场，将土地归还了老和尚。

　　1945年年底，父亲复学，曾参加了广西大学返梧运动，作为代表，到重庆政府教育部请愿，而后随广西大学本部到桂林雁山园校区完成毕业论文。对于今后去向，父亲在"文革"期间的交代材料中继续写道："毕业后的工作曾有过两个想法，一是搞科研工作，这是我个人志趣，也是我主要的想法；二是办农场，自己搞个事业，经济基础，由于办过两次农场，也有这方面的兴趣。"这也符合董老指示，有个公开的身份，以利于地下工作。1946年9月由广西大学农学院毕业后，父亲返回南京，利用爷爷战前在南京栖霞山的旧居和与其他几位立法院委员共创的栖霞新村的土地，由爷爷、外公出资，父母与同学曹湘、唐天培、郑恭入股，成立了栖霞农场。养猪，种菜蔬瓜果，同时作为地下党的后备基地，南京地下市委书记陈修良和她丈夫沙文汉等曾在此隐蔽过。因离南京城市太远，途耗大，种菜无利可图，父亲遂将重点转到做庭院设计工作，设立了上海丽群园艺事务所，请园艺系同学温杨真加盟。1947年夏，父亲被调到上海担任地下党经济机构——瑞明公司的总经理，栖霞农场仍作为地下党备用隐蔽点，至1948年4月撤销。解放后爷爷将栖霞山故居捐给了当地政府，辟为栖霞小学。

　　父亲三次办农场，不仅实践着沙塘学用一体的理念，而且一直关心着学校同学们的进步。在栖霞农场被撤后，父亲安排唐天培、温杨真参加了瑞明公司的工作，介绍曹湘到广东，参加由瑞明公司投资的盐田工作。解放后，父亲多次给这些老同学的工作单位写过证明材料，使他们在退休时享受了离休待遇。20世纪60年代初，唐天培不满意职务安排，希望父亲将他调到热作两院工作。不顾母亲的反对，1963年父亲将唐天培调到两院，担任了热作系的副主任。"文革"中这成了父亲"招降纳叛，安排亲信"的罪状之一，而唐天培为自保而揭发，让父亲多写了不少"交代材料"。"文革"过后，唐天培在两院待不下去了，转到肇庆工作，父亲不计前嫌，到广东考察时还专门去看望过他。从父亲为广西农学院温杨真所准备的外调材料上，我得知1959年父亲到广西考察，专门返回广西农学院，看望了温杨真、陈琼珍夫妇，并请他们去两院新址——海南儋县宝岛新村——做园林规划。今天的宝岛新村成为海南一道亮丽的风景线，其中也有父亲老同学的贡献。温、陈夫妇成为园林界著名的专家，每有新著，他们都会与父亲分享。职务高低没有妨碍同窗友谊长存。

## 五、大陆、台湾、香港，破冰之旅

战时广西大学农学院培养出众多杰出的校友，其中有三位分别担任了大陆、台湾、香港的农业部门的主要领导职务，20世纪80年代末到90年代初，在他们的努力下，谱写了一曲大陆、台湾、香港农业交流与合作的佳话，延续了"兴农为民"的传统。他们分别是大陆的农业部部长何康、台湾农业复兴委员会主任李崇道，香港渔农署署长黄成达。

1985年父亲与时任深圳市长梁湘筹划，在当时还是郊区的荒芜的香蜜湖地块，由农牧渔业部和深圳市共同创办了深圳农业科技研究中心，重点发展对香港出口的农副产品、水果、花卉。曾任香港渔农署署长的黄成达以香港大学嘉道理农业研究所总监的身份，作为深港合作的港方牵头人，曾就如何提高大陆输港水果及猪肉的竞争力，进入香港市场，提出过建议。1988年11月28日—12月3日，众

与黄成达（右前七）一起促进深港两地农业交流

1989年9月,何康夫妇与李政道夫妇会面

人在该所举行了首次海峡两岸暨香港农业技术研讨会。大陆方面由中国农学会副会长、沈阳农业大学校长,顾毓秀先生之子顾慰连任团长,台湾方面由台湾中华农学会会长黄正华带队,双方团员涵盖了农业的各个领域,抵港时,受到了黄成达与时任中国农业交流协会秘书长(农业部台办负责人)瞿宁康的欢迎。这是1987年7月台湾宣布解除戒严后,大陆、台湾农业界的破冰之旅,打破了近40年的隔绝,开启了交流的大门。黄成达功不可没。

1989年5月3日,父亲收到诺贝尔奖获得者李政道的来信,提及"从家兄李崇道处知道您和他是40多年前的老兄,虽然我们尚没有机会见面,特此来函问候。崇道在台湾从事农业发展数十年,今年将率团去巴黎参加五月廿二至廿六日的国际畜牧会议，听说贵部亦将派团参加。家兄很想建立大陆和台湾农业同行间的友好关系，托我转达他的意思。也许他和您可能在巴黎会见。假使您这次不去，能否麻烦转告去巴黎开会的同行们"。如李政道信中所言，李崇道与父亲同年进入广西大学农学院，是一个宿舍睡上下铺的好友，李学畜牧，父亲学农艺，两人都是用功的学生，一起获得了中华农业奖学金。1947年李崇道赴台，进入农复会工作，然后赴美留学，获康奈尔大学兽医病理学博士学位。1973年继任沈宗瀚，成为第三任农复会主任，1981年任中兴大学校长，时任台湾"中央研究院"副院长、国策顾问。在担任公职之余，他从未放弃过科研教学，著书立说，在台湾农业畜牧界享有崇高声望，被称为"台湾兽医病理学会之父"。可惜因风波，巴黎之约未能实现。之后，1989年9月中旬，李政道访问北京，16日邓小平接见了他，表示"我们有信心把中国的事情做得更好"。李政道夫妇专程拜访我父母，首次会面，一见如故，李政道再次表达了愿为两岸交流助力，促进李崇道与父亲尽早会面。

父亲让李政道捎话，他对与老同学老朋友李崇道的会面非常重视，并向相关领导做了汇报。在1990年3月的人大会议的部长记者招待会上，父亲披露了海峡两岸农业界的交流将有重大进展。是年年底以中国农学会的名义举办了沈宗瀚先生农业学术研讨会，马保之先生与沈君山先生首次访问北京，江泽民总书记亲自会见了沈君山，并作了长谈。1991年3月，马保之先生出席海南国际咨询会议，建议4、5月，李崇道与何康可在香港会面。4月30日，父亲以验收沼气合作项目为名，在深圳与黄成达见面。二人达成共识，黄以香港渔农产销社团联合会的名义邀请，父亲以中国农业交流协会名誉会长的名义访港。10月10日父亲向时任国务院台办主任王兆国汇报了赴港事宜，15日经广州飞抵香港，入住香港酒店。16日晚，李崇道、马保之先后飞抵香港。

17日上午9时45分，分别了45年的同期同学和好友——李崇道、何康——在老师马保之的见证下，实现了海峡两岸农业界高层的首次会晤。双方情绪激动，畅叙友情，一致决定此次在港不参观不游览，两天时间全部用于聚会、叙旧、交换意见。李崇道性格豪爽，快人快语。他说："我完全不回避此行，在给台湾领导人的报告中既谈到是老同学叙旧，又说明双方都曾是高级'政务官'，见面总比不见好，见面可以增进了解。"这次会晤延期到10月，行前李崇道再一次表示他是写了报告，并得到同意后才来的。李崇道又说："批准是批准，但此次我自己花路费，不要公家报销，表明我不是'官方接触'。"在畅叙友情后，父亲介绍了大陆农业发展的情况和当年的灾情，以及大灾之年农业仍然取得好收成的经验，并着重、详细地介绍了中共和平统一、一国两制的原则立场和只有一个中国、反对台独等意见。李

1991年10月，马保之老师见证了海峡两岸农业界高层何康、李崇道会面，一起观看当年的毕业照

崇道说："我不是国民党党员，中国也不应该是哪一个党的，中国是中国人民大家的。如果都不为中华民族着想，不为一个中国着想，两边（指台湾和大陆）都没有希望。台湾现在不像个样子，争权、争钱，把'国父遗教'都忘光了。"李崇道在政治上的基本观点是坚决反对台独，支持祖国统一，但认为需要双方"让步"。在海峡两岸的农业交流与合作及发展农业的经验教训上能放开说话。

李崇道始终认为，两岸关系从农业领域突破更容易也更现实。1988年11月，两岸农业界在香港的首次会晤就是他与国民党时任总统秘书长蒋彦士幕后推动的。此后二人也一直关心海峡两岸农业交流的进展。关于最近两岸农业交流在台湾"陆委会"受阻的问题，李崇道说："我和Y．S（即蒋彦士）向上报告农业上应该进行交流，他是赞成的。以后促成了黄正华博士牵头与大陆交流合作。当然，现在有些困难，黄正华有些失望。因此我问过Y·S，你现在说话还听不听，蒋彦士说'还是听的'。"李崇道表示回台湾后将找施启扬、黄昆辉、马英九等与大陆政策有关人士谈一谈，究竟是阻在什么环节，这样才好做工作。李崇道认为，在目前的政治框架下，使双方"让步"到哪个地步是个技巧，如何通过这个技巧促进海峡两岸的交流与合作，他回台湾后将努力促成。在他管辖的台湾"中央研究院"的19个研究所内有5个与农业有关，他将促进台湾研究人员到大陆交流合作。他希望大陆方面提出专业项目，并对开发海南省、进行区域规划的项目表示出极大兴趣，他将进一步考虑对这一项目的促成。李崇道认为，海峡两岸高层次的人员会晤通过农业方面进行较有条件。今后将根据发展，通过黄正华来大陆时交换信息。

　　李崇道返台后，以副院长的身份立即推动邀请大陆杰出科学家访台。在李政道和沈君山等人的支持下，与国家自然科学基金委员会联络，父亲也在被邀请之列。1992年2月，父亲因动脑颅咽管瘤手术，无法参加。当年6月中旬，大陆杰出科学家谈家桢、张存浩、吴阶平、卢良恕、邹承鲁、华中一、

1994年1月访问台湾，在马保之家中做客，前右一为时任台湾清华大学校长的沈君山

李林夫妇等一行12人访问了台湾。他们访问了台湾"中研院"下的研究单位，并与台湾的科教界进行了深入交流。李崇道亲自主持了参访活动。这是又一次破冰之旅，实现了海峡两岸由单向变为双向的交流。同年农业交流协会会长，农业部原副部长相重扬也应黄正华文教基金会邀请访台两周，参观了40多个单位，会见了150多人。在中国农业交流协会的主持下，从1990年至1994年的4年时间里，海峡两岸共开了22次研讨会，19次在大陆召开，3次在台湾召开，对两岸的农业科技交流起了巨大的推动作用。父亲何康、李崇道、黄成达及他们的老师马保之为此奠定了坚实基础。

在首批大陆杰出科学家赴台之际，父亲又收到了国家自然科学基金委员会发来的第二批大陆杰出学者访台的邀请，并附带了李崇道的问候卡。父亲拟定了学术报告题目、参访单位，在拟访亲友栏下填写了马保之、李崇道和广西大学农学院同学吴国璋。因母亲去世，父亲填写了由儿媳王苗陪同前往。由于身体和其他方面的原因，父亲拖到1994年1月下旬才得以成行，由新老伴儿郁阿姨陪同前往。台湾由王友钊负责接待，与"中研院"于大猷院长、时任政府秘书长蒋彦士会面，马保之老师请他的两

在西大六十周年校庆上讲话时，何康展示由张信诚老师保存的毕业论文原稿

位学生到家里做客，沈君山先生作陪。可惜李崇道已辞职移居美国，未能相会。这是父亲时隔46年（1948—1994）再次访台，台湾科技教育为农业发展服务给父亲留下了深刻印象。蒋彦士表示，几年来的农业交流为两岸关系的发展作出了贡献，很希望两岸能以兄弟相处，在品种交流、研究生选派等方面做进一步探讨，但也希望大陆方面体谅台湾的苦衷，不要逼得太急。对于这次访台，中央十分重视，江泽民总书记亲自听取了父亲的汇报。

1987年年底开始的老兵返乡，带动两岸农业交流、台湾企业投资大陆形成热潮，并在热潮中形成了"九二共识"，实现了1993年汪辜会谈，奠定了两岸长期发展的基础与原则。广西大学农学院的师生校友们为此作出的贡献也将载入史册。

广西大学农学院是父亲结缘农业的起点，在这里不仅仅学习了知识、精进了学问，更重要的是接受了现代化科学教育的理念和方法，在担任热带作物研究院和热作学院领导时，他提出了"一统四包三结合"的办院方针，我们可以从中看到沙塘科研教学、农事、实验三位一体模式的缩影。在担任农业部门领导时，父亲注重科学与教育，培训各级农业领导干部与普及农民科学种田的知识，内引外联促进国际交流等一系列科技兴农的措施，都可以反映出当年广西"建设新农村"和广西大学农学院对他的影响。"生我父母，育我沙塘"是他的肺腑之言。

第四章

# 终身伴侣

# 母亲与父亲
## ——善集一身，爱聚一心

何 迪

2019年12月25日是母亲缪希霞的百岁诞辰。她于1992年5月27日病逝，离开我们有27年了（截至2019年）。随着我自己日渐臻于老境，对她的思念和感怀反而愈深愈切，愈加厚重了。

母亲与耶稣同日降生。如果说耶稣是上帝带给人间最好的奉献，那么母亲的到来则是上天送给我们家最大的恩典。她带来的善与爱是那么真诚与纯洁、美好与温馨，那么无私与无畏。她善集一身，爱聚一心，让我们感悟终身，绵绵不断，代代相传。这是母亲留给我们最珍贵的遗产，具备了这样的精神品质，才会追求真善美、享受真善美、成为真善美。

母亲生前还是书信往来的时代，幸亏她和二姨都有留存信件的习惯，她们姐妹之间以及与父亲和我们下一代的通信，都是娟秀小字，密密麻麻、事无巨细、娓娓道来，一下子把我们带回到70多年前。其后历经时代风云，世事变迁，人海沧桑，但一条主线贯穿着母亲所有信件的笔端，那就是对亲人无尽的爱。

我叫缪希霞，梳两条长长的小辫子，喜爱文艺活动，曾与顾以倩合演过话剧《寄生草》，并与黄德珏两个人为老校长祝寿表演过《麻姑献寿》。同学们还记得吗？

我是1937年高中时才入校的，只读了两年半，

"我叫缪希霞，梳两条长长的小辫子"

第四章 终身伴侣

贝满女中校庆上，缪希霞（右二）清唱了《麻姑献寿》，由记者田野拍下照片。20年后，时任科委局长的田野写信并送上照片

1939年冬离校，因经济来源断绝，辗转颠簸了三个多月才到达重庆。在南渝（南开）中学借读了半年，1940年秋考入成都光华大学经济系，1941年春转到桂林广西大学商学院会计银行系会计专业进行学习。1944年毕业后一直干财务工作。

抗战胜利后回到南京，1947年随爱人（我和他高中即同学，两家是世交，大学也是同学，1945年结婚）转到上海瑞明公司（上海地下党的经济机关）工作。1949年上海解放，参加了军管会、工商局、供销合作总社等单位的工作。

1952年因祖国新兴事业——橡胶，和爱人共同调到北京，在林业部工作。为了加速发展橡胶事业，1957年调到广州，1958年全家搬到了海南岛儋县（苏东坡流放的地方），在荒坡野岭上披荆斩棘，创建了华南热带作物研究院和华南热带作物学院，为橡胶树的速生丰产，加强研究及培养热作人才，贡献了一份力量。我在海南岛生产第一线工作了19年，占毕业后工作时间的一半，1978年被调回位于北京的农林部，1983年离休。

远游良多艰 壮心未能已

左图：与北平贝满女中同学访燕京大学校园
右图：1945 年 10 月 10 日与何康结婚

    这是母亲在 1989 年 11 月 10 日为贝满女中（现北京市第一六六中学）同学聚会写的一份关于自己的小传。阅读这篇文字，仿佛看到了她活泼的少女时代，与父亲从少年同窗之谊到结秦晋之好，从通家至交到参加革命，从事业相随到终生相伴。母亲的人生是和父亲联系在一起的，从爱他的人到爱他的事业，其间母亲的付出不仅是感情上的、身体上的，还是忠贞不渝、至死不休的一辈子。

# 一、从通家至交到儿女亲家

    我的外公缪秋杰出身贫寒，民国初年毕业于天津税务学堂，入盐务稽核所，任会办英国人丁恩的

摄于 1950 年，后排为缪秋杰与何遂，前排左起依次为何敏、何仲山、何迪

左图：外祖母李碧生怀抱缪希法（我舅舅），其他三人左起分别为希霞，二妹希相（李涵，我二姨），三妹希文（我三姨）
右图：年轻时的三姐妹

秘书兼翻译。他从基层一直干到盐务总局局长，历经 35 年，对收回中国盐务主权，改革中国盐务，在战时保障食盐供应和平抑盐价等作出很大贡献。他行事果断，勇于担当，是非国民党系统在政府任职的技术官僚。他 20 世纪 30 年代初与我的爷爷何遂相识，并成为至交。

爷爷何遂为老同盟会会员，在广西办陆军小学时创建同盟会广西支部，遂与桂系交好，后在石家庄任吴禄贞副官，参加了辛亥革命。爷爷为人行侠仗义，交游广阔，崇尚自由民主，有着强烈的自强立国的理想。一战时他作为上校观察员被派往欧洲观战，后又助西北军练兵，曾任黄埔军校代理校长。九一八事变后，爷爷任辽吉黑热义勇军民众后援会主任干事、五十五军军长，在热河抗战。自 1931 年起，爷爷被孙科邀请并任命为国民政府立法院立法委员。热河抗战失败后，爷爷卖掉北平的房产，移居南京，赋闲在家，收古董、交诗友。何、缪二人应该就是在这期间相识的。

1939年年底，外公缪秋杰主持四川自流井（今自贡市）盐务改革与建设，并创办蜀光中学，推动成立自贡市。因开罪了地方势力，他遭诬告而被免职。这也是母亲那篇小传中所描述的"1939年冬离校，因经济来源断绝，辗转颠簸了三个多月才到达重庆"的原因。所幸，外公有好友，也就是我的爷爷相助。爷爷时为立法院军事委员会负责人暨桂林行营总顾问。他向好友李宗仁、白崇禧推荐了外公，请他们向蒋介石说项，外公离职一月后即被委任为江南六省盐务特派员，接任后立即潜回日占区的上海，将两淮的存盐尽快转运到大后方，以保抗战对食盐之需。1940年4月，外公接任盐务总局总办一职。而"辗转颠簸三月"抵达重庆的母亲，则寄住到了爷爷的家里，就此揭开了她与父亲及何家的一世情缘。

母亲是缪家的长女，下有年龄各差一岁半的二姨、三姨，再下还有年龄差得较大的舅舅和小姨，缪家共四女一男。而何家恰恰相反，是四男一女，年龄相近。何家头三位被缪家三姐妹冠为"大""二""三"，"三"即我父亲；再往下则是"何小妹"与"小达"，也就是我的姑姑和达叔。缪家大姐年长何家小三三岁半，何家弟妹们则随缪家妹妹们叫了一辈子的"大姐"。"大"何旭（世庸）、"二"何鹏（世平）投身革命分别由抗大五期、四期毕业，被党的单线领导人叶剑英、董必武召回国统区，利用缪秋杰的关系，在盐务系统任职，从事地下工作。家中留下的"三"何康，在重庆南开中学读高二，时已入了党并担任支部书记；小妹何嘉在南开读初二；何达还在读小学。1940年年初，母亲转学进入南开中学读高三，成为父亲的同学，并在家中与何小妹同住一室，成为室友。母亲由此与父亲从高中同学到大学（先光华大学后广西大学）同窗；抗日战争胜利后，跟父亲到上海从事党的地下工作。新中国成立后，父亲转入农林部门，母亲随父亲由上海到北京；后又下海南"在生产第一线工作了19年，占毕业工作时间的一半"，直至1983年在农牧渔业部计划局财务处处长的位置上离休。可以说，母亲与父亲结合以后，从生活到工作都融为一体，再未分开，直至生命结束。

母亲和二姨缪希相（后改名李涵）年龄相差一岁半，学历相近，自小便无话不谈。二姨保留了一批自1941年到1945年间母亲写给她的亲笔信件，尽管字迹年久褪色，信纸变得薄脆，但一页页翻看下来，让我真正理解了当年的直接观察者达叔对母亲的第一条评价："大姐是个爱情至上主义者，为了爱情可以不顾年岁差异，不顾世俗的成见，不顾旁人议论。不管议论来自亲朋还是社会，凡她认准的爱上的就决不妥协决不撒手。"小时候读巴金的《家》《春》《秋》、曹禺的《雷雨》与《日出》，总觉得这些充满了"小资"味道的小说和戏剧，是写的、编的、演的，不是真的。读完母亲的旧信，始信这些

1941年9月，何世平、韩蕴结婚，与家人合影。前排左起依次为缪希霞、陈坤立、何达、何遂，后排左起依次为何嘉、韩蕴、何世平、何康、何一健

大作家的作品真实地反映了那个时代，是那个时代的家庭与爱情的写照。

母亲成为何家的儿媳，于情于理于习俗于传统都是再自然不过的事。何、缪两家门当户对，爷爷和外公又是至交。何家有三个公子待娶，缪家有三个小姐待嫁，他们年龄相当，志趣相投。在1941年3月给二姨的一封信中，母亲写道："父亲竟问我说'大'好还是'三'好，并说应早点决定，你说多可笑……"其实并不可笑，母亲当时心目中已有了目标，只是没法儿点透。她给二姨的信中几乎封封有"三"，情绪起起伏伏，总是随着"三"而转。这里我还是摘抄几段，可显见少女心扉。"'三'总说，你有了一定的目标，正确的人生观，你便可以不感到空洞，很有生趣地朝着目的地进行。他们三个人（指何家三兄弟）可以说是有崇高理想的人，但就无烦恼了吗？""最近说的一句话，深深刺痛了我的心……他说'社会上一切就是变的，人也是在不断地前进'。""'三'总骂我一点勇气都没有，没干过一件完整的事，一点决心也没有，一点小事也要征求别人同意。"这哪像弟弟对姐姐？这是先觉者对后醒者的鞭策。大姐心里委屈，于是向二妹倾诉："对我的事好像从不过问了，英文教了三天半也不教了，书也不拿给我看了。""他近来好像很忙似的，一天到晚抱着好些书，一会儿看完一本，并且做笔记。相形之下，更显得我不中用，近一月来一本书也没看。""我叫'三'比得简直更平凡、肤浅了，说出哪一门来都不如他，我真难过。你知道我是不甘心落后的，但现在什么都落在后头了，这怎么能不使我难过呢！'三'说：'什么事你都老等待、等待，但时代的潮流却是不等待你的。'"（1941.5.23 信）青年共产党人的朝气跃然纸上，是父亲对母亲的期望与鞭策，显然18岁的"三"比21岁的"大姐"在人生道路的选择上有着更明确的方向。在反省中觉醒，母亲在另一封信中写道："像过去一样混下去吗？这不可能。因为我的梦已被警醒了，然而我又还没有找到应当走的正当的、最适于我的大路，我还彷徨在歧途。这是我烦恼悲哀痛苦的最大根源。"于是她想到正在读的鲁迅的书，"鲁迅说：'人生最痛苦的

广西大学 花前月下

是梦醒了无路可走，做梦的人是幸福的。倘没有看出可走的路，最要紧的是不要去警醒他.'这话是多么深刻呀。现在我也了解他的深意了，谁把我叫醒的？他为什么在没有给我找到一条路时便把我叫醒了呢?!我现在所需要的是鼓励和诱导，而不是责备和命令。所以有时'三'的那种责备和轻视的口吻，实在有伤我的自尊心了。"（1941.4.6信）"三"的方法实在简单，应了"打是疼，骂是爱"的老话。

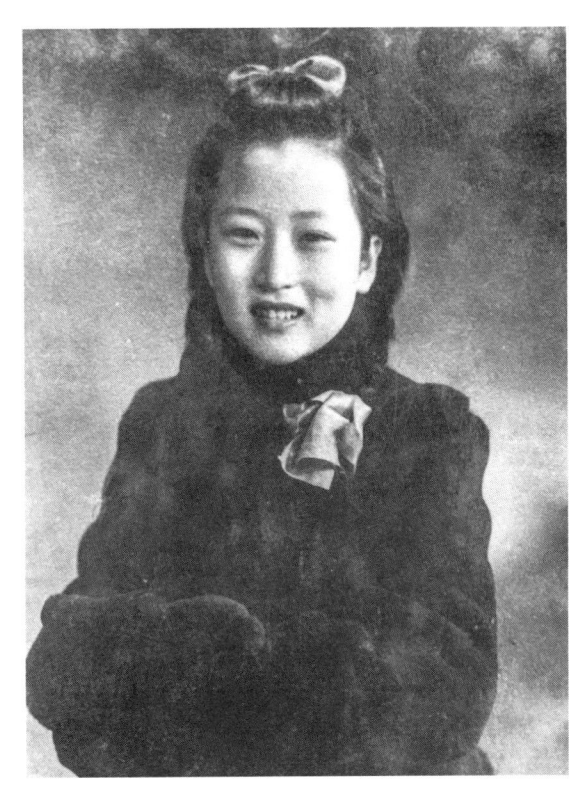

没有花前月下谈情说爱，但有读书交流相互砥砺。他们过从甚密的同窗生活难免招来闲言碎语，连姑姑、达叔都"吃醋"了，"因'三'太关心照顾我"（1941.11.16信）。

何康最喜欢的一张照片，1961年曾挂在居室床头

1941年9月1日，"二"结婚，将何、缪两家儿女的亲事提上了日程。"大哥的婚事便整天挂在他们嘴上了。小三也直催我：'……兵荒马乱，早安定下来。外面流言很多，都在说我和你的闲话。'"总之，何家要定了这个儿媳，希望"何家大哥"能与年龄相当的"缪家大姐"定下这门亲事。这把母亲推向如何顾及两家关系与选择心上人的两难境地。她给二妹希相的信中详细介绍了订婚的经过：1941年9月27日，在桂林，"父亲来了，何家又提订婚事。爸急脾气，当时问我愿不愿意，订婚非结婚，不愿意就拉倒。我当时真为难极了，不知如何答复，不答复便算吹了，若答应便得现在订婚，因为他们预备趁父亲在这两天中，请客宣布。我难了半天，冲口而出怕妈不愿意，爸说妈无主见，由自己定。唉！各方面的催逼，只好迫得我点头了，一只珠花镯子和一个钻戒便戴到了我手上。当时我忽觉悲从中来，说不出是什么滋味。只觉得难过得很，就是心里很不舒服。"于是，在"何大哥"缺席的情况下，两家人就把这门亲事定下来了。

母亲当年清秀而优雅，漂亮非常。她性格温顺，心地善良，而且多才多艺，一口京腔，善唱青衣，会演话剧，乃是广西大学的校花，自然不乏追求者。与"何大哥"订婚，让追求者们死了心，却使她

本人陷入了长达两年的困扰，她要在父母之命、媒妁之言与追求爱情、自主命运之间做出选择。"身虽说订了婚，心却还在漂浮。""'大'不能占有我的心。""他并不是我自己去认识的，完全是家庭关系，但结果还闹成这样令人难堪的局面。"（1941.12.25信）母亲也曾试图找理由说服自己，因为与其他人相比，"大"是个好人，而且非常迁就自己，但就是过不了感情这一关。她对其他人有说有笑，独对"大"却冷冷漠漠的，完全不像订了婚的恋人，所以感到内疚与自责。其实她的心中始终有个不迁就她、常批评她、怀青春理想、一心向上、单纯而热情的"三"。"三"转入广西大学农学院，迁往柳州，她"担心他身体，总会惦记他，而'大'反倒很少想起"，"因为'三'和我相处最久，脾气也很相投，可他只是个孩子，一个小弟弟而已"。（1941.11.16信）"三"走了，她认为自己更独立了，要坚强，但心里的苦闷、形单影只的孤独，更少人诉说了，她只好一天天地写信向二姨倾诉。信中有一段让我们受新中国教育的一代看来，真酸，充满了小资的情调，但颇有文学意境："这几天我真烦恼极了，功课也不顺利，真倒霉极了。天气越来越冷，每天秋风萧瑟，落叶纷飞，正是'落叶满阶红不扫'的时候，这也正是游子思家的时期。因此我更感到烦闷，尤其是残昏的时候，夕阳西垂，一条孤单单的影子在朦胧中走回学校时的情景，实在有点令人黯然。"（1941.12.9信）

就在写这封"令人黯然"的信之时，日本偷袭了珍珠港，美国正式向日本宣战，中国的抗战不再孤单。这一消息极大地振奋了中国人民，母亲的信中也出现了少有的激昂文字："我们青年一代努力学习吧，加紧锻炼我们的体格和学识，以来肩负这最困苦的过程的到临。我们每一个人都要挺起心胸，毫无恐惧地迎接一切困难挫折，绝不后退地走向征途吧。"（1941.12.10）一个自小患有哮喘病，出身官宦之家的弱女子，手无缚鸡之力，如何能疆场杀敌？除了勤读书、炼身体之外，就是演戏了。达叔说，母亲的第二个特点就是多才多艺，特别是嗓子亮，唱起《贺后骂殿》来，气势之磅礴，令人绝不会想到是一位弱不禁风的小女子唱出来的。抗战时的桂林是进步文化人的聚集地之一，戏楼、剧场、影院加起来有十来间。母亲成为广西大学的名角，在排演《雷雨》时，角色不齐，让她先扮繁漪，后演四凤。因角色人选不够，他们只能演吴祖光的《风雨夜归人》简版。多次演出，母亲成了魏莲生的不二人选。最多的一次是三个团体争邀她出演话剧。法律学会为募善款建法厅，天天来磨，请她出演李健吾的《这不过是春天》的主角局长太太，排了三天就得上场。随之周南女中为校友募捐亦请她出演。两边为争夺她，还进行了谈判。母亲只好答应了两边一先一后都去出演。再看1943年除夕与1944年元旦的日程：元旦应邀去电工二厂出演《这不过是春天》，除夕则在学校串演独幕戏《一幅喜神》——因主角

左图：缪希霞出演《日出》中的陈白露
右图：缪希霞1944年毕业于广西大学银行会计系

临时缺席，只好又由母亲顶上。广西大学为募建矿冶馆基金排演《茶花女》，是因为知道母亲喜欢这个戏，特为迎合她而选择此戏。母亲利用寒假排戏，这与"三"放假回桂林就有了时间安排上的冲突，她处在两难之间，于是向二姨感叹："早知我这么爱演戏，还不如入戏剧学校哩。"

1944年2月，戏剧节在桂林举办，有七省几十个单位参加，广西大学也在其中，排演的是《长城的怒吼》。母亲在信中写道："缺了我又是不成的（好吹牛！），你看看我怎么得了。"演戏事业的高潮，是母亲扮演曹禺《日出》中的陈白露。引用一段二姨的回忆文章："演出后获得了大部分观众的掌声与好评，学校当局也认为演得很成功。我和石泉（二姨父）的老师陈寅恪先生正执教于西大，也去看了她的演出。后来陈先生来到成都燕大，还一再向我提及此事，足见印象深刻。当时有位懂戏剧的西大同学却提出异议，在他写的《关于陈白露》的文章里；认为尽管演员对每一动作曾经煞费苦心去学习，尤其口齿的清楚，念台词的节奏，留给观众极好的印象。可惜得很，她本来深闺小姐的风度，却与交际花陈白露的身份距离太远了，没有演出陈白露交际花的风骚，所以陈白露的演出是失败的。为此作者被校训导处叫去训了一顿，说作者'破坏西林剧运'。作者写道，大家都说演得好，而我偏说坏。……最令我高兴的是，扮演陈白露的演员完全同意我的见解，她也自认为是完全失败的，因为她不具备相应的生活经历而确实无法在剧中表现出交际花的风骚。"

尽管母亲没有戏中角色的相同经历，但对于新旧之交的大家庭是有切身体会的，她的退婚就是一个证明。她演了那么多出戏，琢磨着扮演的角色，她又读了《飘》《安娜·卡列尼娜》《娜拉出走之后》等西方文学作品，时时又将小说中的人与身边的人相比。她怀着同情、善良之心对订婚对象拖延婚期将近两年，最终为追求自己的真爱，下定决心解除婚约，并一定要在两年前订婚的9月登报公示。好在何、缪两家都是新式家长，特别是爷爷，非常开明，再加上曾与母亲同居一室的姑姑的知心，从旁做工作。爷爷说，现在的法律父母是管不了那么多的，即使外公不答应，也不能干涉儿女的自由。他赞同解除婚约，但希望她仍能做何家的儿媳妇，支持与"三"好。苦撑了两年，终于云开雾散，但现

母亲的结婚照，婚礼在重庆北碚温泉数帆楼举行

实上与"三"的差距又摆到面前,母亲又开始怀疑两人是否真正合适,"他太爱幻想,太美化他的将来(这点观察是对的,但是,这也正是我最敬佩父亲的优点之一,他永远向前看,永远乐观,拿洋话来说就是生活的态度是positive thinking),而我是太重实际,太渺视了我的将来,同时一样事而两人所判断的从出发点上便不同了。"(1944.2.4信)但是四年的感情,她深怕如万一在思想上合不来,连这点美好的感情也消失了。她"觉得一对夫妻的结合最主要的还是精神上的结合,灵魂互相契合了才可以言爱"。1944年春,母亲即将毕业,会与"三"分开。"三"会提出结婚的请求,"我真不知怎么办好了,因为我总是不忍伤他心的"(1944.4.23信)。感情终于战胜了犹豫不决的天性,在毕业前夕,他们订立了终身关系。

1945年双十节,两人在重庆北碚温泉数帆楼举行了婚礼,新郎新娘登台演出了《求婚》的短剧。一年后的1946年12月1日,我在南京出生,成为母亲与父亲爱情的结晶。

## 二、从夫妻同心到夫妻同志

母亲在1951年的一份思想汇报里,详细叙述了她参加革命工作的过程,其中提到了与父亲从爱人到同志的转变。

那时是只知道努力念书,将来可以独立工作赚钱,而不是要依赖别人,尤其不愿依赖丈夫,像那时的一般妇女所走的路。我要自己工作,自己有经济权,那才不会给丈夫压迫,这是受到当时所看到的都是妇女受欺辱的现实的影响。同时,我父亲也常说,他不需要很多的钱,他把儿女供养大了,供养到大学毕业,便都可以自立谋生了,他就算尽到了父母的责任。给儿女留很多的钱,那更是害了儿女,至于他自己,到了晚年能有一笔养老费就够了。这给予我们姐妹的影响很大。

1939年,由于日本鬼子的统治更加凶恶,经济来源也将断绝,所以决定移到内地去。虽然还差半年即将毕业,也顾不得了。即由上海经宁波、金华,顺着公路到达四川。途经桂林时由于世交的关系,碰见了何康的二哥何鹏(共产党员),那时他是刚由抗宣队被派回到内地,以无比的热情向我们姐妹三人上了政治上的第一课。是他头一次启开了我们的眼睛,扩展了我们的视野,使我们三人知道了很多以前不知道的事情,初步地认识了共产党。我感到过去的日子是活得多么空虚,20年的生活可以说

1946年12月1日,儿子何迪在南京诞生

都是一段空白。从那时起,我才算有了思想。这也是把我们姐妹导向了革命道路的一个起步点。那一次的会晤,在我们的心里种下了革命的种子。

  1940年到达了重庆,便和何康的家庭发生了密切的关系。一是何康的父亲何遂和我父亲是多年的好朋友,二是何鹏早就向我们介绍了他的哥哥和弟弟,叫我们向他们多请教。由那时起,我便和何康同学,由南开中学直到广西大学毕业,思想上受他的影响不少。但具体的帮助教育是不够的。在学校内我接触的一些同学都是进步分子,后来知道多是共产党员。最要好的女同学李桂娟对我的影响也很大,那时我们时常密谈从书本上所看到及所听到的陕北的一切事情,整天幻想着能有机会跑到陕北去,我尤其向往去鲁迅艺术学院。但何康及他的哥哥们总说要参加革命工作,也不一定非到陕北去,什么地方都有革命工作可做的。当时我还不明了,后来才逐渐了解到这一点,因此便不再嚷着要到陕北去了。只是默记着只要跟着他们走,总不会错的。他们叫我去做什么,我便去做什么,而且也不多问。因为他们说过不要多盘问，因此在深夜他们有朋友来密谈，我便也自动躲开，但我内心知道，那来的人一定不是平凡的朋友。在日本人打到广西，我们撤退时，只剩我一个人，我把存在家中的一箱通信器材隐蔽好才跑，而并不感到惊奇和恐慌。我们便是在这个可以意会而不可言传的关系中过着。在学校内除了演话剧及唱京戏外，我没有参加过其他的活动。1944年毕业后即在四川自流井安益公司做会计工作。到1945年8月，我们决定结婚，而订婚时他才正式告诉我，他是个共产党员，并且我们的婚姻也经组织上批准了。从那时起，我才真正明朗地走向革命的大道。但由于当时的环境，我也没什么具体的工作做，只是跟着做些零碎的事情，精神上还是相当地苦闷。

1947年10月，上海地下党组织要新建一个经济据点，派何康来负责这个机构。名义上是他的父亲及我的父亲出面组成，实际上资金完全是地下市委的，由市委直接领导。何康担任经理，我便在那个公司里担任会计工作。由那时起我才算和组织发生了直接的关系，内心之高兴是无法言喻的。我终于算有了实际的革命工作，可以为党做一些事情了，我必须尽我所能贡献我的一切。后来地下党市委之一的张执一同志提出我入党问题，才由何康及邓裕民二人介绍，我在1948年11月正式入党。

缪希霞1947年参加革命工作，担任瑞明公司会计主任，1948年11月入党

很难想象母亲从大家小姐到地下工作者后发生的巨大变化。1948年的一天,为了应付突如其来的经济警察检查,母亲在窗户严堵的屋中连夜编造假账,第二天父亲带着假账本去警察局,母亲则以盐务总局局长的女儿和立法委员儿媳的身份奔走,联系保人,并亲自去警察局要人。她还数次穿梭于上海、香港两地,递送用浓盐水写在纸上的秘密情报,其中也包括吴石将军递交的情报。她还以公司会计主任的名义,到广州检查由大伯伯主导的投资资产保全情况,同时也担负着劝说并护送外公及梅汝璈等爱国民主人士在1949年年初由香港返回北平,参加新中国政府的工作。上海解放后,她先后任军管会工商处机要秘书、华东供销合作总社会计科副科长,后来为了照顾爷爷的工作,她又调到华东司法部办公厅任部长秘书。看到她那时的照片,已脱下小姐的旗袍,换上了列宁装,依然是那么秀丽,但平添了几分英姿飒爽。

我那时才四五岁,并没有很多关于父母的记忆。因为他们忙,将我送到了华东机关幼儿园,周末则

上海解放后的三姐妹,缪希霞担任华东供销合作总社会计科副科长

回爷爷家，由高奶奶照管。我真正印象深刻的是母亲小传里写的到海南种橡胶的十九年，那段日子让我认识了父母的事业和生活，体会到了母亲为了父亲的事业，当然也是她自己的事业，所作出的牺牲。我见证了母亲的付出，真正是全身心的付出。这种付出不再是风光无限的戏剧演出与受众人追捧的舞台荣耀，她变得内敛、低调、容忍、服从大局，而更重要的是，她无私地付出了自己的健康。母亲从小患有哮喘病，发作起来时不能平躺，只能半坐，长期服用氨茶碱，后来需要及时喷吸麻黄素，否则会出现窒息的情况，有生命危险。哮喘病对气候与环境特别敏感，是一种不可逆转的免疫性疾病。在由北京南下广州、海南的 20 年中，母亲与疾病长期斗争，与父亲坚持在生产第一线。

给我留下印象最为深刻的有两段时间：第一段是 1957 年到 1962 年，即热作两院的创业时期；另一段则是"文化大革命"时的患难与共时期。

1957 年年底，华南热带作物科学研究所由广州迁至生产第一线海南岛儋县，那里也是当年苏东坡被流放之地（1097 年），是被苏东坡称为"此间居无室，食无肉，病无药"之处。800 多年过去了，父亲遵从王震部长的指示，于 1958 年将热作所搬迁到此地时，情况好不到哪儿去，也经历了"居无室、食无肉、病少药、学无处"的生活。据现在看到的档案资料，当年为了突破"冷战"对苏联的封锁，1950 年 11 月 21 日，斯大林亲自致电毛泽东，希望中国帮助苏联从东南亚购买橡胶。随后，斯大林在 1951 年至 1952 年与毛泽东的多封往来电报中，商讨在中国华南地区种植橡胶，这成为当时苏联向中国提出的几乎是唯一的经济支持的要求。毛泽东高度重视，请陈云主抓这项工作。为了开辟新中国的橡胶事业，也便于和苏联专家打交道，需要挑选一个有专业背景又有政治资历的年轻干部主持具体工作。时任华东军政委员会农林部副部长的父亲被选调到北京，担任新成立的林业部特种林业司司长，时年 29 岁。由此，他的大半生工作生涯都与中国的热带作物联系在一起。随着中苏关系转冷，中国于 1955 年开始缩减橡胶种植规模，中央橡胶统筹机构特种林业司也由林业部转至农业部，改名热带作物司，1956 年又转至农垦部。面对机构的调整，父亲可以有多种选择，科学院、外交部门都欢迎他去。但父亲认为自己一直在中央机关工作，缺乏基层的锻炼，他给母亲的信中提到，总感到时间流逝，"一事无成"，他渴望着到基层去干一番事业。正如母亲和他谈恋爱时的观察，"'三'对未来总是充满了幻想，总是把未来想得太美好"。但是，这就是父亲。他主动选择了离开北京相对平静安逸的生活（其实不尽然，在 1952 至 1956 年的 4 年里，父亲跑遍了中国种植橡胶的宜林地，做了大量的考察、协调、规划的工作，长年不在北京，我跟他一起生活的时间还不如与爷爷、外公相处的时间多），南下广州，担

1956年全家合影

王震、王季青夫妇与我们一家合影

任了华南热带作物科学研究所的所长和党委书记。1957年夏，我也随着他来到了广州，而母亲正在北京市委党校学习，一家人分成京穗两地而居。

　　1957年，为了贯彻王震部长把研究所搬到生产第一线的指示，父亲领导所内同事到湛江、海南等地考察新址，并进行思想动员以尽早搬迁。父亲对于执行王震部长的指示非常坚决，因为这也符合他"沉到基层，干番事业"的愿望。但是所内相当大一部分研究人员认为搬到基层去，既不具备进行科研的条件，也不利于与外界的沟通，更不要说家人的生活与孩子的教育问题了。为了说服大家，父亲必须身先士卒。那时父亲给母亲的信都是劝她早日南下，不必顾虑太多，困难总是可以解决的。如果别人全家都下基层去了，母亲还待在北京，便无法向干部职工交代。为了劝说母亲，父亲为母亲的工作设想了多种可能，生活上则细到了房屋的安排。母亲也有她的实际困难，一是自己的身体可能不适应南方湿热的气候；二是小儿子何巍也遗传了哮喘病，当时还正患急性肾炎；三是党校学习尚未结业。一边急着让来，封封信如十二道金牌；另一边则是一拖再拖。看父亲当年的日记，有一天他两赴火车站接母亲均未接到，对于母亲的拖延战术"颇感不快"。母亲最终于1957年7月结束了党校学习，10月来到广州，担任了研究所财务副科长。

　　1958年3月，父亲率先头部队来到了儋县，依托西联农场试验站开始了建所工作。同时受"大跃进"气氛的鼓舞，与华南农学院合作，准备同时兴办华南农学院海南分院。前线的迁所建院工作刚刚兴起，可后方广州的未迁干部，特别是后勤人员思想很乱，不愿去海南。于是父亲又劝母亲早一些下来为好（1958.5.21信），尽管住房问题很紧张，但住草房还可解决。记得这年的暑假期间（8月），我们全家搬到了海南。真如父亲所言，落脚的联昌试验站总共也就20间砖房，爸妈分得一间十几平方米的住房，而我、弟弟和保姆兆兰阿姨则只能住在茅草房。没承想脚跟还没落稳，就遇到了台风。那是个夜晚，飓风刮得茅草房顶一掀一掀的，上下起伏，吓得我们赶快跑到爸妈的砖房里去躲避。我跑出去找父亲，看到电闪雷劈、狂风暴雨之中，有个黑乎乎的身影，挥着手电，大声叫喊——是父亲正在指挥抗风救灾。一时间，父亲的形象就在我心中矗立起来了，至今仍难以忘怀。第二天清晨，台风过后，我们住的茅草房已被刮塌。这就是我在海南"热作两院"开创阶段上的第一课。现在由母亲收存的，由父亲在大信封上写着"两地书"的信件中，记载着那段激情燃烧的岁月，从信中也可以看出爸妈当年的思想交流。信中充满了那个时代的痕迹，慷慨激昂、豪情满怀，对自己存在的小资产阶级思想的检讨，彰显着到群众中去改造自己、献身热作事业的决心。

1960年，体弱多病的母亲（右二）也参加开荒种地，时任财务器材供销处副处长

  为了母亲的身体，也为了更好地工作，父亲做了绝育手术。之后，他给母亲写信说："我们应心连心，互相体贴，互相帮助，把我们全部精力投身于工作，再不产生什么苦恼。我希望你用最大的毅力把身体搞好，同时永远心胸开朗。我常在想通过艰苦的斗争，搞好一个事业，对人民有所贡献，在群众中生根，这是最大的愉快。我们都还年轻，下个十年二十年的功夫，什么搞不透？我有信心依靠群众，创立新型的热带作物科学体系，这是我国应担负起的任务，总有一天我们会看到热带国家的解

放，那时世界热带作物更有飞跃的发展。"针对母亲从年轻时候就对父亲的批评，他特别写道："也许我的幻想太多了，但一个人有些浪漫主义是好的，不敢想就不敢做，毛泽东思想给予我们极大的生命力。""出来后感触颇多，脑子简直没有休息的时候，总想向你倾吐为快。你该不会又批评我吧。"

理想很崇高，但现实很艰难。1958年我们刚来到海南时还能吃上馒头米饭，但到下半年，我到儋县那大中学上初一时，便只有一天两顿稀饭了，一周都不用大便。到1960年我回到"两院"自办的中学就读时，家里只能保证父亲每顿一小碗米饭，我们这些孩子则全天只有一碗米饭，下顿就只有红薯。没有菜，用10元高价一瓶的味精酱油拌饭。我至今不太吃红薯，就是因为小时候吃得太多，一吃胃就反酸。大人每人只有19斤口粮定量，更别说孩子了，而且因运输问题，常常接不上。于是全院职工上山开垦种木薯、番薯，种菜、喂猪、养鱼，我们孩子也要种一年里够吃三个月的口粮。母亲在1966年年初的一份思想汇报中写道："回想起研究院刚刚搬到海南岛的头几年，生活、工作条件都比现在艰苦，身体也不太好，但一直坚持原地工作。那时很少考虑病，只感到革命的担子很重，研究所由广州大城

1985年，父母一起重返"两院"

市搬到海南岛农村,是经过严重阶级斗争的成果。作为党委的成员,我必须坚决站住脚,不能退下来。我若离开,对群众影响大,会给党的事业造成不良影响,因此也就坚持下来了。"

作为财务器材供销处的副处长,跑北京、上广州去要钱、要粮、要物资成了母亲的重要工作。一方面领导重视,王震部长在三年困难时期年年来"两院"看望大家,一起过春节,还参加开荒种地;另一方面也不能否认母亲的功劳,特别是她的"哭功",体弱多病的她跑到农垦部要钱要物,不答应就不走,就抹眼泪,这就保证了经费和物资的及时到位。连父亲都认识到了母亲的重要性,特别是她要到了发电机组,使宝岛新村大放光明,真令人激动。父亲写信大大表扬了母亲,同时还一再嘱咐母亲不要太特殊了,也要想到别的单位和国家的困难。当时"两院"的干部职工、科研教学人员真是棒极了,在这么困难的情况下,没有一个逃离的,反而有越来越多的新鲜血液加入。每逢年节开联欢会,母亲

1960年1月9日,周总理视察"两院",何康和缪希霞陪同参观

亮一嗓子京戏是少不了的节目,父亲也在一旁帮衬。母亲不再唱《贺后骂殿》与《坐宫》,而改唱《玉堂春》里的《苏三起解》,而父亲则唱《甘露寺》,至今我还记得这些戏剧的曲调和唱词。交谊舞是晚会必不可少的"大家乐"。整个"两院"像个大家庭一样,真应了"人心齐,泰山移"这句老话。就在当年苏东坡的贬谪地,从草棚上马,愣是办起了后来非常著名的"热作两院",创立了"一统四包三结合"的新型的科研、教学、推广、生产服务体系,在"文革"爆发前已成为全国教学、科研的一个典型。1960年1月9日,在"两院"雏形初现时,周恩来总理来视察,结束后专程要到我们家中看一看。那是一套两室的简朴住房,家里没有几件家具。然而正值春节期间,家家户户都贴上了春联,我家大门上贴有父亲写的春联——"儋州落户,宝岛生根"。周总理看后说:"应该立业,才能生根呀。"随后他的题词"儋州立业,宝岛生根"成了"两院"的院训。周总理说:"你们俩和我一样,都出身于剥削阶级家庭,但都背叛了自己的阶级,为国家的事业做出了成绩,我真的很高兴",并说"你们的父母都是

1961年,陈坤立70寿诞,合影于北京,这是何家三代人最齐的一张全家福。前排左起依次为何晓彤、高爱、陈坤立、何遂、邓海南、何群;中排左起依次为何敏、缪希霞、何嘉、韩蕴、何仲苏;后排左起依次为何孟嘉、何康、邓裕民、何世庸、何世平、何达、何仲山

我的旧交，老朋友了，你们一定代我向他们问好"。周总理看到新人念及旧情，让父母感到温暖与激励，更加坚定了为中国热作事业奉献一生的决心。

在翻阅1961—1962年期间父亲写给母亲的信时，我明显感觉到父亲少了些1958年时的慷慨激昂，多了冷静沉稳的思考。当时"两院"已名声在外，领导视察、科学家访问、记者采访、大会表彰纷至沓来，似乎迁所建院已大获成功。但父亲在给母亲的信中一再讲到，给他们的荣誉太多了，其实"两院"的工作离理想状况还有很大距离，他不想多参加这类表彰会议，让其他领导多去参加，自己可以集中精力，更好地解决问题。特别是将近40岁时，他更多地思考自己的下半生应如何度过。母亲是他可以倾心交谈的人。1962年11月25日，在母亲生日即将来临之际，父亲在从广州给母亲的信中倾吐了他的想法："我对城市确没有什么偏爱，……对城市的熙熙攘攘颇觉不惯。我总想一个人如何生活得更有意义。有时想到自己年已四十，无所成就，各方面都深不下去，颇觉空虚。有时又想到自己总算依附了一个事业，同它一起在艰难斗争中成长，又感到生活很充实、饱满。我恨自己这样出身的人，思想深处沾染着资产阶级、小资产阶级的灰尘，久久不易除去，没有一个无产者纯洁健康的情操，百折不挠的坚定性。我很想在业务上钻下去，可觉自己底子太差，事务又多，如何能坐得下来，只有尽可能地学吧。能把这支队伍带出来，基础打好，就可让给年轻有为的一代了。""生活上希望我们常在一起，把孩子带好，人年纪大一些，生活在农村环境中，没个家是不行的。""我要致力把我们那儿的生活、环境、文娱搞好，使大家有个温暖的大家庭，也有个温暖的小家庭。"

今天重读这些信，仍会被父母那些年同甘共苦的经历和心心相印的感情所感动。他们从十几岁时的同窗，到夫妻同心，到为了共同的事业而献身的同志，当年的一位三少爷和一位大小姐，随着时代在进步。如果说20世纪五六十年代我少不更事，只凭朦胧的感觉和书信去认识母亲和父亲，那么在最困难的日子——1968年，我与爸妈一起生活了半年的时间，我目睹、体验了母亲对父亲的爱，爱得那么彻底、无私，即便牺牲自己的健康乃至生命，她也要与父亲朝夕相伴。

在"两院"艰苦创业的岁月，大大损害了母亲的健康。"尤其近两三年身体越来越坏，哮喘日益加重，肺气肿也由中度上升至重度。另外，消化性溃疡、慢性泌尿系统感染、关节炎、慢性咽炎、慢性阑尾炎、严重痔疮等交替并发，因此使自己完全陷到病魔包围之中。……自己十年来没有一天断过药，每天都是用药来支持，尽量克制病的痛苦，带病坚持工作，就是这次组织批准一年病假，在北京治疗休养，在哮喘病稍微稳定时即主动来部财务局上半天班。"1966年6月"文化大革命"爆发，母亲接到

1974 年，兵团时期的全家合影

父亲的电报，当即中断了养病，返回海南，开始了与父亲同甘共苦的"文革"岁月。

"两院"地处偏远，北京一乱，就成了断了线的风筝，既看不到文件，也无传达渠道，信息传播缓慢，靠报纸和广播及各种渠道传来的内部消息开展运动。父亲当时正领队在国营农场搞"四清"，他应召去北京参加的外事活动取消后，立刻赶回"两院"，很快就靠边站、被打倒。我当时在北京市第四十一中学读高三，尽管因肝炎病休在家，但也积极地参加了学校的停课闹革命活动。由于爷爷家就在四十一中斜对门，他的四合院也成了四十一中红卫兵头头们的据点和外校串联的聚会之处。现在回想起来非常自责，一方面我在学校里造校领导、老师的反，另一方面也担心千里之外的父母，希望他们不要被打成走资派。尽管我们也有书信往来，我也寄些首长讲话等材料过去，但并不勤快。

后来看到母亲给二姨的信，我得知她盼信、盼小报材料、盼外界及亲人消息的心情，更感到内疚。她在 1967 年 3 月信中细数了二姨寄材料的批数和日期，讲"所寄的传单使我们了解了情况，提高了认识,受到了教育,起了很大作用","因迪儿不在北京,去了大庆……所以最近都没寄传单给我"。母亲还替我开脱,说我无固定工作岗位,所以寄的材料不会很多、很全面。"两院"也有人收到内地寄去的材料,"我因为康的关系,不便向人家多要,……加上别人也顾虑,所以能看到的也不多,因此便经常盼望你能寄来。"我1968年春回"两院",爸妈特别提到二姨和我寄的小报对他们有多重要,不仅仅是了解了情况,更重要的是精神的寄托。我在"两院"待了半年,没人理睬,完全处在孤立封闭的状态中。这才明白这些小报和信件就像一根线,连接着父母和亲人,以及外部世界,由此父母这两只在孤岛上空的风筝才不致飘失。其实我在北京比二姨有更好的条件收集资料,传递信息,但我却忙于"闹革命""大串联",尽孝心、守孝道的优良传统被湮没在"革命""斗争"的汪洋之中,今天想起来仍感到痛心。

　　1967年年底到1968年年初,海南两派"武斗"闹得正厉害,母亲在信中提到,"那大县城中的枪炮声不断,影响到"两院"。两派以小河为界,武斗规模也不小,邮局、商店、银行都关了门,报纸只能看到20多天前的,唯有依靠广播才能了解些外面的情况。"母亲的信中很少谈及他们自己的处境,总是讲"文革"触及灵魂,给了出身官僚家庭、小资产阶级思想影响未绝的他们一次很好的改造机会。我与弟弟1968年4月回到家,看到的是令人心酸的景象:父母早被赶到一间10多平方米的平房内居住,对面是一小间厨房,兼用作厕所。好在原来住的房子也不大,我们回来后,一家四口挤着也还能凑合。母亲去年患了急性肝炎,也无医院可住,只能在家中输液,进行护理,这样简陋的条件下,她居然渡过了难关。因身体不好,她每周只需出去两三天做些轻松的劳动;但她人缘好,运动中没有受到大的冲击。父亲则不同,每天都要出去干活,而且是干重活,打石头、扛木头,甚至去抬棺材。但我们从未听到父亲叹气与抱怨,他反倒劝我们说,"这比运动刚开始时剃阴阳头、游街挨打受辱要好多了"。而且一些老工人会暗地里保护他,要比另外几位院领导吃得苦头少些,这使他一直心存感激。记得有一晚,"造反派"通知他去接受批斗,父亲穿上中山装,把领扣都扣好才出门。我当时还说,"去受批斗还穿那么整齐干吗?"两三个小时后,父亲回来了,被打得鼻青脸肿,眼睛乌黑。16岁的弟弟小禾被气得火冒三丈,拿起菜刀就要去拼命,被父母拦住了。父亲说,"能安全回来,受点皮肉之苦已不算什么"。父母反过来安慰我们,"只要一家人能在一起,就好"。

　　母亲的日子更难过,除了担心父亲的安全外,还得遭受病痛的折磨。

　　她哮喘病一犯,就喘不上气来,只能坐在床上,整夜都不得安眠。吃饭时上食堂打饭,本来可选择的菜品就少,她还要买最便宜的,经常吃的是有"无缝钢管"之称的通心菜。为了保证必须的营养,母亲开始养鸡,但鸡下的蛋她自己舍不得吃,优先给父亲吃。原本手无缚鸡之力的她居然学会了杀鸡,合适的时候就让全家改善一下生活。

那时,最难的莫过于烧柴做饭。海南没有煤,要去外面拾柴回家,若是拾到橡胶木枝之类回家,那做饭时可有的受了,木枝烧起来烟雾缭绕,熏得母亲喘不过气来。后来军宣队、工宣队进驻,"武斗"暂时平息了,但父亲又被关进了"牛棚",不能回家。母亲担心父亲,怕他天天干重活,营养跟不上,让我们去探视时,带上两三个煮鸡蛋和一小瓶味精,偷偷地塞给他。我在外面无人理睬,遭人白眼;在家中看到父母的状况,又完全无能为力;而且与内地隔绝,消息不通,内心真是苦闷极了。在海南待了半年,我实在熬不下去了,便回到了北京。

自爷爷去世后,原来的房子也被收回了,我连个落脚的地方也没有。1968 年年底,我只好在患肝炎,转氨酶 指标超过 800 的情况下,与几位中学同学一起投奔到王苗的老家山西,到临汾去插队。

1966年夏到1972年年初父亲被解放,母亲得以重回北京看病,这近六年的时间,父母是怎么熬过来的? 在他们的一生中,这大概是最困难的六年,但我从来没有听到过他们的抱怨。当初离开北京,远下海南,为了中国的橡胶与热作事业,父母没有犹豫与后悔,只有坚忍和期待,"儋州立业,宝岛生根",不是写在墙上的口号,而是刻在心中、落在实处的信念。

## 三、爱的奉献与传承

如母亲小传中所说:"在海南岛生产第一线工作了19年,占毕生工作时间的一半,1978年被调回位于北京的国家农林部。"她与父亲一起告别了他们献出一生中最宝贵时光的地方。去时正值壮年,回时已臻老境。1983年,母亲在64岁时从农牧渔业部财务计划司财务处长的位置上离休。但是她仍然尽可能地配合父亲的工作,如当外国元首来访时父亲做陪同团长,需夫人出面,母亲就一同出席,曾陪同过德国科尔总理夫妇、澳大利亚霍克总理夫妇。

父亲逢年过节总是要去看望农业科教系统的老专家、老教授,母亲也会陪同;邀请外籍华裔科教人士到家中用便餐,母亲总是精心安排。有很长一段时间,我们家就住在部大院内,部里的同事时常来家里汇报工作,秘书、司机们来得更勤,他们中年长的叫母亲"缪大姐",年轻的叫她"缪阿姨",母

1987年，陪同团团长何康与缪希霞夫妇在机场迎接德国时任总理科尔夫妇

亲总是和颜悦色。再加上我和王苗活动颇多，同学、朋友络绎不绝，在家里吃喝谈笑，爸妈从来没有过怨言。许多海内外的专家教授、部里的干部，以及我的同学，都成了母亲的朋友。我曾读到1990年5月29日《中国青年报》上的一篇短报道——《农业部长和青年》："部机关的一个集体婚礼正在进行。瞧，何康部长偕夫人缪希霞——农业部的一位离休干部来了。大家呼喊，'请何部长和缪大姐来个节目！'何康当仁不让，拉起缪大姐一曲京剧对唱，把参加集体婚礼的人逗得不亦乐乎。轮到何康讲话了，他说新郎新娘要互敬互爱，一边说一边拉过缪大姐，说，'你看，我们结婚四十五年没吵过一次嘴，你们要向我们学习'。"父亲说的是真心话。母亲与父亲从同窗同学到同心同志，对父亲的爱伴随着她走完了人生。在母亲生命最后的日子里，这种爱越发显示出它的纯洁、无私和奉献。

1991年10月中旬，母亲陪父亲到香港与台湾"农业复兴委员会"前任主任李崇道会面。他与父亲

缪希霞陪同何康出席农业部青年集体婚礼

曾是广西大学同宿舍睡在上下铺的室友，且都是当年的优秀学生。诺贝尔物理学奖获得者李政道是李崇道的弟弟，由他牵线促成了海峡两岸的农业部门负责人在香港的首次会面。另一位同学黄成达曾任香港渔农处处长也从旁协助，他们的老师——广西大学校长马君武的儿子、台湾著名的农学家马保之教授也来到香港，见证了两岸农业领导人历史性的会面。

　　随后母亲又陪父亲回到海南，重访他们当年工作的地方。由于奔波劳累，气候变化，母亲患感冒，因发烧住进了海口医院。感冒对一般人而言是小病，可到了母亲身上却成了重症。医生检测她的血氧含量，发现血氧饱和度竟然不到80%。母亲怎么能在这么低的血氧饱和度下生存？只能归结于从小的哮喘病使她适应了低血氧的身体状态，医生都不得不佩服母亲的毅力和坚忍。尤其是在当年那么困难的情况下，她居然能在海南坚持生活19年。住院一个月后，病情得到初步控制，母亲转回北京，在中日友好医院继续住院。12月25日，父亲到医院与她一起过了72岁的生日。老话说："七十三、八十四，阎

1991年10月，缪希霞陪同何康与台湾农复会原主任李崇道在香港会面

王不请自己去。"母亲真是到了她生命的最后关口。1992年春节前，她希望出院与家人一起过节，医生警告千万不能再感冒了，否则会有生命危险，因为母亲的心肺功能实在太差了。没想到春节过后，父亲的眼睛突然出现了问题，住进了北京医院，检查是颅咽管瘤压迫了视神经，必须及时动手术。母亲急坏了，她完全不顾医生"不能再感冒"的警告，冒着初春的寒风，天天跑医院，陪父亲，找大夫会诊，研究治疗方案。最后父亲转到了海军医院，采用新技术，不用开颅，用探针吸出颅咽管瘤的液体，然后注入同位素将其固化。手术当时很成功（其实很失败），父亲很快出了院。但是母亲不幸再次被感冒击倒，住进了北京医院。正如医生所言，这次感冒真让她走到了生命的尽头。

当时我正在美国华盛顿霍普金斯大学高级国际关系学院攻读硕士学位，接到母亲病危的电报后，当即安顿好儿子何昭，不等毕业典礼，便急忙飞回北京。母亲已陷入昏迷状态，陪伴她的亲人们都说，母亲很坚强，硬挺着，就想等你回来见一面。她醒来时认出了我，但已经说不出话来。她身上插了许多管子，身体经常会忍不住抽搐。看到她痛苦的样子，我真是难受极了。一周后，母亲终因肺心病导致肾

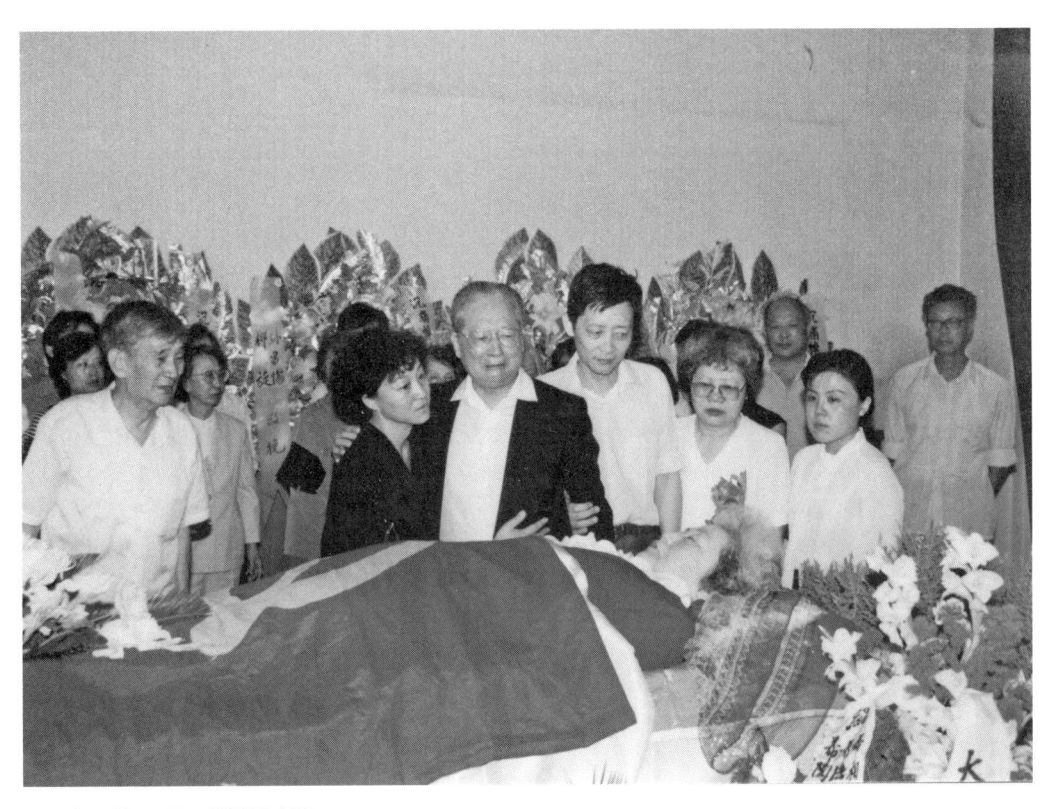

1992年5月27日，缪希霞病逝

衰竭，于5月27日去世，没能渡过73岁这一关。

但是，母亲对父亲的爱并没有随她的去世而终止。这次感冒入院，母亲感到将危及生命，已是来日无多。于是，她趁清醒的时候分别向弟弟何巍、儿媳王苗留下最后的嘱托。她说，父亲是非常重感情的人，她去世后，父亲不会再找老伴儿的。但是有一个人，父亲可能会接受，那就是他们大学的同学郁隽民。郁隽民是烈士郁华的女儿，郁达夫的侄女。1944年湘桂大撤退时，父亲与她一起逃难。他们先扒火车，然后又搭乘木炭燃料的汽车，从柳州辗转到贵阳再到重庆，直到把郁隽民平安送到家住重庆的姐姐郁风，姐夫黄苗子处。患难与共的经历，为父亲留下了对"郁同学"的良好印象。这让我想到了"千里送京娘"的故事。

知父者，莫如母也。如她所说的那样，对于母亲的去世，父亲悲痛至极。我看到父亲亲吻母亲额头时是那样深情；在家中陈设的灵堂里，父亲时常一个人一边凝视母亲的遗像一边落泪。办完母亲的丧事，父亲再次病倒了，因颅咽管瘤手术的后遗症，放射性同位素破坏了脑垂体，使父亲内分泌功能极

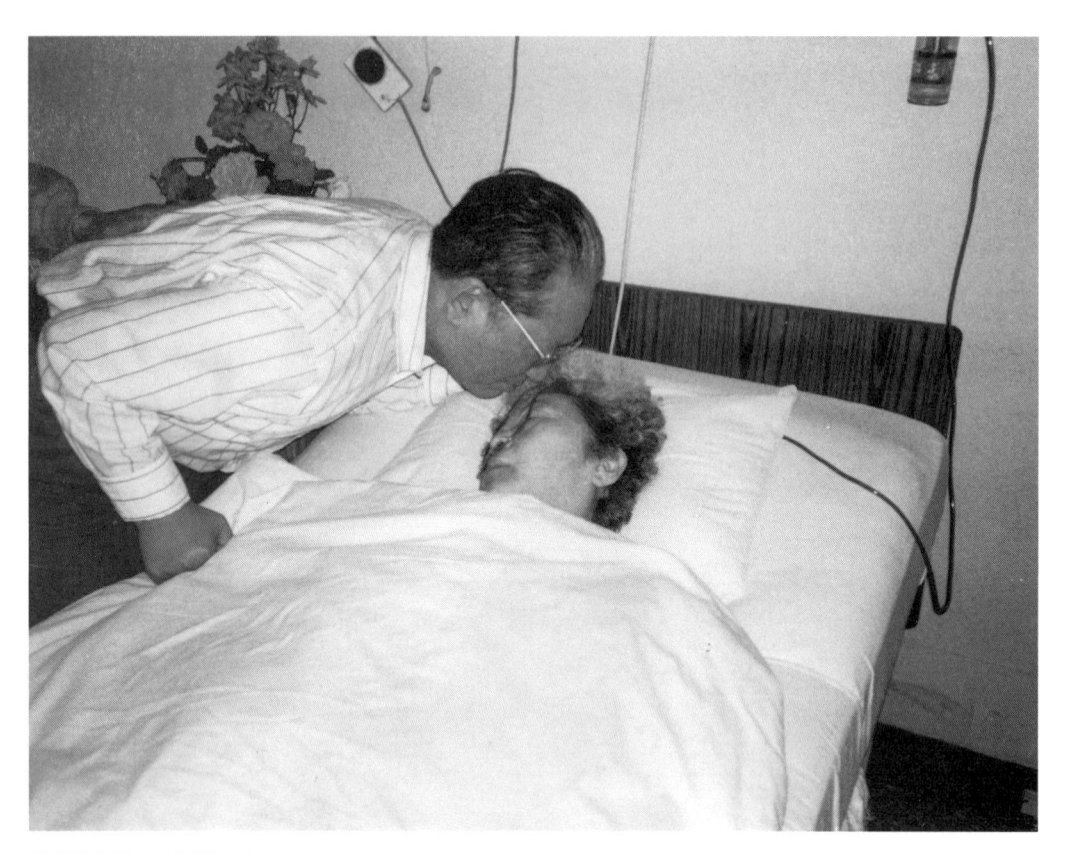

最后的告别——深情一吻

度紊乱,浑身浮肿,只好又住进了北京医院。为了接回儿子并领取毕业证书,我于6月下旬返回美国,王苗也随中国当代摄影协会赴美举办展览,将父亲留在医院由弟媳小兰照看。这是一件又让我后悔不已的事。父亲刚失去老伴儿,又在病中,最需要亲人陪伴时,我们却离开了他。一个月后回到国内,在医院见到父亲时,他抱着我大哭,让我十分震撼。我这才意识到,母亲走了,父亲的不幸有多么巨大。一个人事业再成功,官做得再大,也不抵亲情之重。

为了完成母亲的嘱托,我和王苗开始了寻找郁隽民阿姨的征程。我们打听到,郁阿姨从《中国日报》退休后去了美国,于是从《中国日报》前任主编冯锡良处拿到她的传真地址,由王苗先后发了两封信去联络,均未得回音。父亲的病情诊断清楚后,经服用应对内分泌紊乱的各种微量元素、激素药物,逐步恢复了健康,但是记忆力特别是短期记忆受到了损伤。

母亲去世半年后,许多热心人和朋友开始为父亲张罗新老伴儿。新兴的婚姻介绍所也找上门来,

1991年12月25日，缪希霞在中日友好医院最后一次过生日

说有好几位优秀的女士可供选择。我们试探过父亲，如母亲所料，他完全没有兴趣。记得在联系上郁阿姨之前的一年里，父亲唯一一次答应赴约，是因为"两院"的老同事，也是家庭世交何瑞源叔叔介绍的他的老同学，一位教英语的大学老师，家庭背景和经历与母亲有相似之处。但是在那位阿姨家里吃了一顿饭后，再不见父亲提起。看到父亲精神低迷的状况，王苗将母亲最后的嘱托告诉了父亲，并说我们正在努力寻找郁阿姨。父亲听后大哭，一边哭一边叫着母亲的名字："希霞，希霞，你对我真是太好了！"

终于，在1993年春夏之交，我们得到消息，郁阿姨要从美国回来了。她到京的第二天晚上，我和王苗就迫不及待地找上门去。当告诉她我是何康的儿子时，郁阿姨很吃惊。我们一一叙说了母亲最后的嘱托，并如实说明了父亲目前的身体状况。她听后很感动，答应考虑。我们兴冲冲回到家，父亲已上床准备睡觉。我们告诉他，终于找到郁阿姨了，她答应认真考虑母亲的嘱托。父亲高兴得一下子从床上坐了起来，连声向我们道谢。我们总算松了口气，心里更加想念母亲——这真是让母亲说着了。在

庆贺何康米寿（88岁），与老伴郁隽民在家中

父亲和郁阿姨相见之后，过了一段时间，郁阿姨同意和父亲共度余生。为了证明郁阿姨已是单身，王苗还专门去郁阿姨工作过的哈尔滨市，确认郁阿姨的前夫已经死亡，并开了个证明，带回京后帮父亲和郁阿姨办理了结婚手续。26年后，郁阿姨于2019年8月18日凌晨病逝。在郁阿姨的送别会上，我写了副挽联："少时同窗千里京娘留佳话，老来相伴廿载满堂红夕阳"。在讲话中，我说到了母亲的嘱托，感谢郁阿姨的相伴，让父亲在家庭、子女的温暖中度过了幸福的晚年。

此刻，我心中更加怀念亲爱的母亲。是你让爱延续，让你最爱的人能健康愉快地安享晚年。父亲一刻也没忘记你,他90岁生日时,我们在新落成的"禾苗居"里为他祝寿,他作了首词并写成巨幅作品挂在卧室里。这首《天净沙》最后两句是"朝阳夕霞,康乐兴旺人家",将母亲"希霞"和父亲"何康"的名字镶在词中,霞康朝夕相伴,永远是幸福的一家。父亲97岁时,身体日趋衰老,来日无多,但我们并不恐惧,因为我们相信,有母亲在那边等候,父亲不会孤单。我们也终有一天,会去和父母相聚,永远不再分离。

## 四、母亲与我们

母亲是缪家的长女,是缪、何两家的纽带。母亲不以父母得势而张扬,亦不以他们失势而颓丧,母亲与父母家人的情感始终如一,不因时代而变化。从她身上,我感悟到超越阶级的爱是做人本性的回归,母亲永远是我们的榜样。

**1. 母亲与亲人们**

外公缪秋杰是民国盐务的风云人物,对收回中国盐务主权和盐务改革发挥了关键性作用,但也因此仕途坎坷。外公早期在地方盐务系统担任领导时,与地方军阀如吴佩孚、刘湘、唐继尧等皆发生过冲突,被扣押、被排挤、被闲置;自1940年担任盐务总局局长后,因开罪国民党当局被免职,有三起三落的经历。但是外公始终是热爱国家、鼎新除旧的改革派,坚守专业立场,从来没有成为国民党的附庸。早年外公跟随盐务稽核所会办英国人丁恩,后又结识爷爷并成为挚友,受到现代民主共和思想的影响,与共产党也多有接触。1937年,外公在自贡扩建蜀光中学,聘请了南开中学校长张伯苓担任校董会主席兼校长。抗战期间,在重庆,张伯苓宴请周恩来,常常邀请外公作陪。也因这层关系,大伯、二伯从延安抗大毕业后,先后被派回国统区,由外公在盐务系统安排工作,便于他们从事地下活动。父亲兄弟三人还遵从董必武、叶剑英指示,成立了"特别党小组",长期隐蔽,作为党的一枚战略棋子。其间大伯进出延安,将边区花马池的盐外运,以换回药品等边区所需物资,突破国民党的经济封锁;二伯则在皖南事变后,参与转移新四军高层领导。这些都是在外公管辖范围内,给予他们活动便利而实现的。

1948年9月,缪秋杰因反对,将盐税附加税补充国民党党费,开罪当局,被中统特务诬告,第三

时任国民政府盐务总办的缪秋杰登临华山

远游良多艰　壮心未能已

缪家合影。前排左起依次为小妹缪希陶、父缪秋杰、母李碧生、缪希霞，后排左起依次为二妹缪希相（李涵）、弟弟缪希法、二妹夫石泉（刘适）、三妹夫王唐文、三妹缪希文

次被免职。根据中共中央上海局领导指示，母亲和父亲劝说外公不要为免职一事去打官司，而是要脱离国民党政府，等待新中国的到来。外公返回北平，后又由母亲陪同，从北平转移至香港，由中共上海局出钱，在香港石澳偏僻之处租房隐蔽下来。这些都是由母亲办理的。北平解放后，外公又在母亲及地下党的安排下，与梅汝璈等民主人士一起乘船回到北平，参加了华北人民政府的一些工作，如对尚未解放地区盐务系统的人喊话，配合解放。1949年新中国成立，外公被任命为中央财政部的参事。但不久，他因与盐商通信时，不慎泄露了政府要调盐价的信息而辞职。1951年"三反"时，旧案重提，外公被拘捕。母亲听此消息很着急，因为外公一直是由她劝说并安排回到北京的。爷爷为此专门给董老写信说情。董老回复："功是功，过是过，无法以功抵过，还是要按法律程序办。"最后还是判了刑，但在狱外执行。外公时年61岁，就此成为在家赋闲的老人，儿女和孙辈成为他新的精神寄托。

我是缪家第三代的长外孙，又出生在爷爷家，所以"集万千宠爱于一身"，是何、缪两家的宝贝。但我小时候一直跟爷爷过，而1951年年底出生的弟弟则与外公外婆相伴。为了让他们开心，母亲和

1950年，缪秋杰与长外孙何迪在上海

在北京的三姨尽可能在周末或寒暑假期间，带我们这些孩子去位于东绒线胡同 195 号的外公家玩。小姨那时还在上高中，有时她也带同学回家，和我们能玩到一块儿。我常在北屋与外公外婆、小姨挤着，睡在长沙发上。外公常陪我下象棋。围棋不会，我们就下五子棋——记得棋子是上品，用云南大理石做的。虽然外公不苟言笑，但透过高度近视镜片的目光却是慈祥的。当时还有个拉三轮车的车夫，叫聋子，经常是我坐在外公脚前，由他拉着我们上西单长安电影院隔壁的鸿宾楼吃饭；外公喜欢吃肥肉，常点"水晶肉"这道菜。

虽说外公当过盐务总局的高官，但并没什么积蓄，既要负担家人的生活开销，还要照应住在一个院里的二舅婆、六舅婆两家子，所以已工作的子女每月都给外公外婆月费。翻看当年的通信，除了讲月费怎么安排，就是谈物价，说票证，特别是在困难时期，外公把高价或是平价的猪肉、鸡蛋、糕点、粮油都写得清清楚楚。为了节省开支，外婆还自己养鸡下蛋。外公信中说："吃饱了的鸡 5 天可下三四个蛋，吃不饱的鸡 3 天只下一个蛋。"外公将当年盐务稽核时的本事用在了日常开销上，从过去日进斗金到后来锱铢必较，大材只能小用了。20 世纪 60 年代初，外公有时收到境外亲人寄来的罐头，他总要寄一些到海南与我们分享。我记得长方铁盒罐头里装的猪油，是我们全家的最爱。通信中更重要的内容是念叨第三代。当时东绒线胡同 195 号成了小孙辈的根据地。我的弟弟小禾，后有二姨家的小莹，舅舅家的小霞、小涛，最后是小姨家的小宏和小刚，都先后在这里长住过。特别是舅舅的长女小霞，1960 年出生在北京，从小就由奶奶带着，外公的信中描写道："小孩长得大眼小口，宽额长手脚皆像她母亲，但秃顶则像希法。从不啼哭，吃饱就睡，醒时则东看西看，可静静地看一小时，也不闹不哭。三妹的小孩来家都摸摸手摸摸脚，十分喜爱她。她也眼看着她们不哭不闹。小莹来京又可多一个好朋友矣。"（1960.7.5 信）

可惜这种平凡但还安稳的日子也过不长久。1964 年 12 月 12 日，外公中风，瘫痪在床。记得 1965 年秋，我陪爷爷去京城四大名医之一的施今墨家看病，巧遇同来问诊的李宗仁夫妇。当他们听说隔壁院住的是外公缪秋杰时，执意要去探望。看到李宗仁拉着瘫卧在床上的外公的手，外公却只能点头示意，完全说不出话来，我顿生"英雄末路"之感。

真正的末路是"文革"的爆发，"红卫兵"抄了外公家，值钱的东西都被拿走，其余的付之一炬，其中包括母亲寄存在外公家中的相册和她从 1949 年中华人民共和国成立起集下的全套邮票。母亲爱照像，她的老照片全都因此毁掉了，现在看到的老照片大都是从二姨、小姨及何家收集来的。外公虽然瘫痪在床上，口不能言，"红卫兵"也不放过他，甚至拿开水浇烫他。据外婆说，外公的倔脾气上来了，拒绝进食，绝食而亡。

母亲只身在海南，天天看着父亲挨批斗，对娘家的这些事情一无所知。外公去世后，外婆和六舅婆被轰出老宅院，在旁边胡同里的一间小屋栖身。三姨给二姨的信中描述了当时的情况：外公死后，由聋子送去火化，对于剩的二老一小（外婆、六舅婆和小霞），街道"很想把包袱推出去了事"。平时买菜、做饭、洗衣，外婆尚可自理，"困难的是没劳动力，烧的煤，煤铺不管给她们送，只好每天带小霞去买几块蜂窝煤，多了拿不动，拿一次烧两天。冬天用多了就更成问题。"两位老人之间也时有矛盾，六舅婆认为自己没罪过，都是跟外婆、外公倒了霉，除了仍保持抽烟喝茶的习惯，还要让外婆买菜、买煤、做饭、扫地。外婆向三姨抱怨在外受气，在家还要受六舅婆的精神虐待，说着就掉泪。6岁的小霞更因抄家时受了惊，常常吓得哭，与外婆上街，小孩们也骂她，因此怕得不敢出去玩。面对这种状况，三姨只能从旁疏导，让外婆看"老三篇"，正确对待。现存了封外婆给二姨的亲笔信，她写道："有三四十年没写过信，提笔忘字，眼又花，小点儿的字也看不清楚，给你写的信二十多天才写完。"在被赶到了川店胡同5号一间房住后，街道革委会问她好不好，外婆写道，"我说心中非常愉快，我说几十年的旧包袱丢掉，快打破四旧，大立四新，新的革命时代，每一个人都要彻底革命，应当努力。我虽老应当学习毛主席语录，每天都看'老三篇'。"（1967年1月5日）。多亏三姨和苗苗、蕾蕾、菓菓常去探望，每月送去月费，外婆家方能维持生活。1968年6月，身患高血压病休息在家的三姨也被勒令到学校隔离交待问题，性格刚烈的她跳楼身亡。一个月后，外婆也随之而去。两年内，外公、外婆、三姨都走了，走的干干净净，连骨灰都没留下。

从1966年年底母亲给二姨的信来看，只说接到三姨的来信，但只字未提外公的死，可能是三姨不愿给远在海南的大姐增添更重的精神负担。母亲反倒劝说二姨："我们过去一直养尊处优，资产阶级烙印是很深的，又是一帆风顺，若不经历这样大规模的群众运动，这样深远的无产阶级'文化大革命'的冲洗，是很难触动灵魂深处及彻底改造的。虽然受到党的多年教育，但是世界观并未完全转变，怎么能不犯错误呢？"

亲情是割舍不断的，我目睹了母亲得知三姨跳楼身亡时的悲痛情景。三姨人死后还被扣上了"台湾特务"的帽子。1947年，三姨抱着投身革命的热情，跑到解放区，组织上得知她的家庭背景后，将她派回北平，但接头人没有及时来联系。当时她去解放区的消息已为一些亲人得知，为安全考虑离开

1952年，在东绒线胡同195号缪秋杰家中合影。右二为何康，左一为抱着1岁的王苗的缪希文

北平，去投奔在上海的父亲。母亲担心因此暴露上海地下党的机关，遂将三姨送往台湾暂避一时。没想到20年后这竟成了陷害三姨的罪名！我猜想，这亦是后来母亲对三姨的三个女儿特别关心，且没有坚决反对我和王苗恋爱、结婚的缘由之一吧。

"文革"结束后，根据党的政策，由母亲牵头，开始了索回外公在东绒线胡同195号的旧宅，追要被抄家充公财物的漫长历程。在母亲和缪家亲属的努力下，旧宅问题终于有了个结果。

在分配售房退赔款项、补偿房屋时，又充分印证了达叔对母亲的第三条评价："事事显示了做大姐的风度"。在征求了二姨、舅舅、小姨和王苗、王蕾、王蓁的意见后，母亲主持召开了两次家庭会议，做了详尽的账目及会议纪要，最后进行了公平的分配。母亲并不因费心费力多年的追讨而多拿一分钱，而是提出要重点照顾病中的舅舅、经济条件薄弱的小姨。王苗、王蕾、王蓁也主动谦让。

分配完钱物后，母亲建议在售房款中留下2万元，用于购买一块墓地，好让在"文革"中去世的

第四章　终身伴侣

1989年12月30日，缪氏家族墓穴安葬仪式

外公、外婆、三姨有个安息之地。还是母亲牵头坐镇，由二姨和王蕾首先探访，终于在福田公墓建成了一处永久的缪家墓园，让已故的亲人们入土为安。1989年12月6日，全体家人亲友参加了隆重的葬礼，将外公、外婆、三姨的纪念物品送入墓室。同时安葬的还有1979年去世的三姨父以及英年早逝的第三代中王蕾的丈夫梁其望，缪家的子孙故去后可到这里与亲人们团聚。1990年，母亲亲自协调，帮助吴石将军的子女选择了福田公墓安葬其父母。2008年，我们决定将爷爷的骨灰也从八宝山革命公墓取出来，并排紧邻着修建了爷爷何遂、奶奶陈坤立领衔的何氏家族墓，使何遂、吴石、缪秋杰这三位生前为中华民族的民主共和、独立富强奉献一生的挚友，死后也能永远为伴。这里已成为我们祭奠亲人、缅怀恩情、追寻崇高精神的地方。每年去扫墓，我们都不禁感谢母亲当年的决策，因为这里不仅仅是墓地，还是凝聚一代代后人的纽带。

母亲作为家中的大姐，不仅顾及弟妹，更将她的爱心施于下一代。爱之深、情之切，至今我们仍

缪希霞最关爱的弟弟缪希法来京，抱起昭昭

能感受到她延续下来的温暖。

母亲和二姨最是亲密的，她们之间无话不说，既是姐妹，又是闺蜜；母亲对三姨是牵挂，常常担心她爱憎分明、刚烈冲动的性格易挫易折；母亲对小姨是关爱，因她简单淳厚，又在四川铁路基层工作，生活条件较艰苦，母亲给予了她更多的疼爱；而舅舅作为缪家唯一的男孩，从小就是母亲及全家的宠儿。因为我和舅舅在海南"两院"有过共同生活的经历，所以关于母亲对舅舅的宠爱，我体会得特别深。

1955年5月，舅舅从北京农业大学毕业，被分配到了华南热带作物科学研究所，成了父母的同事和下级。他追求进步、积极向上，但毕竟受宠惯了，不时会发少爷脾气。舅妈屠宁学者家庭出身，是长女，性格特别耿直，往往说话不留情面。在"两院"时，舅舅和舅妈经常吵架，有时吵急了，舅妈会半夜三更敲我家门，让母亲来评理，因为她相信大姐能主持公道。但在我们小孩儿看来，这很给父亲丢面子。舅舅跟外公一样，好吃，又爱喝两口。在困难时期，母亲收到外公寄来的食品，总要分舅舅一份。有件事让我至今记忆犹新。1974年，我回家养病，父亲已调到位于海口的广州军区生产建设兵团司令部工作，生活条件比在"两院"时好了很多。有一次我搭便车去"两院"玩，同时也去看望舅舅。车要开的时候，母亲端了一锅炖肉跑过来，锅里还冒着热气——让我带给舅舅解馋。我心里老大不高兴，并不是因为要端着一锅炖肉颠簸150公里，而是觉得母亲疼自己弟弟没有底线，把舅舅惯坏了。

其实舅舅工作上很努力，特别是在橡胶木材的综合利用上作出了很大贡献，从不因有父母这层关系而在"两院"得到特别的关照，反倒是要求以身作则，对自己更为严格。直至1980年他因中风瘫痪，失去了工作能力。舅舅在"两院"工作了25年，工作上也很有成绩，但仅获得副研究员的职称，行政上也无官职，导致病后的待遇上差了一大截。倒是舅妈后来让我们刮目相看。舅舅中风，耽误了救治，导致失语，生活不能自理。老跟舅舅吵架的舅妈完全变了一个人，日夜服侍。她不放心请人照料，便一直亲力亲为，任劳任怨，直至2006年舅舅去世，整整26年，令我们由衷地敬佩。我想，其中也许有她最信服的大姐——我母亲的影响。除了艰苦创业时期的同甘共苦，更有母亲在得知舅舅中风后，让当医生的小禾飞往重庆，用担架把舅舅运回北京，亲自安排医院，进行康复治疗。前后几个月的时间，都由母亲操持。舅舅出院后，母亲将和平里家中的客厅改为临时病房，让舅舅、舅妈居住。最后母亲、小姨与父亲的秘书孙翔亲自护送舅舅到湛江，等一切安排妥帖之后母亲才返回北京。在分配外公家的退赔财产时，母亲特别多为舅舅留取现金。为了节省汇款费用，母亲还亲自前往湛江将现金交给舅妈。就

"文革"后重聚于广州的亲人们

在母亲去世的前两年,尽管身体状况已经很坏了,但是她仍挂念舅舅,专程去湛江看望他们一家人。

## 2. 母亲与我们

父亲曾写过一个对联:"平生憾事无一女,膝下承欢有二男。"1945 年 10 月 10 日,父母在重庆北碚结婚,一年后(1946 年 12 月 1 日)我在南京出生。当天父亲给二姨的信中写道:"二姐,您再也想不到我这么快就做父亲了吧。……我到产房门口,护士不准我进去,隔门就听见大姐凄厉的叫声。我在走廊上徘徊,走不是不走也不是,一声声呼痛声,真让我肝胆俱裂,内心感触万分,忍不住流下泪来。苦难,苦难,多少生命假您新生!只有十分钟的光景,呱呱地有了洪亮的孩子哭声。我担心母子的身体,好不容易抓住一个才从产房出来的护士。护士说,'男孩,母子都平安,孩子有 2710 克。'几句话

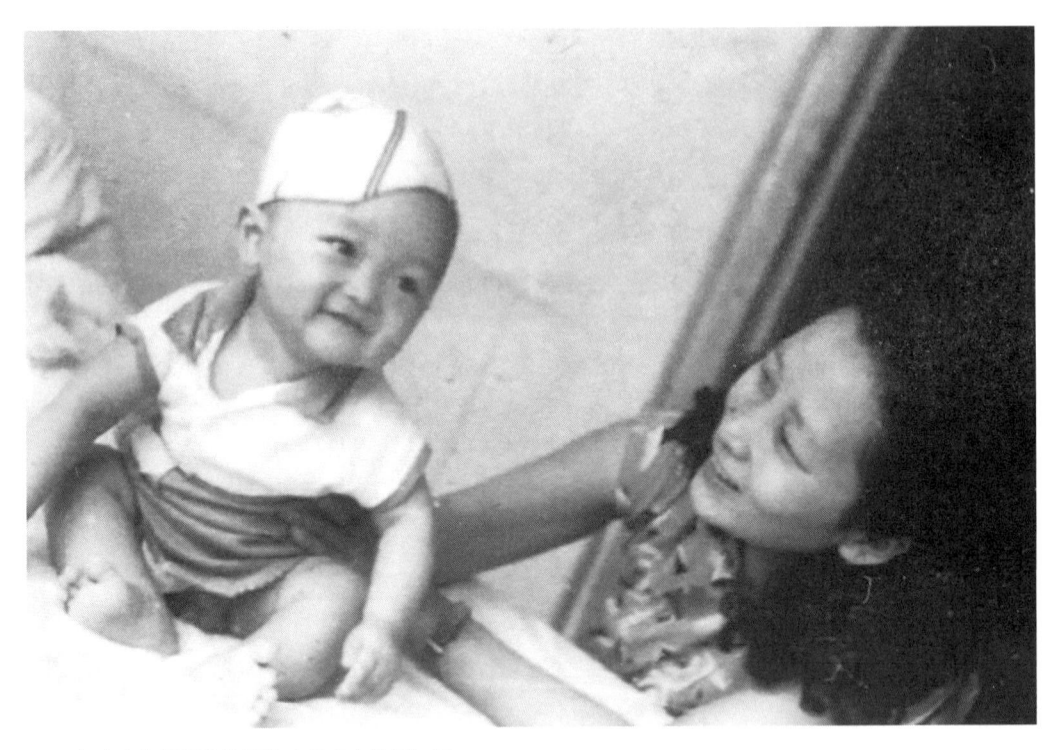

1947年在上海愚园路俭德坊2号家中的母与子

使我放下了一万个心,像是一个拉紧的弹簧,一下子relaxed了。过了一会儿才允许我到产房去看。您姐姐脸色苍白,一点力气也没有了。孩子又红又白,真像个小怪物,还长了一头漆黑的头发,真是谢天谢地。"在信的结尾,父亲写道:"从今(往)后我们的肩上又加上了一副为人父母的担子,人生的路纵然坎坷,我们还是要一步步地走去。"

1947年,我们全家搬到了上海,住进愚园路俭德坊2号。那是一栋带阁楼的独立洋房,据说母亲爱抱着我在二楼她的住房窗前拍照。瑞明公司是上海地下党的经济机关,俭德坊2号则成为上海局领导的重要据点。当然,这都是我长大了以后才知道的。只记得我小时候爱用小手指到处捅,晚上由父亲的奶妈高奶奶带,用两个指头捅着高奶奶的鼻眼才能入睡。捅鼻眼就罢了,还爱捅电门,邓伯伯拿着我的小手在弱电电门上电击了一次,我才改掉了这个坏习惯。儿时上海的记忆只留下一星半点,还都是与生病有关。上海解放后,我被送到华东机关幼儿园,三天两头发烧,打青霉素打得屁股都化了脓。母亲带我到医院动手术,至今还留了块疤。六岁半到北京上小学,一、二年级是住校,到三年级才转到和平里的小学,可以天天回家,与父母在一起。除了记得父亲买了《西游记》《三国演义》《水浒传》的

第四章 终身伴侣

儿童版及小人书，让我养成了读书的兴趣外，我也没有留下更多的童年印象。

1957年年初，父亲南下广州，我又被送到育才小学读四年级，周末去爷爷家居多。1957年夏随父亲到广州，在华南农学院附小上五年级，自然课老师用广东话授课，我根本听不懂，学期末我这门课考试不及格。1958年，我随"热作所"来到海南儋县，在"热作所"仓促开办的小学里读六年级，因六年级只有我和另外一个孩子，所以与五年级的孩子混班，在一个教室上课。课堂在草棚里，有一天草棚顶上掉下一条竹叶青蛇，大家都吓了一跳，幸亏是掉在了课桌上。我小学六年上了五所不同的学校，谈不上打下了好的基础。看到现在的孩子们上各种课外班，父母希望不输在起跑线上，累得贼死，我们那时哪有这样的条件！随后初中三年，我先在十几公里外的县城那大上初一，后"两院"创办了华南热带作物学院附中，我们得以"回家"上学。与"两院"一样，附中也是草棚上马，到我初三毕业时才盖起了砖房，如今已成为海南省的重点中学。

正如董老诗中言："作始也简，将毕也巨。"频繁转学，学校的条件也参差不齐。但是在"两院"的初创阶段，父母的言传身教给了我课堂里学不到的东西，塑造了我的性格，坚定了我的信仰。他们成为我终身受益的榜样。

在习惯养成方面，有件事令我终生难忘。那是1961年，在离开北京4年后，父母商量让我暑假回去看望爷爷和外公，并有机会接触一下城市生活。母亲正在北京办事，到北京后她给了我5元人民币，作为我整个暑假期间的零花钱。一天，小叔仲山、小姑何敏及二伯家的

1956年，在京全家合影

20 世纪 50 年代，在北京东绒线胡同老宅子家中合影

两位堂兄陪我逛颐和园。我年岁最小，却充起了大头，划船、吃冰激凌、买零食全由我买单，一下子花出3元多，回家后还向母亲夸耀我如何大方，非常得意。没想到母亲批评我，这么小的年纪就乱花钱，大手大脚。我不服气，和母亲吵了起来。爷爷听到后想过来劝解，但听完原委后，站到了母亲一边，批评我"一个正在读书的小孩子，怎么可以拿父母的钱去充大头，这种好虚荣的思想很不好，要不得"。从不对我说重话的母亲和向来宠爱我的爷爷都批评我，戳到了痛处，我不禁大哭起来，把自己关在小屋里哭了整整半天，从此爷爷和母亲的教诲铭记在心间。自那以后，不管赚了多少钱，我对自己都约束得很紧，没有挥霍的习惯。更重要的是，我不慕虚荣，养成这种品质的最重要的一课是母亲和爷爷给我上的。

由于热作学院附中没有开设高中部，1962年初中毕业后我又转去北京参加高中入学考试。到北京一看应考的科目——语文、数学、政治三门，有近一半的内容我都没有学过。在仲山叔和敏姑的帮助下，我用了十天工夫恶补、押题，没想到考试时还真派上了用场。至今我仍记得，政治考题中有"毛主席的井冈山红色政权为什么能存在"，语文考题中有《晏子使楚》的古文今译，数学考题中有道几何题不会做，我写了"在海南读初中时没开几何课，所以答不上来"。考完后，我不认为自己能考上，父母也这么认为，于是他们商量如何托张执一伯伯或农垦部领导，让我有机会在北京复读初三，第二年再考。放榜那天，仲山叔、敏姑怕我受打击，特地带我上颐和园散心。回爷爷家时，通知书已到，打开一看，居然被四十一中录取了。这是我报的第三志愿，四十一中虽然历史悠久，由北平平民中学更名而成，但在我心目中只是个中等学校。为了将来能考上一流大学，自高一起我就玩命式地学习。说"玩命"，其实就是"开夜车"，除了应做的作业外，我还额外地多做课外题，经常做到夜里十一二点。高一下来，除了体育一门4分外，从平时成绩、期末考试成绩到总成绩，我门门都是5分，一本成绩册满是"5"字。父母对此十分高兴，父亲来北京开会，带我去看望农垦部的领导时，总让我带上成绩册。可惜好景不长，读高二时，我就因为失眠服上了安眠药。那年的秋天，下乡帮老乡麦收，回来后我发高烧不退，被送进了人民医院。当时被医生诊断为心肌炎，必须卧床休息。在北京开会的父亲有空就到医院看我，并向在海南的母亲报告病情。父亲希望母亲安顿好上小学的弟弟后能到北京来照顾我。

我小时候留下的与母亲在一起的记忆，大部分与生病、上医院有关。从幼儿园时屁股上动手术，到高一时得了鼻窦炎，母亲带我上北大医院做鼻穿刺，再到患上心肌炎，但后来才确诊为是迁延性肝炎（其实就是乙肝）。母亲在京办事的同时，主要是带我求医。西医找了黄家驷，中医看了关幼波、施今墨，

1964年，何迪养病期间，缪希霞来京陪伴

可算是顶尖的名医了。除了名医，母亲还带我看江湖郎中。有一位天桥的家传民间中医，擅长开大剂量的中草药，母亲去抓药，一剂中药足有现在的小学生书包那么大，得用炖鸭子的砂锅来煎。总之，为了我的病，母亲没少求人，比她自己看病还要上心。高二休学一年，专心治疗休养，但病情时好时坏，总是无法痊愈。"文化大革命"爆发后，顾不上治病了，便只能与病为伴，该干吗就干吗。直至1968年秋天，从海南回京后无家可归，我在转氨酶高达800U/L的情况下到山西插队。"文革"期间，被扣工资的父亲一月才发20元生活费，母亲则自动降薪，估计两个人一个月总计也就百十来元。但母亲还是从中挤出钱来，隔几个月就汇三五十元给我，让我们（包括王苗、王蕾在内）能一个月进一次临汾县城，改善一下生活。我在农村两年，所挣工分第一年分了3元多，第二年涨到了5元，全靠母亲从他们有限的生活费里给我寄钱，我们在农村的生活才得以维持。

尽管如此，我还是因病于1970年年底回了北京。同去插队的中学校友有的返京进了工厂，有的

"走后门"当了兵,剩下我无着无落。当时已去当兵的江海清、江海平的母亲顾秋阿姨也为我联系了当兵的门路,要求填张家庭情况表,由父母的单位"两院"出个证明。我将表格寄去海南,父亲仍在"牛棚",未获"解放",表格自然无法填写。我的心情沮丧到了极点,病退时,还想着病好些了,我还要回村,继续走与工农结合的道路。现在,相熟的同学都走了,回村似乎不再现实,留京的前途亦未可知。为此我写信回家,可能有些抱怨,觉着父亲未获"解放",影响了我的出路。现在只留下一封母亲于1971年1月17日给我写的信,她写道:"看了你的信,心里有些难过,不是滋味。这也是对我们的考验,我们自己把事情看得很简单,但别人看得较复杂。""爸爸很坦然,旧社会的关系复杂是客观存在的,但未做过坏事,经得起审查。……不要着急,'蓄之愈久,其发必速',爸也说若着急便容易产生不满情绪,那就不好了。从思想上要做较长期的打算,再拖一二年总会搞清楚,总比挂起来好。……说来说去爸的问题未最后解决,使你也受到影响。可是又有什么办法呢?不能有怨气。"她还劝我在肝功正常、体力许可的情况下,"可适当找些事做,譬如到街道上参加点活动也可以。不要以为做了社会青年就不好看"。母亲的话击中了我的要害。其实回农村、去当兵都不现实,我的身体状况根本承受不

1975年一家人团聚在建工部大院甲五楼

第四章 终身伴侣

了，要害就是"面子"问题，虚荣心在作祟。1971年元旦，父亲被发配到了阳江大山里去拉木头，弟弟被送到八一农场锻炼，家里就留母亲一人过年，我还写信抱怨，让母亲心里难过，怎么过这个年？

1971年夏，我将户口转回北京，被街道分配到了西城区月坛装订印刷厂当工人，与一帮老大娘为伍。工具是一个小竹板子，每天用它叠小人书的纸页，以供装订，生活过得极无聊。这时王苗因患急性黄疸型肝炎，也被病退回京，痊愈后闲待在家，也没有工作。两颗寂寞的心碰在一起，迸发成了爱情。

三姨打小就疼我和小禾，我与苗、蕾、菓又常在外公家一起玩耍，就像大观园里的贾宝玉与林妹妹、宝姐姐，兄妹们相处得很好，不可能产生恋爱的念头。1968年6月三姨跳楼自杀，那时王苗才17岁，随父亲去收尸。10月，她带着15岁的二妹王蕾到山西临汾插队。由于三姨父被打成"走资派"，三姨被戴了顶"台湾特务"的帽子，她们在村里受到歧视，不让参加民兵。有一次，她们去沟里拍雪

1976年4月17日，何迪和王苗在海口父母身边有了温馨的家

景，被正在"深挖洞"的28军军部的人发现，收缴了相机，并将此事上了县里的通报，让提高警惕，防止敌对分子窃取军事机密。王苗非常坚强，作为长女，家有体残多病的父亲，还有两个年幼的妹妹，对内要"穷人的孩子早当家"，对外要承受歧视与压力。她的境遇比我难多了，让我深感同情。我俩一起插队过两年，又同时体会着"文革"中社会环境的压抑，还同被病退回京，前途未卜，在苦闷中需要相互慰藉，陷入恋爱实有那个时代的大背景。没多久，我们的恋情就遭到了二伯伯等长辈的反对，理由是近亲不宜结婚。我则以不愿再伤害王苗为由坚决不退让，最后只能由父母作出裁决。1972年年初，父亲获得解放，正在等待分配。于是父母在时隔六年后，先后回北京探亲。他们没有反对我和王苗交往，只提出了一个条件，说要考验三年，如果我们的感情是认真的、严肃的，他们就不反对我们结婚。我知道母亲对苗、蕾、菓三姐妹非常疼爱，特别是她们自幼失母，更需要母爱。这三姐妹如同上一代的缪家三姐妹，大人们如是说，她们自己也相信。苗最像大姨，蕾像二姨，菓则随她妈——三姨，所以母亲一直视苗如同己出，对于苗做儿媳内心并无抵触，未来的婆媳关系更不会出现任何矛盾与不快。

经受了三年的考验，我与王苗终于在1976年4月17日于海口登记结婚，只有父亲、母亲、王蕾和父亲的老秘书王永昌，加上我们俩，一共六人，吃了顿饭，算是办了"婚宴"。蜜月旅行后回到北京，住处也成问题，四室的单元房已挤进了另一人家，新婚的我们没有新房可住，母亲、我、苗、菓四人不得不挤在里屋由两张单人床拼成的大床上。即便是这样的日子也没过上几天，1976年7月唐山大地震就爆发了，我们都搬进了地震棚。

刚熬过天灾地震，家中又爆出"地震"。王蕾由广州回京探亲，后娘（也是四表姨乔某人）故意不安排她在家的住处。长期积累的矛盾一下子爆发了，我与苗、蕾、菓动手把四表姨痛揍了一顿，引起了三姨父的反感，家庭关系僵化。幸亏同学梁其望施以援手，让我和王苗暂住到了他母亲家二室一单元的简易楼中。为了庆祝有了落脚之处，我们当晚还买了螃蟹大吃了一顿。没想到已经怀孕的王苗突然夜里肚子疼痛难忍，当时真把我吓坏了，天刚蒙蒙亮就赶到七表婆柳璇家。她是有名的妇产科大夫，我去得太早了，只好蹲在马路沿上等到天大亮了才去敲门，所幸王苗无碍。母亲得知此事后，立马从奶奶家赶来看我们，并安慰王苗，我们顿时觉得有了主心骨。1976年对国家而言是极为重要的转折之年，对我们的生活境遇而言也是大转折之年，有苦有乐，苦中作乐，因为有母亲和我们一起共渡时艰。

1977年6月28日，王苗在广州一九七部队医院生下了儿子何昭。一个月后，王苗回北京到文物出版社上班，我还在东城区仪表一厂当工人，只得把儿子留在广州，长到一岁多才和我见面。母亲担

1977年夏，母亲在广州成了幸福的奶奶

负起照看孙子的全部责任，操持着孙子每日的吃喝拉撒睡。时在广州的王蕾积极配合，精心养育我的儿子。

自从做了奶奶，在写给我们的信中，母亲起码有一半多的内容是在报告何昭的情况，随寄的都是何昭各种小模样的照片。1977年年底，父亲出访非洲，回国后就被留在了北京。1978年年初，父亲被任命为农林部副部长。母亲不放心留在广东农垦总局供销站工作的王蕾和正在海南实习且即将毕业分配的弟弟何巍今后的安排，因此仍在广州留守了大半年，直至王蕾对换户口回京，何巍被中医研究院西苑医院接收，母亲才放心地到农林部计划财务司报到。从1957年南下到1978年北上，一家人总算团聚在北京，父母有了儿媳，还当了爷爷、奶奶。

我在1977年考上了中国人民大学，1978年春入学，时已31岁。经过10年"文革"，国家百废待兴，我们则是要追回失去的青春和时光。除了上课读书外，我还参加了很多社会活动，在就学期间已开始独立研究，撰写论文，忙得不可开交。王苗先在文物出版社，后调到了中国新闻社，拍摄任务不断。她到

1986年2月，缪希霞亲自送何迪到机场赴美访学

敦煌拍石窟，一去就是两三个月，更别说短期的外出采访了。即便在家，她常常也是高朋满座，都是她在"四月影会""当代摄影沙龙"等民间摄影组织里结识的摄影界同行、艺术界友人。和平里的家，就变为我俩活动的场所。20 世纪 80 年代初时兴跳舞，我们并不擅长，但家里有个大客厅，逢年过节也在家中举办过两三次舞会。夜里低音喇叭震响，影响了父亲的休息。母亲曾写信给二姨抱怨，说吵得他们睡不了觉，何昭发烧也不管，家里所有的事全由她操劳，有时我还和她顶嘴。即便母亲心里别扭，但她从来没有责怪过我们一句。父亲更是以事业为重，支持我们全方位发展。在"四月影会"展览遭到非议时，父亲和母亲还去参观过，以示支持。1986 年 2 月，我赴美作司徒雷登秘书傅泾波的口述历史，任务完成后转为访问学者，在美国一待就是两年，后来又于 1990 年至 1992 年再次赴美当访问学者并攻读硕士学位，又是两年。王苗则调到了香港中国旅游出版社当记者，在 1992 年担任这家出版社的主编、副社长，中间只在 1989 年回北京一年，前后在香港工作了 30 年。何昭自然又丢给了母亲。如今我们事业有成，皆来自有坚强的后盾，这后盾就是父母。特别是母亲，长期以来以她年高体弱之躯，

督促、教育孙子的学习，成了母亲辛苦的日常工作

撑起了这个家,也撑起了我们。

儿子何昭自出生就跟着奶奶,王蕾给起了个外号,叫"小捣蛋"。这头一个孙辈也是缪氏家族里令人最瞩目的明星,他的趣闻和照片经常要转到武汉、成都和湛江。何昭和我小时候一样,很容易感冒,一发烧就得送医院输液,小孩胳膊的血管不好找,都是打头皮,小脑袋瓜上扎根输液针,看得让人心疼。王苗一年有半年在外出差,照看"小捣蛋"的任务就全落在了母亲身上。我上学有宿舍,但四年中,我在宿舍就寝不超过7天,天天下课从位于海淀的人民大学骑车回和平里的家,希望能帮母亲多少分担一点。特别是在儿子生病住院打吊针时,能和母亲、保姆轮流替班。何昭7岁时,就近上了和平里四小,督促学习就成了母亲最操心的事。我脾气急,看着儿子不听话,就想来硬的,而母亲从未动过他一根手指头,总是哄着、劝着,实在精力不济时,就去搬救兵,让在天津的小姨来北京凑把手,帮着管教孙子。我们1986—1988年出国的两年,只得把何昭托付给小学班主任刘老师照管,他平时就住在刘老师家,周末回奶奶家。但经常要与刘老师沟通,又费了母亲不少精力。为了弥补不能照看儿

1986年10月,全家乐游北京植物园

位于和平里 3 号小院，是母亲为大家守候的安乐小窝

子的缺憾，我们常以买各种玩具作为补偿。母亲从《参考消息》上看到一则报道，特抄给了我们："玩具就像水一样，可以载舟也可覆舟。玩具太多易使孩子养成散漫的个性以及喜新厌旧和见异思迁的缺点。""由于你们二人都不在家，对他总觉得有点内疚，所以就想多买点玩具来弥补。信上总是问他要什么玩具，他也是写信就是玩具，现在脑子里老是打仗，要消灭这个、那个的，他长大了要上战场英勇牺牲，画画尽是古战场。所以暂时不给他买这类玩具为好。"（1987.5.4 信）我小时候多是在爷爷家，父母忙于工作，管教时间有限，由高奶奶带着的时间居多。到母亲老了，却担起了管教孙子的全部责任。从身体健康到学习成绩，还要考虑寒暑假怎么让孙子过得愉快，又得经常写信通报情况，以释我们的担心。从 1977 年何昭出生到 1992 年母亲去世，母亲照看了何昭整整 15 年。

老年团聚常欢乐，左起依次为何康、韩蕴、何世平、缪希霞、何嘉、邓裕民

1991年10月，王苗为父母所拍的最佳合影

### 3. 继承善良，传递爱心

我 73 岁时，正值母亲去世的年纪。可以告慰母亲的是，现在我们一家安好，您的挚爱——我的父亲将迈入 97 岁的高龄，我们期望他能向百岁进军。您亲手带大的孙子何昭已成家立业，他的儿子何昶 10 岁了，聪敏好学、成绩优异。让您挂心的小禾、小兰与昕昕在美国置业安家，于中美两地穿梭，生活安定。上一辈的达叔、小姨和舅妈都已年近 90，身体仍然康健；仲山叔与敏姑也儿孙满堂，家庭幸福。您所挂念的下一代中，二姨家的小莹、小赵，三姨家的蕾蕾、菓菓和中选，舅舅家的小霞、小涛和小蕾，小姨家的小宏和小刚都家庭美满，虽大多已退休，但生活质量今非昔比。孙辈们也都成长起来了，其中有您见过的壮壮、田田、玉峰、赵妍，还有一些未见过的……他们都能自立自强，细数下来，没有一个给您丢脸的。

妈妈，在您的百岁诞辰之际，我们大家聚在了一起，思念您，回想您对我们的好！您作为缪家的大姐，缪、何两家的纽带，上尊老，下爱幼，生前将这个大家庭凝聚在了一起，逝后也给我们留下了团

缪希霞生前最喜欢的也是最后的纪念照

聚的归宿。这种凝聚力的背后是您的善良。您不仅做到了"己所不欲，勿施于人"，而且将爱心广施于人，家中老小没有一人未得到过您的关爱和帮助，您对亲人的爱无私而彻底。

人老了，总爱想当年，做反思。在我成长的过程中，父亲给了我追求事业的理想与坚定，对人生乐观与豁达的态度，而母亲则给了我一颗善良的心。我深感庆幸的是，生长在一个充满着爱的家庭，"仇恨的种子"在家中没有发芽的土壤。"文革"结束，改革开放，放弃以阶级斗争为纲，强调经济建设与社会和谐，打开国门，参与全球化进程，时代的变化也促使我们的思想升华。 对于人性善、人性恶，两三千年的争论让我有了自己的认识："性恶"需要用法律、用制度去制约，而"性善"则要靠精神、靠信仰去培养。以善良替代邪恶，人际关系将变得简单而纯洁；以友爱替代斗争，社会将变得更加和谐与稳定。真善美没有国界，它是人类社会所追求的最高境界。

母亲用她的一生，为我们做出了最好的榜样。在成长的年代，让我们较少受到"阶级斗争"、仇恨教育的影响；在改革开放的年代，让我们能从狭隘的民族主义情绪中解脱出来，接受与拥抱人类共同的价值。这不仅仅提高了我们生活的质量，也提升了我们生命的价值。

缪、何两家百年来为了中华民族的独立、民主与富强而奋斗的优良传统会代代相传，牢记善良是做人的根本，爱心是凝聚家庭的纽带。这一定是母亲最大的期待，也是我们对母亲最好的纪念。

第五章

# 地下工作生涯

# 解放战争时期的何遂

何世庸、何康、何嘉口述，何达整理

1946年下半年，蒋介石撕毁了《政府与中国共产党停战协议》和《政府与中国共产党讨论和平问题的共同声明》，悍然发动了对解放区的全面进攻。此时，刚从广西大学农学院毕业的何康回到南京家里。他感到局势骤然变化，害怕丢失和党的关系，便冒险去了梅园新村。董老（董必武）看见他，用责备的口气问："你怎么跑到这里来啦？"何康讲了自己的心情。董老向他介绍了形势，说全面内战已经爆发，自己即将撤回延安；叮嘱何康注意隐蔽，在家里等着，会有人和他联系。不久，联系人带何康去见了钱瑛和钱之光。钱瑛告诉他，董老已将他们兄弟三人（何世庸、何世平、何康）和党的关系交给她，并让他们随她一同转至中共中央上海局（钱瑛是上海局委员、组织部部长）。

## 一、完成一次转变，做了一次桥梁

何遂当时认为，全民族抗战八年，老百姓受苦受难，国家破败不堪，需要休养生息；蒋介石非要打内战，是逆天悖理，他已经把蒋介石看透了。何遂有个突出的长处，就是在政治上敏锐而清醒，从善如流，他此时已从不满蒋介石发展为反对蒋介石，从同情支持共产党发展到愿意为共产党工作。这个转变和他的家庭是分不开的。何遂的家庭非常特殊，表露在外面的是温馨而团结。团结的政治基础是他所有的成年子女不是共产党员就是坚决跟共产党走的激进分子（女儿和媳妇此时尚未入党），清一色，无一例外。别人要找共产党可能要费点周折，但他不用；如果从前是他的爱国、正直、真诚影响了子女，那么现在就是一个个成熟的子女影响着他啦。

何遂是个慈父，从来没有呵斥过子女，更别说是打骂了；他天性很爱孩子，加上还有"民主平等""个性发展"之类的理念。此时慈爱之余，又增加了尊重，他尊重的是子女身后的中国共产党。

这个时期吴石是何家的常客。吴石和何遂是闽侯同乡，他俩碰到一起习惯用家乡方言交谈，叽里咕噜的比外国话还难懂。吴石是颇有见地的军事家，在"国军"气势汹汹之际，他已预言国民党"必

吴石中将

败"，但吴石顾虑较多。何遂对这位挚友极其透明，说起话来总是激情澎湃。吴石在政治上的确受了何遂的影响，迈出了关键的一步：他表示希望通过何遂与中国共产党的高层代表直接联系。何康把这个情况报告给了他的领导张执一。

吴石抗战时期长期担任第四战区中将参谋长，时任国防部史政局局长，他是一个能够接触高级机密的军事行家。吴石的动作引起了中共高层的关注，1947年4月，中共中央上海局书记刘晓、副书记刘长胜，负责军运统战策反工作的领导张执一，在上海锦江饭店会见并宴请了吴石，何遂与何康作陪。这不是一般的会见和宴请，这意味着吴石与共产党正式建立了组织上的联系，也意味着吴石正式接受

1947年农历三月初十，何遂在南京普陀路4号寓所庆祝了自己的60华诞
普陀路住宅的院子较大，中央一株雪松郁郁苍苍。那天春风和煦，于右任、邵力子、张维翰等众多老友亲临致贺，侯宝林、郭启儒等知名艺人也给绿茵草坪上的客人带来阵阵欢笑。何遂十分高兴，与家人拍下了这张合影，前排左起：何嘉、陈坤立、何孟嘉、何遂、何达；后排左起：何康、何世庸、缪希霞抱着何迪、李智勤抱着何梦妮、韩蕴抱着何仲苏、何世平

了共产党的领导。此后,吴石由张执一单线联系,何康是联络人。对从小自己看着长大的何康,吴石是放心的。何遂确实发挥了一次桥梁作用,所以张执一写道:"蒋军现役军人吴石,就是通过他(何遂)的关系为我方工作,后被蒋帮杀害,是革命烈士。"(见华文出版社出版的《张执一文集》,第145页。)

何遂于1947年农历三月初十,在南京普陀路4号寓所庆祝了自己的60华诞。国民党元老级人物于右任、邵力子等亲临致贺;侯宝林、郭启儒等著名艺人也给绿茵草坪上的客人们带来了阵阵欢笑。何遂回顾往事,展望前程,满心得意和快乐。可是,天有不测风云,这年8月,何遂心脏病发作,来势甚猛。病名为"心冠动脉血栓症",就是心脏的两条冠状动脉堵住了一条,这种病彼时死亡率极高。幸喜病发后及时送往中央医院,由著名心脏科专家戚寿南医师为他主诊,用了大量进口特效药,加上他

1950年
刘晓、刘长胜、刘少文与上海地下党财经系统负责同志。
前排左起:谢寿天　卢绪章　吴雪之　刘少文　刘晓　刘长胜　徐雪寒　陈明
中排左起:杨延修　方行　梅达君　张纪元　陈其襄　吕铁英　李在耘　叶景灏　陆铁华
后排左起:顾一凡　艾中全　程恩树　何康　项克方　韩静　张毅　廖尉君

身体素质好，总算保住了一条命。

因父亲病危，何遂的子女都集中到他身边。9月，刘晓、刘长胜、张执一在锦江饭店召集何家三兄弟布置工作，向他们讲述了形势的有利发展，要求他们利用父亲和缪秋杰的关系，开展上层统战工作，孤立蒋介石集团；决定以缪秋杰与何遂合资办企业的名义，由何康出面开展经济工作，一项重要任务是，处理宋庆龄先生通过联合国善后救济总署为解放区争取到的一批物资。这批物资主要是西药，包括盘尼西林、链霉素、血浆、消炎片以及 X 光机等战地用品，有数百箱之多。因内战爆发，这些物资滞留上海，存于四行仓库，需要办一个公司，便于"消化"。领导要求进一步发挥何遂、缪秋杰的掩护作用，命三人立即切断与进步团体的一切联系。 刘晓问，已经通知住在南京何家的同志离开，是不是已经走了？何康回答："已经走了。"（此处指张登等同志，张即沙文汉。）他们让何世平仍回台湾工作。

当时兄弟三人议论，认为领导是希望父亲和缪伯伯在"战略"位置上多发挥作用，因此要更注意隐蔽。此时，何遂的朋友，时任天津港务局局长的邢契莘想在南京设一个点，有意购买何遂在普陀路的房子，三人研究，卖掉了南京的房子，父母举家迁居上海与何康同住，对掩护何康开展经济工作十分有利。商诸父母，何遂夫妇很高兴地同意了。

何遂一家迁居上海住在哪里呢？这就得益于缪秋杰和他的长女缪希霞（何康之妻）了。愚园路俭德坊2号是一幢独门独院的三层西式小楼，业主是汉奸，抗战后被关在监狱里，房子作为"逆产"，成为盐务系统的高级招待所。缪希霞找了中统安插在盐务系统的要员杨隆沪，杨隆沪便做了顺水人情，把房子定为缪总办莅沪寓所，由缪秋杰的亲家和女儿住了。这幢楼房，建筑考究，四面围墙，院中一侧还有平房，地点远离闹市，十分幽静。它实际成为共产党的一处秘密机关，在上海白色恐怖最严重的时期，上海局的高层领导人都在此住过。

## 二、竞选"国府立委"的故事

根据1946年年末"国民大会"制定的"宪法"，1948年1月要进行立法委员的全民直接选举。立法委员相当于西方的议员，当选立法委员的人就会成为即将召开的"行宪国民大会"的"国大代表"。

与死亡擦肩而过的何遂思想有了变化。他感到自己已经当了17年立法委员，而且长期担任立法院军事委员会委员长，现在大病初愈，何苦为当这个"官"再去竞选？他萌生了退意。张执一和他进行了长谈，希望他在关乎两种国家命运的决战中，为新中国的诞生多作贡献；这次竞选，不是为了做国民党的高官，而是为了更好地替人民解放做事。何遂的积极性上来了，决定抱病竞选，他拿出了三成卖房的钱作为经费。张执一指示何康，由瑞明公司（共产党的资产）拨出一笔经费支持何遂竞选，并让何世庸主持其事，叮嘱何世庸要"尽力选上"。何世庸此时在南京盐务总局任职，缪秋杰立即调他到广东专管莺歌海盐田的开发。何世庸利用调职之机，做了何遂的"竞选办公室主任"。何遂是福建人，选区安排在福建。由于行动迟缓，国民党福建省党部主任赖琏（国民党中央执行委员）已经预作部署，所以何遂比较被动。何遂在赴闽前专门去拜访了陈立夫，陈立夫当场为何遂写了一封亲笔信给国民党福建省党部，要求他们帮助何遂竞选。

陈立夫的信，打乱了省党部赖琏预先的安排，也让愿意帮助何遂的福建省主席刘建绪（辛亥时期何遂在广西的战友刘建藩的胞弟）找到了借口，加上以省议长丁超五为首的地方实力派全力支持，竞选的形势大变。何遂祖籍福清县，何氏宗族势力很大，港头镇一带大部分姓何，那里是何遂的票仓。可是，县里的豪绅郑某也参加了竞选，他虽然肯定选不上，但会分散选票，而且干扰进程。何世庸送给他4000元，请他退出，他不干。何世庸正发愁时，平潭岛一个姓林的黑社会头子（此人是个恶霸，当过土匪）找上门来说，你老爹对我有恩，有什么难处只管说。何世庸就说，郑某不肯退出，我没那么多钱给他。姓林的立即对郑某提出了"土匪式"的警告，郑某乖乖地退出了竞选。刘建绪把这个县的县长和县党部书记找了去，亲自关照了一下，打通了关口。于是，何氏宗亲总动员，投票前已将每一个投票站的管理人，每一个投票箱的监督人，全部换成了姓何的。1948年3月21日正式投票，白天有人组织投票；到了晚上，管理人就变成了把大批填好的选票塞进票箱的"投票人"。选举结果：何遂在福清一县得票近18万张，福州得票也不少，总之，高票当选"首届民选立法委员"，同时也理所当然地成了"行宪国大代表"。

## 三、支持李宗仁当选副总统

国民党统治集团的迅速崩溃是和它内在的深刻矛盾分不开的，蒋介石从来都没有实现过所谓的军政统一；在大大小小各式矛盾中，"蒋桂之争"贯穿始终，到后期，更成为主要矛盾。1948年3月至5月，蒋介石为给独裁统治抹上一层"民主"色彩，在南京召开了"行宪国大"。这次大会的主要议程是

1946年10月，以何遂（右）与缪秋杰（中）为掩护从事地下工作

选举总统和副总统。总统归蒋，没有悬念，只有居正作为配搭参加竞选；副总统蒋介石内定孙科，参加竞选的有于右任、程潜、莫德惠。桂系首脑李宗仁在美国人的暗示下毅然竞选副总统。蒋介石当面劝李宗仁退出，被李拒绝，蒋大为恼火，由此使这一幕变得分外热闹。

何遂与桂系的关系非同一般。何遂1909年从保定陆大二期毕业后，就和一批革命党人进入了广西，担任广西督练公所参谋处筹略科科长兼陆军干部学堂和陆军小学的教官。他是同盟会广西支部的创建人之一，广西同盟会下设一个"军事指针社"，以陆军小学为工作重点，何遂为负责人，李宗仁、白崇禧、黄绍竑等当时都是该社的常客。李宗仁是1910年加入同盟会的，李宗仁、白崇禧、黄绍竑与何遂的友谊从那时开始。抗战时期，何遂长期兼任军委会桂林行营总顾问、军委会桂林办公厅总顾问，奔走于重庆与广西之间。

不仅如此，何遂与桂系的关系还有更深的经济因素。1939年12月，国民党元老谢持状告川康盐务局局长缪秋杰滥用职权、滥用公款，缪秋杰被免职。何遂即向李宗仁、白崇禧力荐缪秋杰为干才；李宗仁、白崇禧联名电蒋介石保荐缪秋杰出任粤、桂、湘、浙、赣、闽六省盐务特派员，蒋介石以这六省在桂林行营辖区（白崇禧是桂林行营主任），事关军务，便同意了。缪秋杰上任前，化名商人黄楚卿，冒险潜入上海，利用租界和他曾任两淮盐运使的身份，居然把存放于淮南东台、上海、淮北各地以及松江盐区的大批尚未被日寇控制的存盐，抢运回了大后方。食盐和粮食一样是每个人不可或缺的，它是一个政治商品，一旦发生盐荒，必定军心动乱，社会不稳。所以，食盐厉行专卖。此时，宋子文建议，与其"楚才晋用"，不如中央自用。1940年4月，国民政府罢免了盐务总局总办朱庭祺的职务，任命江南六省盐务特派员缪秋杰接任总办。这个戏剧性的变化，从缪秋杰被免职到升任总办不足4个月。缪秋杰上任后，投桃报李，在食盐专卖配额等方面着力关照桂系防区（食盐专卖价格与市场实际价格相去甚远），这成为桂系的重要财源。1940年年末，李宗仁、白崇禧一次送给何遂5万元现款，这应该不仅是"补贴老师家用之困"这样温馨的理由。

何遂参加了1948年3月末在南京举行的"行宪国民大会"，重头戏是4月19日开始的总统和副总统竞选。副总统的竞选过程可谓跌宕起伏，矛盾丛生，精彩毕现。前后共进行了4次投票，其间还出现了程潜、李宗仁联手放弃竞选，孙科也被迫放弃竞选的局面。蒋介石无奈，只得表面妥协，劝回三位主角把戏唱下去。最终，4月29日第4次投票，结果李宗仁得1438票，孙科得1295票，李宗仁战胜孙科，当选国民政府第一届副总统。何遂是极力支持李宗仁的，他和黄绍竑等推波助澜，卖了不少力气。

据李宗仁从蒋介石扈从卫士那里听说的情况，蒋介石在官邸听副总统选举唱票的广播，"当广播员报告我（李宗仁自称）的票数已超过半数依法当选时，蒋先生盛怒之下，竟一脚把收音机踢翻，气喘如牛，拿起手杖和披风，立刻命令侍从备车。……"（转引自2010年8月《南方人物周刊》上的文章《桂系浮沉》）可见，此事加剧了蒋桂矛盾，对蒋介石是个打击。

## 四、赴"华中剿匪总司令部"三访白崇禧

1948年夏，张执一让何康找妹妹何嘉谈话，说党组织有意派她到台湾去工作，征求她本人意见。何嘉当时不满22岁，是复旦大学社会系的学生。虽然尚未入党，但她是一个纯真的一心憧憬为共产主义献身的青年，她当即表示同意。不久，经组织安排，何嘉以患肺病为由，办理了休学手续，先到香港青山达德学院学习。党对她的要求是，不得与任何人联系。直到这年年末的圣诞节，内心焦灼的何嘉，才等来嫂嫂缪希霞。缪希霞向她讲了形势，告诉她台湾方面已另外派人去了，她将另有任务。次日，缪希霞带何嘉到香港摩利臣山道见了张执一。"胖公"（张执一较胖，身边同志有此尊称）亲切地问了何嘉的近况，何表达了要求投入战斗的急切心情。不久，由邓裕民作为介绍人，何嘉入党了。她接受的第一个工作任务，就是陪父亲到武汉去见"华中剿匪总司令"白崇禧。

何遂是党组织特地从上海请到香港来的，具体任务是刘晓和张执一当面向他交代的。随行者何嘉的任务是刘晓、张执一让邓裕民布置的，写在一张纸上，让何嘉反复记诵，背下来之后，把纸烧掉了。留在何嘉记忆里的只有两点：一是劝白崇禧不要为蒋介石卖命，不要上蒋介石的当，为老蒋拼光了"家底"；二是劝白崇禧不要在长江以北与共军作战，应收缩主力，必要时向湘桂转移，给部队留条后路。

1948年下半年，人民解放战争的局势发生了决定性的变化。经过辽沈、淮海、平津三大战役，蒋介石嫡系精锐丧失殆尽，傅作义集团放弃抵抗，桂系军事集团被推上了第一线。1948年12月24日，白崇禧在武汉发出"亥电"，打出"和谈"旗号，要求蒋介石"下野"。蒋介石被迫于1949年元旦发表"求和"声明，并于21日宣告"引退"，李宗仁成为"代总统"。此时，长江以北还有部分城市仍控制在国民党手里。比如，战略要地安庆，易守难攻，守军即为桂系大将夏威（时任安徽省主席）麾下的46军174师吴中坚部。了解了这样一些背景，就可以看出，1949年1月末何遂赴武汉见白崇禧是具有

1950年,在上海地下党机关愚园路1293弄俭德坊2号前留影,前排:何敏、何仲山、何迪;后排:缪希霞、何康、陈坤立、何世庸、何遂、何达、何嘉

明显的战略性、针对性目的的。

上面交代的基本任务，何遂能明白无误地向白崇禧表达并进行劝说吗？回答是可以的。何遂不仅和桂系关系很深，而且和白崇禧私交甚好。何遂欣赏白崇禧的才干，1939年年末日寇占领了昆仑关，桂南战役前期是由白崇禧指挥的，总顾问何遂、参谋处处长吴石都住在迁江前线指挥部。昆仑关大捷是抗战史上第一次攻坚战胜利，第五军军长杜聿明一战成名，白崇禧是有功的。但蒋介石抓住日寇增兵再次占领昆仑关，把白崇禧免职（让张发奎顶替），何遂大为不平。何遂20世纪40年代初画了一张巨幅老虎图送给了白崇禧，并附词一首，谨录于下：

《望海潮》画虎题赠白健生将军

昂头风起，传声谷应，山君一怒凭临。家国播迁，乾坤板荡，寇氛可叹陵侵。城郭正秋深。看孔明台峻，虎旅如林。人倚长城，龙今不卧虎成擒。年来墨突难黔。抚萧疏短鬓，花好羞簪。西走赵并（指古并州），南临楚越，算公是我知音。神剑肯空吟。况欢同鱼水，谊切苔岑。并力澄清天下，大斗为公斟。

词中以"知音""欢同鱼水，谊切苔岑"来表述他们之间的友谊。

这里不妨说个小笑话。有一次桂林行营主要官员赴渝开会，出发时所有人都到了，飞机起飞的时间也到了，就缺何遂。有人等得不耐烦，提议走吧。白崇禧笑着用桂林腔说，莫急，莫急。叙甫先生已经画完最后一条老虎腿了，这就到，这就到。在一片笑声中，何遂也赶到了。

何遂与白崇禧是可以关起门来进行老朋友间推心置腹的谈话的。

何遂与何嘉于1949年1月底从香港启程，经广州到汉口，住在湖北省盐务局局长杨隆沪的家里。何遂与何嘉在将近一个月的时间里，三次到"华中剿匪总司令部"拜会了总司令白崇禧。第一次去，白崇禧正卧病在床，何遂介绍了女儿，白很客气，请何嘉坐在卧室外面的客厅里休息，他与何遂就在自己的卧室里谈话。令何嘉惊异的是，前后三次，只有她一个人待在室外的客厅里，没有白崇禧的任何一个警卫、文秘人员或侍者出现过。他们两个人长谈的内容谁也不知道。

何遂每次回到住处，都要向女儿"汇报"一番。何嘉感到，他们的关系变了，不仅是父女，而且是为同一个目标共生死的战友。岁月悠悠，何嘉的记忆模糊了，只有当年印象最深的还有一点痕迹：何遂毫不留情地揭露了蒋介石假"和谈",假"引退"的面目,说老蒋把你们推到前台和共产党血拼,他最想看到的,不是你们打败共产党,而是共产党怎么把你们吃掉。以此劝白崇禧要"保存实力",不要上蒋介石的当。何遂说,"划江而治"是做梦,换一个位置你们肯住手吗?何遂甚至为桂系军队最后的出路做了设想,他说,老蒋不会让你们往四川撤的,还是回老家吧;实在无路可走,还可以到越南,保大(越南末代君主阮福晪年号)和法国鬼子不一定是你们的对手;即便队伍散了,小弟兄在家乡讨口饭吃,也比在外乡容易啊。

何遂完成任务,又与何嘉同到南京,参加"国大"的会议。这期间他还主动地(不是共产党布置的任务)觐见"代总统"李宗仁,劝李宗仁不要存"划江而治"的幻想,把和谈的底线降低,采取更灵活的姿态,和共产党真诚和谈息兵,避免继续生灵涂炭,给国家留点元气。何遂父女回到上海已是三月天了。张执一特地在锦江饭店设宴款待,何康、何嘉作陪,"胖公"对"何老伯"(张执一一直尊称何遂为"何老伯")大加称赞。

## 五、最后的赴台与离台

1949年4月,何嘉奉命到杭州请父亲,这一次他们的任务,是先赴广州后转台湾工作。4月下旬,何遂父女与吴石、吴石的副官聂曦同机飞往广州。当时国民政府已从南京迁至广州,一切都混乱不堪。不多日,吴石到福州去了(他已任福建绥靖公署副主任),临行前,将一包绝密军事情报交给了何遂,这组情报包括国民党在江南地区的兵力部署图,国民党在江南地区军队的编制、人数、装备情况,以及国民党总兵力统计和总后勤方面的统计资料等,都是铅印的,数量较大。何遂立即将情报交给何世庸与何嘉,让他们设法送出。国民党的行政机构虽然半瘫痪,特务却很猖獗,尤其是通往香港的交通线,鹰鹫如云。何世庸便借口送妻子回九龙娘家分娩,与何嘉一起,带着一儿一女和两个保姆,夹带着这批情报,安全到达香港。通过余秉熹交给了华南党组织在港负责人饶彰风。

5月,余秉熹到广州来,说中央军委有位负责同志来到香港,要看华南地区五万分之一军用地图,主要是湖南、广东、广西交界地区的地图和华南几个大城市的市内交通图。何遂与何世庸想了很多办法,终于从国防部一个叫李孔琼的参谋那里弄到了这些地图。何世庸让何嘉送到香港去。何嘉用牛皮纸把地图卷成一个卷,正为难地考虑如何躲过沿路鹰鹫的眼睛时,听说吴石的副官聂曦上校尚在广州,而

1947年，何遂、陈坤立在广州与何世庸、李智勤合影，陈坤立怀抱何梦妮

且正要前往香港公干,便找到这位精干的中年军官,托他把牛皮纸卷送到何世庸的岳父家,纸卷上写明了地址与何遂亲启。聂曦(他去台湾后还到香港送过两次情报,他牺牲得很英勇,至今没有一个烈士的名分)痛快地答应了。当何嘉乘火车赶往位于九龙的李朗如家时,牛皮纸卷已经送到了,何嘉迅即交给了余秉熹。

6月,何遂、何嘉去了台湾。他们先到台北,见到了何遂的胞妹何璋生。何遂积极地做了争取妹夫马德建和乃兄马伯良(原上海江南造船厂厂长)的工作。马德建20世纪30年代初是电通影业公司的老板,投资拍摄了《桃李劫》《风云儿女》等早期进步电影,在电影史上留下了一页。在台湾他是一个兵工厂的厂长,少将军衔,他受到了内兄的一些影响。20世纪70年代初,马德建夫妇回大陆定居,受到政府欢迎并给予安置,马德建不幸死于唐山大地震。

何遂带着女儿到高雄去看望了妻子陈坤立和何世平一家。何世平遵照组织指示,已经在台湾工作三年了,陈坤立来和次子同住也有一年多。何世平一直在台中、台南盐务系统"潜伏",1947年、1948年,张执一同志曾两次到台南来听取何世平的汇报并布置工作。何世平是根据张执一的指示,设法调到高雄一家盐场当场长的。他经考察得出一个结论:沿海凡建有盐田和盐场的地方,都是适宜军队登陆的地方。何世平讲了一个新情况:6月香港报纸登出的接管上海军管会干部的名单中有何康的名字,何康是军管会农林处处长。这个信息已经传到台湾,何世平的同事们私下已有议论,有人甚至散布"何家弟兄都是共产党"。何世平还获知,何世庸已撤至香港,准备参加接管广州的工作。因此,当时何家人在台湾工作是越来越危险了。

8月,何遂、何嘉再次到台北。吴石将军已于福州解放前夕飞来台北,就任了台湾国防部参谋次长的职务。这期间,何遂与吴石以携家人游山玩水为名进行密商。在明知环境十分险恶的情况下,吴石毅然决定甘冒斧钺,以更秘密的方式为共产党工作,并亲自去接上关系;他还催何遂一家快走。9月1日,何嘉陪同陈坤立与何世平全家在基隆乘秋瑾号轮船驶往即将解放的广州,再转香港;何遂则于9月初,由吴石买好从台北直飞香港的飞机票,并由吴石亲自送上飞机。关于何遂离开台湾的情形,吴石的长子吴韶成在《五十年代在台湾殉难的吴石将军——挥泪忆和父亲走过的岁月》一文中,有如下叙述。

1965年"文化大革命"前夕,我走访在北京白塔寺寓所的何遂伯伯。老人谈起1949年逃离台北

1949年8月从台湾撤退到香港，兄妹合影，左起何世平、何嘉、何世庸

情景时声泪俱下。当时台湾风声已经很紧，情况很不好，父亲一再催促他赶快离开虎口，以防不测。父亲对他说："我不要紧，有国防部参谋次长这块牌子掩护，你快走！"就这样，父亲替他买了去香港的飞机票，第二天亲自开车把他送到飞机场，直至上了飞机才离开。老人说："你父亲和我40年之交，情同骨肉，非同一般。他关心我胜过关心自己，不意从此竟成永别！"（见《百年潮》，2011年第3期，第32页）

吴石于9月和10月初两次到香港，在何嘉的协助下，与中共华东局对台工作委员会驻港领导人万景光接上了关系。（详情见本书《从大陆战斗到台湾——缅怀吴石伯伯》一文）

1949年12月末，经党组织安排，何嘉陪同父母乘一艘英国轮船从香港抵青岛，转陆路经济南回到上海。当天，刘晓带着多位领导同志到家里来看望了何遂夫妇。

第五章 地下工作生涯

# 从大陆战斗到台湾
## ——缅怀吴石伯伯

何康口述，
何达整理

1950年6月10日，吴石将军在台湾遇害。同时被台湾蒋介石当局杀害的还有：女共产党员朱枫烈士，吴石的好友陈宝仓中将，吴石的亲信聂曦上校。此案震动台岛，美欧媒体多有报道。6月12日香港《星岛日报》头版消息的标题是：《轰动台房间谍案四要角同被处死》，加框副题是："吴石临刑前从容吟诗"。在中国大陆，由于多方面的原因，长期以来知道此事的人很少。直到20世纪80年代中期以后，随着境外信息的涌入，坊间有关传闻渐多，报刊上介绍吴石的文章也偶有所见。由于信息不畅，难

1982年5月，悼念地下党时期的老领导张执一

203

免有些猜测、舛误。岁月倏忽，我也已到耄耋之年，作为与吴石有两代深交的当事人，谨述所知，既是对吴伯伯深切的缅怀，也是对两岸坚冰雪化的期盼。

## 一、难得的军事人才

张执一（中共中央统战部原副部长）在他撰写的《在敌人心脏里——我所知道的中共中央上海局》一文（载于《革命史资料》第五期，全国政协编，1981年版）中写到了我的父亲何遂，照录下面一段。

何遂，福建人，出身保定军校，曾任西北军系统孙岳部参谋长。在蒋政府长期任立法委员，抗战初即与我党发生关系，他的三子一女一媳（三个儿子是何世庸、何世平、何康，女儿何嘉，媳缪希霞）均为我党地下党员。他在旧军政界的关系很多，我经常与他接触，运用他的关系开展工作。蒋军现役军人吴石，就是通过他的关系，为我方工作，后被蒋帮杀害，是革命烈士。

近年，不少文章称吴石受"共产党员何遂单线领导"，这是不确切的，何遂不是共产党员，也没有领导过吴石。吴石与父亲是几十年的生死之交，他也把我家兄妹视若子侄。吴石确实是受父亲影响并通过父亲和共产党建立直接关系，在党的领导下，积极投身人民解放和国家统一大业，最终壮烈牺牲的。这期间，吴石表现了很高的自觉性、主动性，他强烈的爱国思想、民族意识，疾恶如仇的正义感和待人的侠义真诚，至今活在我们心中。

吴石字虞薰，1894年阴历八月十五日出生于福建闽侯县螺洲乡一个"累世寒儒"之家。少年就读于富有维新色彩的福州开智学堂、榕城格致书院时，接触到中国近代屈辱的历史，从老师那里知道了孙中山反清起义的壮举。辛亥革命爆发，17岁的吴石毅然投笔从戎，参加了福建北伐学生军。1913年春转入武昌第二预备军官学校。1915年进入保定陆军军官学校第三期，与白崇禧、黄绍竑、张治中等是同期同学。吴石记忆力极强，又十分刻苦，1916年年末，他在同届八百学子中以第一名毕业。但陆军部按省籍分发，福建省没有地方部队，当时福建被皖系军阀李厚基残暴统治。吴石不愿为军阀效力，在家闲居数月，十分苦恼，适逢孙中山在广州发动"护法运动"，吴石遂投身福建以方声涛（早期中国同盟会会员，黄花岗烈士方声洞之胞兄）、张贞为领导的地方民军"驱李"斗争。他在自传中写道，此

1949年，吴石将军摄于台北

时与"归自欧洲的何叙甫"结识。我父亲字叙甫,是北京政府派赴欧洲参加第一次世界大战的上校武官。1918年回国后,由广州护法军政府任命为"靖闽军司令"。所谓"靖闽军",实无军队,主要依靠地方民军及"驱李"势力,一面策动李厚基主力师长潘国纲"瘫痪"(不受李之指挥),一面密谋暗杀李厚基。吴石与父亲在这一斗争中熟识。但暗杀行动失败,牺牲了十多人。吴石与父亲被迫离开福建,经武汉北上。吴石因喉疾在北平休养,1922年至1924年,他拜闽籍大儒何振岱为师,学习诗词国学。从此,古典格律诗词的创作成为吴石一生的癖好。父亲则于1920年经孙岳引荐进入直系,参与了1924年冯玉祥、孙岳、胡景翼发动的"北京政变",成为国民军第三军孙岳部参谋长兼第四师师长。父亲请吴石出任该师军械处处长并统领炮兵,兼任南苑干部学校上校教官。但国民军仅一年多便在直、奉两军的夹击下瓦解了。这时,蒋介石正在南方誓师北伐,朱绍良任总部参谋长,委吴石为作战科科长。1927年,方声涛回福建主持政务,吴石又回到福建任军事所参谋处处长,致力于整理本省民军。

1929年,吴石做出了一个异乎寻常的决定,他决定到日本陆军大学去继续求学。那年他虚龄36岁,而且正为地方长官倚重。这个决定,可以说突出显示了吴石不凡的抱负和远见卓识,也表现了他性格的刚毅。他决心成为一个深入了解日本军队的真正的军事家,以报效国家民族。吴石的决心得到了福建民主革命前辈方声涛的支持,由福建省政府出资,保送吴石东渡留学。吴石先入日本炮兵学校,继而考入日本陆军大学。他在日本6年,一家人过着清贫淡泊的生活,把节省的钱全部用来购置日本各种军事著作和有关资料。吴石是个才子,精通日语,而且英语也很好,他埋头苦读,1934年以第一名的成绩毕业于日本陆军大学。1935年,吴石回国,在南京任职于参谋本部,兼任陆军大学教官,同时开始军事理论著述,陆续出版了《兵学辞典》《孙子兵法简编》《克罗则维兹兵法研究》等著作。这个时期,他和父亲来往十分频密,已成莫逆之交。

## 二、抗日战争中的高参

1937年五六月间,以周恩来为首的中共中央代表团抵达南京,父亲与代表团成员多有接触。七七事变爆发后,国共合作抗日的局面初步形成,叶剑英希望父亲多介绍一些朋友给他们,以扩大抗日民族统一战线的影响。父亲便把吴石、张维翰、缪秋杰(张时任立法委员,后曾为台湾"监察院"院长;缪时任两淮盐运使,后为国民政府盐务总局局长。此二人均为吴石好友)等介绍给了周恩来、叶剑英、李克农、博古等中共中央代表。吴石对日军入侵深恶痛绝，对共产党提出的"枪口对外""团结抗日"的主张是明确赞同的。当时蒋介石组建军事委员会大本营，吴石作为军界公认的"日本通"而进入大本营第二组担任副组长、代组长（组长徐祖贻未到任）兼第一处处长，负责对日作战的情报工作。他在参谋部时即凭借多年积累的资料和研究心得，编撰了有关日本军队"作战之判断""海空军总动员""兵力番号编制"，以及主要将领介绍的《蓝皮书》，此时再充实翻印，弥补了国民党对日军军事情报储备的不足。"八一三"上海抗战的事实证明，日本侵略军的兵力组合、攻击指向，大多如《蓝皮书》所判断。吴石基于强烈的民族意识，较早洞察了日本军阀亡我之野心，其未雨绸缪、苦心孤诣的准备，至此方显功效。

1940年，吴石任第四战区参谋长，会见慰问团

上海、南京沦陷后，大本营移至武汉，第二组改为军令部第二厅，吴石任副厅长兼第一处处长。武汉战役期间，蒋介石每周都召见他，咨询日军动态。1938年8月，第二厅在珞珈山举办了"战地情报参谋训练班"，吴石主持其事，特地邀请周恩来和叶剑英去讲课。我的长兄何世庸当时就以第20集团军上尉联络参谋的身份参加了这个训练班，亲听了周恩来作的形势报告和叶剑英讲的游击战争大课。吴石在对学员的讲话中指出，作战中的中国军队缺乏情报和保密素养，所用四字头密码早已被日军破译，这是造成战场被动的一个原因。

1938年11月下旬，在国民政府军事委员会召开的南岳军事会议上，决定设桂林、天水两行营，分别统一指挥南北两战场作战。桂林行营主任是白崇禧，参谋长是林蔚，吴石担任了桂林行营参谋处处长。桂林行营辖二、四、六、九战区，吴石以一腔抗日热忱，夙夜匪懈，承担了大量运筹协调擘画的幕僚任务。

1939年11月末至12月初，日寇攻占南宁和地扼桂越交通线的要隘昆仑关，揭开了长达一年的桂南会战。初期，由白崇禧指挥，以第五军为主力，四个集团军配合作战，于当年12月31日收复昆仑关，取得了抗战以来攻坚战的首次胜利（击毙日军第五师团第21旅团长中村正雄，击毙日军4000余人）。这次战役的紧张阶段，吴石白天不离地图，夜晚不离电话，连续几昼夜未曾合眼。对于昆仑关大捷，吴石是有贡献的。随后由于日寇增兵，昆仑关再度失守。从1940年2月起，桂南作战改由第四战区司令长官张发奎指挥，吴石仍然肩负参谋重责。经过艰苦作战，1940年10月末，中国军队终于收复南宁，取得了桂南会战的胜利。吴石敏锐地判断了日军撤退的动向，及时组织了活跃的追击，日寇仓皇逃遁出海，使南宁及沿途地方未遭破坏，而且缴获了日军大批辎重。南宁作战后，吴石继蒋光鼐担任了第四战区中将参谋长。

吴石担任第四战区中将参谋长的职务长达5年。他为人正直，淡泊名利，埋头苦干，在艰苦的战争环境中，和战区司令长官张发奎建立了深厚的友谊，成为他得力的助手，分担了军务重担，也博得了同僚广泛的赞誉与拥戴。吴石参与了从长沙会战到桂柳会战许多重大战事的擘画，大多时候担负起草计划的全责。由于他注重实地考察，又对日军有较深了解，他草拟的作战计划多为各方首肯。吴石还非常重视发动民众协力抗日。他在桂林时，首倡日本人民反战同盟会，把大批日俘组织起来，为抗日服务。他还利用同乡纽带，创建福建旅桂同乡会作为桥梁，吸引了大批南洋华侨和福建青年到广西入学参军就业。他还在自己家里热情地接待过闽籍爱国侨领陈嘉庚，和他共议抗日救亡、建设乡梓、培养后人的大事。应该特别指出的是，在国民党反动派一再破坏抗日民族统一战线，挑起反共摩擦的抗日相持阶段，在特务密布的 12 个战区中，第四战区始终保持了国共团结抗日的局面。这是和战区司令长官张发奎、参谋长吴石、中将副参谋长陈宝仓（1950 年与吴石将军同时被杀害）等一批高级爱国将领坚持鲜明的正义立场紧密关联的。

第四战区司令长官部驻柳州，当时我父亲先任桂林行营总顾问，桂林行营撤销后，又任军委会桂林办公厅总顾问，他常到广西。我则在广西大学农学院读书，校址在柳州沙塘，所以常常得到吴伯伯的关照。1944 年日寇攻陷桂柳前，我和弟、妹还有我的几位同学都是由吴伯伯帮忙安排撤离的。我大哥何世庸是地下党员，利用父亲与盐务总局局长缪秋杰的关系，隐蔽在广西盐务系统工作。桂林失陷前，他接到董必武同志"向桂东转移"的指示，特地去向吴伯伯咨询。吴石为他分析了当时敌我双方局势，指出桂东三角地带日军兵力暂难顾及，是相对安全稳定的地区。这个分析帮助新任桂东盐务办事处处长的何世庸，利用自己手中控制的 5 万多担存盐（战乱中每担盐市价一两黄金），放手支持桂东自卫抗

1941 年年初，何遂作《长江万里图》长卷，吴石题诗四首，此为武汉段诗画

战，保护民主力量。后来事实证明，吴石的判断是准确的。

## 三、情报工作建奇功

吴石与父亲投缘，不仅因为思想、性格相近，还因为他们都酷爱中国古典诗词书画，而且都有较高的造诣，诗词唱和是他们交流的一种方式。在吴石出版的《东游乙稿》中有一首《喜叙甫至》的七律①，记述了他们1931年夏相聚于日本的情景："羽音夕至客朝临，鸡黍微情一往深。相慰百书输此面，论交几辈得齐心。"当时吴石是日本陆军大学的留学生，父亲是到日本考察的。异国相聚，欣喜之情跃然纸上。父亲回国后，曾在家中说："日本人要在东北挑起事端。"看来他们那时对中日局势是有讨论的。

在父亲画的《长江万里图》上，吴石题了四首诗。题在三峡段的七律②，首联是"远览方知天地宽，心安蜀道未为难"。平平淡淡的两句，凸显出深刻的哲理：人只有眼光远大，才能知道天地的宽阔；只要意志坚定，心态平稳，面对蜀道也不以为难。题在武汉段的七律③，则回顾了他与父亲1919年武汉的游踪，"孤心郁勃凭双剑，共济安危托一舟"道出了他们之间"共济安危"的非同寻常的关系。父亲在

---

① 《喜叙甫至》

羽音夕至客朝临，鸡黍微情一往深。相慰百书输此面，论交几辈得齐心。
伤时广武真同叹，寻胜东山且朗吟。生怕君归吾尚滞，西窗听雨旅愁侵。

见吴石《东游乙稿》，1931年夏作于日本东京

② 题何遂《长江万里图·三峡》

远览方知天地宽，心安蜀道未为难。香溪初望昭君里，险水又经崆岭难。
艭艓顺流飞鸟过，峰峦当路怒狻猊。欲探何处闻猿峡，一为停舟着意看。

吴石辛巳年（1941年）作。

③ 题何遂《长江万里图·武汉》

武昌夏口大江流，廿二年前忆旧游。几度探幽攀古阁，也曾寻醉踏芳洲。
孤心郁勃凭双剑，共济安危托一舟。楚客江蓠无限感，秋风斜日更添愁。

吴石辛巳年（1941年）作。

吴石50岁生日（1943年中秋）时，写了一首《百字令》的长词[1]送给他，首句的"中秋"点明吴石生日，"收拾乾坤归腕底，吾辈固应如是"，口气很大，但确实是他们共同的抱负。接着说了对历史上英雄人物的看法。下半阕描述了他们"高唱分题""清谈踞坐"，聚饮等待前线捷报的细节，而后"荡涤倭氛，廓清禹域，方快平生意"，表明打败日本侵略者，建一个太平盛世，是他们最殷切的意愿。最后透露了功成隐退，与"老松仙鹤"为伴的梦想。吴石与父亲都深受中国传统道德文化的熏陶，认为以国家兴盛为己任是天经地义的事情，即"固应如是"。

抗战胜利后，吴石回到南京，任国防部史政局局长，和父亲交往更加密切。吴石在抗日期间就对蒋介石消极抗战、积极反共的做法不满，第四战区国共合作、团结抗日的气氛比较和谐，这与战区参谋长吴石的态度是分不开的。桂柳战役失利，身处第一线的吴石对"前方吃紧，后方紧吃"的局面痛心疾首。吴石受过系统的高等军事教育，对蒋介石偏爱嫡系，重用刘峙之流等无能败将，深为不平。他自视颇高，却始终无缘军队的实权，这是吴石难解的心结。抗战胜利后，吴石目睹"五子登科"式的"劫收"，物价飞涨、民不聊生的情景，特别是蒋介石违背广大民众和平建国的意愿，悍然发动内战，他感到非常失望、苦恼，多次发出"国民党不亡是无天理"的喟叹。我的父亲在爱国、抗日、反蒋这条心路上，与吴石十分一致。他比吴石年长6岁，辛亥革命时期，已是一名活跃分子。父亲虽然胸无城府，政治上却敏感而清醒。西安事变后，他明确拥护共产党建立抗日民族统一战线的主张，热情真诚地和我党一些领导人建立了联系。抗战胜利，内战爆发，他对蒋介石政权完全绝望。他认识到，要救中国，只有把希望寄托于中国共产党。他和吴石之间的交流，没有什么隐晦，这种鲜明的态度对吴石的影响是很直接的。吴石也表示，希望通过父亲和共产党方面的代表直接接触。

我1938年在抗日烽火中于武汉参加党领导的抗宣队，次年5月在重庆南开中学加入中国共产党。由于形势、环境和工作的需要，我和两个哥哥（大哥何世庸是延安抗大第五期的，二哥何世平是抗大第四期的）与党的关系都转至中共中央南方局，由叶剑英直接领导（不与地方党发生联系）。叶剑英调回延安后，由董必武直接领导，直到1946年年末，才一起转到中共中央上海局。上海局的书记是刘晓，

---

[1] 《百字令》
癸未中秋，虞薰五十初度，尔汝交期，能无对酒当歌，一洗胸中块垒。前身谓汝，恰中秋，明月人间能几。收拾乾坤归腕底，吾辈固应如是。多少英雄，古今人物，去去长江水。蓬莱清浅，望中澄澈无际。相与高唱分题，清谈踞坐，莫问今何世。且尽原旬日饮，侧耳羽书闻喜。荡涤倭氛，廓清禹域，方快平生意。老松仙鹤，一声横笛吹起。
见《叙圃词》，1947年刊印，何遂癸未（1943年）作。

2007年,"寻踪之旅"重访俭德坊2号

副书记是刘长胜,负责统战、军运工作的领导是张执一。我当时的公开身份是瑞明公司总经理,瑞明公司公开业务是做西药、货运等生意,实际上是中共上海局一个核心的经济机构。1947年4月,刘晓、刘长胜、张执一等在上海锦江饭店(老板是董竹君)会见并宴请了吴石,父亲和我在座。这是吴石接受中国共产党领导的开始。

此后,在位于上海愚园路俭德坊2号的我家的寓所,张执一与吴石有过多次单独会面。俭德坊2号是一幢有围墙院落的三层西式小楼,我父母与我一家住在一起,父亲当时是国民政府立法院军事委员会委员长,素以交游广阔知名,起到了很好的掩护作用。在上海解放前,主要以此处为联络点,由张执一和我与吴石联系。1948年年底,吴石调任福建绥靖公署副主任,组织上派谢筱乃(中共中央党史资料征集委员会原副主任)赴闽配合他工作。吴石是个职业军人,有很高的军事素养,又深恶蒋介石政府的腐败,很努力,他那时经常往返于沪、宁之间,不断送来重要情报,大多由他自己送来,有时则包好,写明由我父亲收,派他的亲信副官聂曦送来。我印象最深的是1949年3月,吴石亲自到俭德坊来,把一组绝密情报亲手交给我,其中有一张图比较大,是国民党军队的长江江防兵力部署图。我当时很注意地看了,使我吃惊的是,图上标明的部队番号竟细致到团。我知道这组情报分量之重,迅即交给了张执一同志。关于这组情报,渡江战役中时任第三野战军参谋长的张震将军曾两次向我提及。一次是在上海解放不久后军地干部集会见面时,他知道我是上海地下党的同志,高兴地对我说:"渡江战役前,我们收到了上海地下党送来的情报,了解了国民党长江江防兵力部署的情况,这对渡江作战很有帮助。"另一次是我担任农业部部长以后见面时,他再次讲了类似的话,并提到准确的情报对确定渡江的主攻方位是有参考作用的。

1949年4月下旬,吴石和我父亲、妹妹何嘉(中共上海局地下党员,时为复旦大学社会学系二年级学生)同机从上海飞往广州。临行前夜,我与爱人缪希霞(中共上海局地下党员,瑞业公司财务主任)等在霞飞路卡弗卡斯咖啡馆为吴伯伯饯别。那个店是白俄罗斯人开的,有一个不大的舞池,留声机不停地播放《何日君再来》之类的舞曲。吴伯伯告诉我们,他接到了催他赴榕莅职的电报,他到广州短暂停留(国民党政府已迁至广州)后,即赴福州。当时解放军已首先从安徽胜利渡江,我们会心地交换了对局势的看法。吴伯伯知道我将留待上海解放,今后他很难再与我们直接联系,不胜依依惜别之情。吴伯伯是一个豪爽侠义的人,平时讷于言,当晚却心情激越,他兴奋地跳舞,还用福州乡音吟唱出那首古老的悲歌:"风萧萧兮,易水寒;壮士一去兮,不复还。"此情此景,至今历历在目。当时只感到吴伯伯心潮奔涌,此去福州,必有所为。没有想到这竟是我与吴伯伯的永别。

吴石在广州短暂停留即赴福州莅职,临行前将一包重要情报留给父亲,父亲让何世庸与何嘉送出。这组情报包括国民党在江南地区的兵力部署图,国民党在江南地区军队的编制、人数和装备情况,以及国民党总兵力统计和总后勤方面的统计资料等,都是铅印的。何世庸借口送其妻回娘家分娩,与何嘉带同保姆,夹带着这组有相当分量的情报,安全到达了香港。

吴石于5月初返回福州,6月参加了蒋介石召开的有汤恩伯、朱绍良、李以劻等出席的福州军事会议。蒋介石很想固守福州,以屏蔽台湾。吴石违反蒋介石的意愿,极力阻止修建福州半永久性城防工事,使大批市民免遭荼毒之苦。

吴石与夫人王碧奎、幼子吴建成，1949年仲秋摄于台北

吴石通过谢筱乃送出许多重要情报。谢筱乃曾深情地回忆："吴石将军为人忠厚，亲切热诚，而且学识渊博。对我这当年只有20来岁的年轻人十分体贴，每星期我都到温泉路吴家一次，有时还在那儿吃饭。吴夫人也很和气，办完事，吴将军每次都亲自送我到巷口，还一再关照，万一出事要及时设法通知，好营救。在周密安排下，福州没打什么仗就解放了。吴石将军于福州解放前夕飞往台湾。我们曾相约在台湾相会，后因我另有任务，未能履约。"

不仅如此，吴石还极富远见地冒着风险，将一批原定直运台湾的绝密军事档案留给了新的人民政权。这批档案原本由国防部史政局保存，共500多箱。1948年年末，国民党当局决定运至台湾。时任史政局局长的吴石已知道自己即将调任福州绥靖公署副主任，便提出先运至福州。"进则返京方便，退则转台近捷"。获准后，于1949年年初运至福州。吴石又以部分次要档案运台搪塞，将核心部分滞留福州，秘存于仓前山福建省研究院书库。吴石在8月16日飞赴台湾前，亲自安排亲信将这批包括《前日本末次研究所情报资料》①在内的298箱绝密档案，留交给了进入福州的人民解放军。吴石爱国为民的拳拳丹心可鉴，这样的贡献也是常人难以企及的。

## 四、一片丹心存青史

吴石于福州解放前夕飞往台北，就任台湾"国防部"参谋次长。这时，我的父亲和妹妹何嘉按照组织意图也在台北执行任务，他们原本是准备留在台湾工作的。当时我二哥何世平已经在台湾台南、高雄等地盐务机构工作3年多了，母亲与他们一家人同住。张执一这年春天还到台湾检查并安排过他的工作。但此时却出现了一个新的情况：上海是个国际性的大都市，西方对共产党能否成功接管上海十分关注，外电包括港澳媒体的报道中出现了我的名字（我是接管上海的军管会农林处处长），这消息传得很快，我二哥的同事已经公开散布："何家弟兄都是共产党。"这就使何家人失去了在台湾继续工作的基础，组织上急令他们撤出。那段时间，吴石与父亲在台北接触密切，他们还以携家人游山玩水为名进

---

① 1912年，日本末次研究所在北平东城栖凤楼七号成立，负责人叫末次政太郎。《末次资料》的主要来源是1912年至1940年7月间公开发行的50余种中文、英文及日文报纸。其选材相当严格，有很强的连续性和系统性，且不同观点的报道尽收，许多篇目还附有收集者的评语，并按专题整理成样，共775辑，22亿字。解放后这批资料先存福建省社科院，后由厦门大学图书馆收藏。1984年，《末次资料》被专家鉴定为孤本珍贵文献。1995年中文部分影印出版；其外文部分尚在编译中。有关报道见2006年3月14日《厦门日报》。

行密商。当时中国大陆的战局已经明朗,蒋介石集团企图凭借160多海里(300多公里)的台湾海峡来固守这最后的据点,而海空力量薄弱的人民解放军要跨海作战,来自内部的准确情报就成为具有特殊意义的一环了。在当时的政治氛围中,无论是吴石还是我的父亲和兄妹,都相信共产党将不惜代价通过军事手段解放台湾,不会容忍国家的分裂。这样,吴石确实面临了人生重大的抉择。他虽然已经对人民解放事业做出过重大贡献,但到了台湾,海峡阻隔,基本上和共产党断了联系,他可以完全切断这种联系,安稳地在台湾做他的高官。如果选择继续为共产党工作,就必须在组织上建立更紧密的秘密联系,那无疑是非常危险的。吴石恰恰做出了甘冒斧钺的选择,他同意继续为共产党工作,并决定主动去接上关系,完全接受共产党的领导,为解放台湾,实现祖国的统一效命。吴石的抉择是他一贯爱国思想的延续,也和我父亲的影响分不开。

此时,蒋介石的残余力量已基本集中于台湾,这个突然拥挤的岛屿变得十分敏感而危险。吴石关心朋友的安危胜于自己,他一再催促父亲赶紧离开虎口。经过他们商量,我的母亲、二哥一家和妹妹

1950年6月10日吴石、朱枫行刑前

于8月末9月初由基隆乘船到广州，然后转往香港。随后，由吴石买好从台北直飞香港的机票，并亲自送我父亲到机场，看他走进了飞机。紧接着，吴石也悄然来到香港，经何嘉联系并陪同，到港岛牛奶公司与余秉熹见面，他们单独做了长谈。事后，何嘉陪吴石渡海过九龙，吴石笑着对何嘉说："小妹，我该给你买双鞋了，为我的事情，你的鞋都跑坏了。"吴石对我们兄妹，一向是很亲切随和的。这次，吴石很快就回台北了。10月初，吴石再次来到香港。何嘉再去找余秉熹。余秉熹说："万景光已来香港，这个事情今后由万景光负责。"（万景光时为中共华东局对台工作委员会驻港的领导人）。第二天，万景光就到九龙塘沙福道李朗如（香港陈李济的老板，解放后曾任广州市副市长，是我大哥的岳父）家来看望了我的父亲，随即由我的两位哥哥和妹妹陪同去见吴石。谈完话，告辞出来，万景光又命何嘉回去送吴石。当天下午，吴石飞回台北，何嘉送他到启德机场，目送他离去。

聂曦英勇就义

吴石回台后，曾三次派人送情报到香港。其中两次是由他的亲信聂曦上校送来，一次是托我姑父的弟弟送来。都是由吴石亲自封好，写明由我父亲亲启，送到九龙塘沙福道李宅。这些情报都原封不动地由何嘉及时转交万景光了。1949年12月，我父母和妹妹由香港回到上海。仅仅隔了几个月，便传来了吴石伯伯在台湾遇害的消息。我父亲闻此噩耗，痛不欲生，致心脏病发作。父亲生前多次说，"吴石是为人民解放和祖国的统一牺牲的"。对这位生死知己的死，父亲怀着复杂难言的隐痛，这伴随了他整个晚年。

吴石有一子一女留在大陆，长子吴韶成，毕业于南京大学经济系，高级经济师，是河南省冶金建材厅总经济师，河南省第六、七届省人大代表。长女吴兰成毕业于上海第一医学院，是中国中医科学院研究员，享受政府特殊津贴的专家，北京市第六、七、八届政协委员，还是北京市"五一"劳动奖章获得者。他们长期承受外界的误解甚至迫害。1972年，吴韶成写信向中央申诉。在周恩来、叶剑英的直接干预下，1973年吴石将军被追认为革命烈士。吴石夫人王碧奎女士当年也被牵连入狱，吴石牺牲后，经故旧多方营救才被释放。她独自含辛茹苦地抚养了年纪尚幼的次子次女，直到1980年5月才得以移居美国洛杉矶。翌年冬，在有关部门的安排下，吴韶成、吴兰成赴美探亲，分离近40年后，骨肉终获团聚。韶成兄妹带回其父在狱中秘密书写于画册背面的绝笔书，这是吴石留下的最后的笔墨。他概述了生平抱负，想到了凝聚多年心血的众多军事著作和诗词作品，"均愿知我诸友好，设若予有不幸，为我辑印之也"。他想到了尚存于家乡的藏书，"亦望将来儿辈善为我整理保存，如能请诸友好协助，为我设小规模图书馆，以作纪念，俾我爱书与好读之美习，传诸后人，则何幸如之"。他怀念在战乱中失去的四个孩子，表达了对妻子的歉意和深深的眷恋，还表示不忘故人对自己的恩惠。想到他在大陆读书和台北身边的两男两女，这位炎黄赤子写道："余素不事资产，生活亦俭朴，手边有钱，均以购书与援助戚友……所望儿辈体会余一生清廉，应知自立，为善人，谨守吾家清廉节俭家风，则吾意足矣。"这是何等的凛然正气！末尾，吴石满怀壮志未酬竟被叛徒出卖的悲愤，留下一首绝笔诗："天意茫茫未可窥，悠悠世事更难知；平生弹力唯忠善，如此收场亦太悲。五十七年一梦中，声名志业总成空；凭将一掬丹心在，泉下差堪对我翁。"吴石，人如其名，他像一块巨石，坚硬、厚重、洁净、朴实无华，最终挺立在历史的湍流里。

1991年12月10日，长期在周恩来总理身边负责国家安全工作的罗青长（国务院原副秘书长），在北京西郊燕山饭店亲切接见韶成、兰成兄妹时说："我们对你们父亲的事一直念念不忘，我当时是当事人之一。1972年接到你（指韶成）在'文化大革命'期间蒙受不白之冤的申诉报告，周总理、叶帅都亲自过目并做了批示，派人去河南专门处理此案，落实政策。确实是很不容易的。总理弥留之际，还不忘这些旧友，专门找我做过交代。你们父亲为了人民解放事业和祖国统一，作过很大贡献，这有利于加速军事进程，避免重大伤亡。最终他献出生命，我们是不会忘记的。"接见时，我和谢筱乃在座。罗青长为吴石烈士纪念册的题词是："要知松高洁，待到雪化时"。

1993年2月，王碧奎女士在美国洛杉矶逝世。1994年，吴石小女吴学成从台湾捧回了父亲的遗骨，

吴石在狱中遗书

1994年4月22日，吴石、王碧奎骨灰安放仪式。左起：吴健成、吴韶成、何康、吴兰成、吴学成

谢筱乃为吴石烈士纪念册书写之题词

罗青长为吴石烈士纪念册书写之题词

1991年12月10日，罗青长于北京西郊接见吴韶成、吴兰成时合影。右起：何康、吴兰成、罗青长、吴韶成、谢筱乃、任霓、宋晓鹤

吴石幼子吴健成从美国捧回了母亲的遗骨。国家有关部门遵照二位故人的遗愿，把他们合葬于北京福田公墓，并由我主持举行了小范围的追悼仪式。

近年，台湾政局已发生重大变化，和平发展已经成为两岸同胞共同奋斗的目标。在这样新的历史时期，缅怀这位为人民解放、祖国统一流尽热血的爱国者，更有其特殊意义。历史终归是属于人民，属于伟大的中华民族的。

吴石丹心永照！吴石忠魂不朽！

# "有事情,找何康"
## ——为了吴伯伯的嘱托

何 迪

吴石之子吴韶成在接受凤凰卫视《冷暖人生》栏目的采访时,提到1949年吴石赴台前,他收到一张神秘字条,是"父亲的字迹","有事有困难你找何康"。1950年6月,当从香港报纸上得知父亲吴石牺牲的消息,他立即前往上海,找到华东农林部副部长——原中共上海地下党与吴石的联系人何康了解情况。除了证实他父亲已经牺牲外,没有其他任何消息,而在台湾的母亲和弟、妹,也从此下落不明。当时何康还交代吴韶成参加工作后,如遇组织审查,"也不要多说这些事,这些事到现在为止牵涉的人太多,台湾还有人呢。"从此,吴韶成、吴兰成兄妹一直守口如瓶,在家庭出身一栏填写的是"国民党旧军官"。吴韶成1952年从南京大学毕业后被分到边疆锻炼,后调到郑州河南冶金局工作;吴兰

给吴石子女颁发的烈士证证明书

成则从上海第一医学院毕业，被分配到内蒙古大兴安岭的牙克石林场医院当了儿科医生。他们努力工作，先后入了党。但是在"文革"期间，由于出身问题，他们受到了严重冲击，不予恢复党籍。1972年吴韶成给中央写信申诉，在周总理和叶剑英元帅的亲自过问下，由总理办公室副主任罗青长操办，1973年8月30日以密件形式，中共西苑机关分别给吴韶成、吴兰成的单位出具了公函，证明"吴石同志于1947年即开始为我党工作，后按组织意图赴台湾执行任务，为革命事业做了不少工作，作出了应有的贡献。1950年春，因我台湾省工委遭敌破坏，吴石受牵连而被捕，该年夏天被蒋匪杀害于台北。当时为了保密起见，未给吴石同志的子女发烈士家属证明书。今后，对吴韶成（吴兰成）同志应作革命烈士子女看待。"

这份烈士证明迟到了23年。当年作为党的干部和直接联系人，父亲让韶成兄妹保守秘密，这是遵循组织的要求。但作为个人，他深感内疚，从此重负压肩。而作为民主人士的爷爷，对吴石遇难，痛不欲生，认为挚友是替他赴难，为此对华东统战部部长大发脾气，批评他不该把吴石的关系交给台湾地下党，省工委书记蔡孝乾为他小姨子姘头离台，让吴石帮开具出境证，坐实了吴石"通共"罪名，导致吴石遇害。1965年，在侄儿辈的吴韶成面前，爷爷忆及老友，声泪俱下，但对韶成兄妹的处境爱莫能助。于私，面对挚友之情，对长辈之恩，愧疚像块巨石压在了爷爷和父亲的心头；于公，还先烈英名，予后代关照，是父亲这辈共产党人为组织应尽的责任。

## 一、解除秘密，彰显英名

1973年8月，中共中央直属西苑机关给吴韶成、吴兰成单位出具的吴石烈士证明函，是密件；1975年，河南省革委会发放了因战因公牺牲人员家属光荣纪念证；直至2006年，在父亲和达叔的帮助下，中央民政部正式发放了烈士证书。1981年，韶成、兰成赴美探望母亲；1994年4月，吴石夫妇骨灰回京并举行了安放仪式，这一切都是在保密的情况下进行的。2006年，作为当事人，父亲决定将这段历史真相披露出来。他邀请了大伯伯何世庸、姑姑何嘉一起回忆，由达叔整理，写下了《从大陆战斗到台湾——缅怀吴石伯伯》一文。文章开头写道："在中国大陆，由于多方面的原因，长时期来知道此事的人很少。直到20世纪80年代中期以后，随着境外信息的涌入，坊间有关传闻渐多，报刊上介绍吴石的文章也偶有所见。由于信息不畅，难免有些猜测、舛误。岁月倏忽，我也已到耄耋之年，作为

2008年，在何遂120周年诞辰纪念日出版了《何遂遗踪》，披露了吴石与何遂的友谊及为祖国统一而英勇牺牲的事迹

与吴石有两代深交的当事人，谨述所知，既是对吴伯伯深切的缅怀，也是对两岸坚冰雪化的期盼。"

这篇口述成文后，父亲、达叔让兰成、韶成过目，提出意见，韶成特别建议将其父亲的绝笔诗纳入文中，"凭将一掬丹心在，泉下差堪对我翁"，成为全文的点睛之笔。尽管有关部门仍以保密为由，有所保留，但父亲以83岁高龄，希望在有生之年看到吴石伯伯的事迹不再被湮没、不受曲解，还历史真实，这是父亲重友情、讲道义、显良知的责任。这篇回忆文章发表于《百年潮》2007年第一期，后经达叔增补，收入了《何遂遗踪》，于2008年和2014年分别在香港、内地刊发，成为缅怀吴石将军的权威文章。

2003年春，家乡福州党史研究室研究人员郑立受吴韶成委托，开始撰写吴石传记。"从一片空白开

2003年春，父亲与达叔在家中接待《吴石传》作者郑立

始起步，在此后2200多个日子里，一次次在旧书堆、旧报刊堆里进行大海捞针式的搜寻，一次次与知情者进行敞开心扉的交流，一次次对着吴石将军留下的遗墨和存数不多的著述发问，在一点一滴的积累中钩沉出浮出水面的历史影像。吴石将军究竟是怎样的一个人？他是怎样从水乡少年到北伐少年？他是怎样从名校'状元'到抗日儒将？他是怎样从国民党心脏送出大量秘密核心情报，为解放战争战事的加速结束作出特殊的贡献？他是怎样从大陆战斗到台湾？他就义后是怎样得到中共中央的高度重视和内部隆重悼念的？"在后记中，郑立特别感谢了"吴石将军的生前好友——国家农业部原部长何康给予指导"。"在采访何康、朱晓峰、蔡学仁、陈振涛等一批老地下党人时，他们当中有的已患上失忆症，刚做过的事一下子就记不清了，但一讲起曾经的岁月，哪怕细小的情节也无一丝模糊，宛如刚刚发生，真是刻骨铭心！他们对已逝战友的回忆往往动情致老泪纵横。他们对党的忠诚及对已逝战友的忠贞，让我经久不能忘怀。"

我在父亲遗物中看到达叔整理的郑立访谈记录，这一场景仿佛就在眼前。还有一封2004年1月

10日吴韶成给父亲的来信，对郑立"专程去北京找您，得到您的热诚接待，详细介绍过去史料，对此事给予了有力帮助，我们十分感谢！"。但得知郑立将下放到基层锻炼，希望父亲给福州有关方面打个招呼，"以免半途而废"。经过8年的努力，《冷月无声——吴石传》终于在2012年4月由中共党史出版社出版，成为吴石将军最权威的传记，国家安全部政治部将其纳入"党的隐蔽战线纪实作品丛集"。

坚持历史的真实是对先烈的尊重，是父亲、达叔、韶成、兰成等后代们以及传记作者郑立始终坚守的原则。2010年应《百年潮》杂志之邀，吴韶成撰写了《五十年代在台湾殉难的吴石将军——挥泪忆和父亲走过的岁月》。2011年第3期《百年潮》发表时，编辑作了删节，致使出现两处硬伤，特别是关于吴石和日本友人鹿地亘的故事。韶成深感不安，写信给达叔，希望向编辑转达他的意见。针对于国内及港台将吴石称为中共特别党员、"秘使一号"、毛泽东赋五言诗赞扬等宣传文章，郑立在2014年7月刊的《百年潮》中撰文《吴石若干史事考》进行澄清，以上说法、诗词皆为杜撰。父亲生前对这类根据政治需要违背历史事实的宣传不认同，他说，吴石不是共产党员并不影响党的形象和威望，反倒更能说明党的感召力。中国共产党代表了中国人民的愿望，社会进步的方向，使吴石、爷爷这样的国民党高级将领和官吏愿为党工作，以至牺牲生命。2009年电视剧《潜伏》大热，吴石被说成是余则成的原型。谍战剧风行，不少剧情十分离奇，把地下工作商业化、娱乐化编排，何、吴两家的后代对这种倾向十分反感。他们赞同郑立的看法："其实，余则成是虚构的，吴石确是真实的。感谢电视剧《潜伏》、感谢网络，是影视、网络的能量，开始唤回沉睡的英名。当然，最应该感谢的是英雄。是英雄引领着时代，创造一个民族的今天和未来。吴石将军属于理解那一段历史的人们。他的精神属于中国人民，属于中华民族，属于全人类！"

## 二、尽关怀烈士后代之责

吴石在大陆的一双儿女始终是父母的牵挂。特别是吴兰成1953年由上海第一医学院毕业，服从分配到牙克石林业局医院工作。兰成给我们的微信回忆道："当年地图找不到这个地方，牙克石是非常寒冷的地区，冬季气温低达零下40摄氏度，我在牙克石林业医院工作了近26年。20世纪七八十年代林业部从基层调一些科技人员到北京部里工作，牙克石林区也调了数名，其中包括老伴儿陈进森。为照顾夫妻关系我也到了北京，离开了原来的工作岗位，我必须重新找工作，可是初到北京一切都很生疏，找工作成了难题。希霞姐（我的母亲）了解到我的处境，主动协助我找工作岗位。在她的关心和热情相助下，我得到去中医研究院（现更名为中国中医科学院）信息研究所应聘的机会。院方同意录用，条件是不给分配住房。根据我副主任医师的职称被聘为副研究员，虽然离开了临床，但因急于找工作我同意应聘。不久，希霞姐又给我提供更合适的岗位，去中日友好医院应聘，可惜信息所不同意，没有办成。虽然这是遗憾的事，但是我在信息所遇到了好领导，他们都是敬业、勤奋、公平、正直的人。因工作需要派我去美国最大的医学图书馆——美国国家医学图书馆进修，学习先进的医学信息知识。回国后他们支持我的工作，到退休年龄后又工作多年。尽管我在信息所不从事临床工作，而是一个新的领域，重新学习到新知识，发挥自己应有的作用，工作得很愉快。饮水思源，这一切都要感谢希霞姐的关心和热情无私的帮助。"

其实，这背后有故事。

1976年，母亲从广州到北京探亲，途经郑州，专门去探望了韶成夫妇，得知兰成的情况。1978年父亲调回北京，任农林部副部长，在基层选调干部时，特别推荐了陈进森。1979年进森、兰成调京后，在林业部家属楼安排了住房，与我们同属一个大院。我儿子何昭刚上幼儿园，一有病，就请吴兰成阿姨，她也因此成了儿子的家庭医生。晚年她随女儿定居美国，2021年不幸因病去世，享年91岁。

1980年5月，吴石将军夫人王碧奎移居美国洛杉矶，与幼子吴健成一起生活。为韶成、兰成赴美探亲，有关部门进行了特别安排。1980年10月，父亲率科教代表团出访美国，特地到中国驻旧金山的领馆，为韶成、兰成打前站。母亲在父亲的记事本上特地列出了有关部门的六条意见，涉及航行订票、护照签证、联络方式，特别提出欢迎吴夫人及健成回国，或探访，或定居，领馆给予签证、经费、机票、交通等协助。母亲还附加了建议，了解位于洛杉矶的吴伯母处的食宿条件及安全情况。除探亲之外，兰成还想参观医院和收集医学资料，请领馆帮助安排。

1981年，韶成、兰成兄妹随中国冶金代表团访美，随后与分别了32年的母亲、弟、妹团聚，并看到了父亲吴石的狱中自述。吴石讲述了他的一生，并留下对子女的嘱托，写下了他临终前的著名诗句。2006年8月23日，韶成在给达叔的信中写道："文中（即何康缅怀吴石伯伯文）提及遗书中的两件事：(1) 对军事著作及诗词，'均愿知我诸友好，设若予有不幸，为我辑印之也'。按其著作已印行仅有《兵学辞典》《孙子兵法简编》《克罗则维兹兵法研究》，其余《左传兵法》初稿，《新国防论》《游日纪行》《新战法》《抗日回想录》《历朝武学集解》等十余种均集有资料，据学成回忆，台寓所被抄封后，未留只字片纸,已难辑印。(2)存在大陆部分均寄存于福州市区及螺洲乡里,'文革'中竟被全部查抄,荡然无存。在台北家中所存书也全部散失。父亲遗嘱:'亦望将来儿辈善为我整理保存,如能请诸友好协助,为我设小规模图书馆,以作纪念,俾我爱书与好读之美习,传诸后人,则幸何如之。'均未实现,实感愧疚!"

吴韶成于20世纪90年代退休,1999年父亲给河南省委书记马忠臣写信,并提供了证明材料,河南省委组织部于12月10日通知父亲:"省委书记马忠臣同志和我部领导非常重视,及时做出了明确批示","已研究同意将吴韶成同志的参加革命工作时间由1952年8月更改为1948年8月",享受离休待遇。吴韶成的遗憾也由家乡后人弥补,由郑立策划,经10年努力,60多万字的《吴石遗墨》终于在2022年面世,以告慰吴石将军的在天之灵,同时也完成了韶成、兰成和父亲、达叔的心愿,感谢父老乡亲为传承先辈们的精神而作出的贡献!

## 三、义重千秋

每逢清明,我们都会去西山脚下的福田公墓祭拜,那里有爷爷何遂、吴石将军、外公缪秋杰并排而立的三个家族墓。建立家族墓是母亲的主意。1966年10月1日,瘫痪在床的外公(缪秋杰)绝食而亡,外婆和三姨也先后离世,他们都没有留下骨灰。"文革"结束后,退赔及变卖外公生前所住四合院的款项,母亲建议用2万元建墓地,最后选择了福田公墓。1989年12月,墓里放入了外公、外婆、三姨的遗物和已去世亲人们的骨灰。第二年,吴石将军的骨灰安葬事宜提上了日程,母亲建议就在外公墓旁购地。经有关部门同意,建造了墓室,竖了墓碑,以待吴石将军归来。1991年12月10日上午,父亲亲自陪同韶成、兰成兄妹去福田验收了完工的墓地,然后一起参加了罗青长、谢筱乃的会见,并用了午餐。罗青长部长说了后来广为人知的那段话:"我们对你们父亲的事一直念念不忘,我是当事人之一。"在周总理、叶帅亲自过问下,落实了政策,他的贡献,牺牲了生命,"我们是不会忘记的"。1994年1月4日,为吴石夫妇骨灰安放事宜,父亲再次陪同吴韶成夫妇拜访了罗青长。在吴石将军的纪念册上,罗青长题写了"要知松高洁,待到雪化时"。

1994年4月22日,韶成、兰成和分别从台湾、美国回来的妹妹学成、弟弟健成,捧送父亲吴石将军、母亲王碧奎的骨灰来到福田公墓,何家的第二代——大哥何世庸、二嫂韩蕴、妹妹何嘉、弟弟何

1991年12月10日，父亲何康陪同吴韶成、吴兰成于吴石墓碑旁

1994年4月22日，吴石、王碧奎骨灰安葬仪式，父亲何康铲下了第一锹土

达悉数出席,吴伯伯、吴伯母是看着他们长大的,不是亲人胜似亲人。父亲代表相关部门主持了骨灰安放仪式,并致悼词:"吴石将军、王碧奎女士是爱国主义者,他们同情共产党领导革命,渴望中国有一个光明的前途,对于国民党贪污腐败深为不满,对于蒋介石消极抗日、积极反共十分不满。吴石将军曾经表示决不直接参与内战指挥,不为蒋介石出一谋一策,对投降日寇的国民党将领非常蔑视。抗战胜利后,吴石将军反对内战,致力于全国解放和祖国统一的大业,功垂千秋。吴石将军博学多才,廉洁奉公,忠厚待人,爱憎分明,一生两袖清风,在那个时代实在难能可贵,这是我们亲眼看到和亲自受到的教育。吴石将军牺牲后,遗书子女要谨守清廉勤俭家风,树立民族正气,爱国思想溢于言表。吴石将军为中国人民的革命事业献出了宝贵的生命,今天我们在这里举行吴石将军、王碧奎女士骨灰安放仪式,实现了我们多年来的心愿。我们相信,吴石烈士的精神将不断激励我们为实现祖国统一大业、振兴中华而努力奋斗。安息吧,吴石将军、王碧奎女士!"其间哽咽不已、老泪纵横,在场人员无不唏嘘。在骨灰入墓时,父亲铲了第一锹土,吴何两家的后人依次铲土,献上鲜花,寄托了45年的哀思。

骨灰安放仪式后,何、吴两家人的家庭聚会

在举行骨灰安放仪式前一天，父亲、郁阿姨陪同韶成兄弟、姐妹们出席了相关部门在原孙中山北京寓所举行的内部追悼会和座谈会，贾春旺部长亲自主持。在这后一天，何、吴两家亲人们齐聚父亲家叙旧，吴伯伯夫妇魂归故里，血浓于水的亲情将永续。

2008年是爷爷何遂诞辰120周年。由父亲领衔，达叔主编，何家后代一起编撰并出版了《何遂遗踪》，并决定建立何氏家族墓。大家不约而同地选择了福田公墓，建在吴石、缪秋杰的墓旁。爷爷于1968年1月10日去世，骨灰存放在了八宝山革命公墓第三室。要取出骨灰，须办手续，遂找到人大常委会相关机构——爷爷在"文革"中去世，竟无任何档案留存。爷爷担任了三届人大代表、人大法案委员会委员，二伯何世平曾任该委员会办公室副主任，他当年的同事还记得有这么一位老人，做出证明，最后由时任人大常委会秘书长盛华仁批准，才将爷爷的骨灰取了出来。2007年4月20日，由孙子辈中与爷爷一起生活时间最久的我主持了爷爷、奶奶和二伯、堂兄的骨灰安放仪式，除了94岁的大伯伯何世庸因病在广州住院，30多位何家后代全部参加，85岁的父亲宣读了由达叔撰写的碑文，结尾是

2014年清明，西山无名英雄烈士广场揭幕。吴韶成一家到家中看望父亲何康。左一为吴韶成女儿吴红

2019年10月22日，福州三山人文纪念园中吴石、何遂塑像揭幕，何达与吴红夫妇留影

"先生性豪侠，广交友，平生知己莫过吴石与缪秋杰。今三人墓室相邻，岂天意乎？"。

2014年清明，吴韶成夫妇带着女儿吴红从河南到北京，参加西山无名英雄广场揭幕仪式。1950年6月10日在台北遇难的四位烈士——吴石、陈宝仓、聂曦和中共党员朱枫——塑像屹立于广场中央，让后人永远记住这些为了祖国统一大业捐躯的地下工作者的英名。活动结束后，吴韶成一家专程看望了父亲和达叔。5月1日，我与弟弟何巍、发小张北英一起，陪着91岁的老父亲、90岁的郁阿姨、83岁的达叔去拜谒吴石伯伯。车停在山脚下，我们陪着三位老人爬上西山。父亲、郁阿姨半路累得不行，

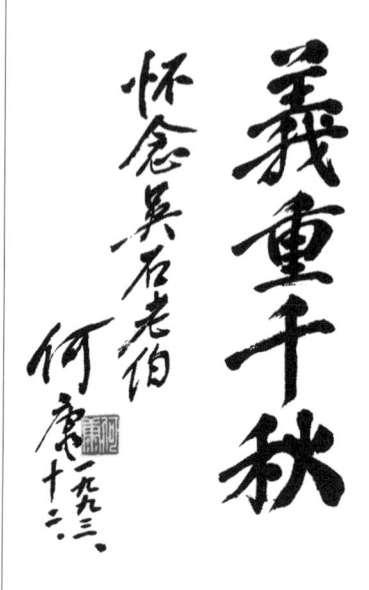

左图：向中国国家博物馆捐赠何遂、吴石诗画长卷《长江万里图》。王春法馆长（左三）观看长卷
右图：何康为吴石纪念册题词

坐在路旁歇息喘气，我看着十分心痛。尽管体力不济，但是他们依然坚持，还要不时与随行的央视摄制组交谈。这是受上海地下党领导张执一的儿子之托，要记录下曾由他父亲联系吴石将军的故事。到了烈士广场，我看到父亲凝视吴伯伯塑像的眼神，深情专注，泛出泪光，行三鞠躬，父亲的腰弯得那么深，每一躬都寄托着爷爷对老友的思念，都代表着党组织对烈士的祭奠，都蕴含着父亲对长辈的感恩。

2017年9月下旬，福州三山人文纪念园董事长林军来北京看望父亲，提出了在家乡建吴石将军塑像的想法。父亲动情地说："吴伯伯本来可以拥有富足稳定的生活，却为理想和革命事业而牺牲，值得我们永远怀念。能在家乡设立吴伯伯的塑像，让他魂归故里，青史留名，这更是一件大好事，你们的想法我完全赞同！"他嘱咐儿子何巍："这个事情我们要全力支持，我年纪大了，你们后辈一定要多出力帮忙！"在告别时，父亲向林军等后辈们深深鞠了一躬，在场的人无不为之动容。2019年10月22日，吴石和何遂的塑像在纪念园落成，父亲专门题了词。

达叔、敏姑和何家第三代十数人，与吴石孙女吴红夫妇、聂曦的亲人参加了揭幕仪式。达叔和我代表何家发言："今天，何遂与吴石的塑像在老家福州落成揭幕，这承载着他们的友情与追求，为了他们一生挚爱的祖国人民的幸福安宁，国家的繁荣富强，早日实现和平统一大业。让我们铭记历史，共同努力，这是对他们最好的纪念。"回京后，我们带着《致敬英雄——吴石将军、何遂将军铜像落成揭幕仪式活动手册》，去北京医院向父亲汇报，父亲说："吴伯伯与爷爷是国民党的高官，他们最后都选择了与党同行，很不容易。咱们这个家族也很不容易，全都走上了革命道路，为人民幸福、国家富强奋斗了一辈子。你们要好好把这些历史记录下来，传承下去。"这让我想到父亲给吴石将军纪念册的题词："义重千秋"，为民族国家，为百姓苍生，他们舍生取义，奋斗终身！父亲为了吴伯伯"有事情，找何康"的嘱托，惇信明义，尽心尽力，直至生命的最后一刻。

2014年5月1日，在西山无名英雄烈士广场吊唁吴石将军

## 四、最后的嘱托

2021年4月，90岁高龄的达叔确诊淋巴癌，已是晚期。在入院化疗之前，他将由爷爷作画，吴石题诗四首的《长江万里图》66.4米长卷交给了我。诗画成于1941年，历经战争与政治运动的磨难，至今（2021年）已保存了80年。达叔是何家第二代中经历最为坎坷（曾被打为右派，"文革"中几乎被打死），但意志极为坚强的长辈。从20岁起，他开始记载爷爷口述的历史，用其一生为爷爷、兄长、姐姐执笔，耗尽心血。他主编了《何遂遗踪》，写了以爷爷及何家兄弟为背景的纪实文学《辛亥血》《碧涛》，最后还以89岁高龄，出版了长篇小说《战未决》，跨入了作家的行列。在实现了最后的心愿之后，达叔遂将二三十年来收集的家族资料转交给我，让我继续承接书写家族历史的任务，因为中国现代史里有个"老何家"。吴石与何家两代人的生死之交是重要的一章，《长江万里图》是这一章唯一的历史物证。为避免流失，以致进入拍卖市场（这将是对先人与历史的大不敬），达叔在生命的最后时刻，把它托付给我们，将来与吴石的后人一起将它捐赠给国家博物馆，以寄托对先辈永久的怀念，彰显与传承他们不朽的精神。这是以父亲、达叔为代表的何家第二代的最后嘱托，这就是"义重千秋"！

2021年7月，父亲与达叔相继病逝，结伴而行。我们选择在10月10日上午10时，举行了将骨灰安放在家族墓的仪式。这一天是父亲去世百天，父母结婚76周年纪念日，又逢辛亥革命110周年，如此巧合，真是天意。我在致辞中提道：32年前，母亲选择了福田公墓，为缪家建立了家族墓，在生前还为吴石将军选择了墓地，得使缪秋杰、吴石、何遂生死相交的挚友能择邻而居。白居易写道："每因暂出犹思伴，岂得安居不择邻"，三家人能在此相会。达叔在《何遂遗踪》后记里写道："我们衷心祈望，本书的出版，能把一位一生爱国、一生孜孜不倦地追求进步的已故辛亥老人的拳拳之心留驻于人世间。"三位生于19世纪末的先辈与他们的过世儿孙们长眠于此，同时，他们也永远活在我们的心间，他们的精神传之后辈，以至永远！

# 捐赠《长江万里图》
## ——实现父辈最后的嘱托

何 迪

2023年6月10日对我来说是个特殊的日子：在何家珍藏了82年，由爷爷何遂作画吴石题诗的《长江万里图》在这一天捐赠给了中国国家博物馆。这是73年前吴石将军在台湾殉难的日子；两年前，何家第二代我父亲何康、叔叔何达临终前留下的嘱托，在今天终于实现了。

由邓榕、鲍红牵线，中国国家博物馆王春法馆长观长卷后，2022年11月经馆委会批准，在春法馆长的领导和收藏部、展陈部等相关部门的努力下，一场肃穆庄严、大气温馨的捐赠仪式终于在6月10日举行。来宾近200人，有老一辈革命家的后代，与何家、吴家有直接联系的上海局领导人、及与

2023年6月10日，何迪在中国国家博物馆捐赠《长江万里图》仪式上致辞，前排就座的嘉宾（右起）：吴红、徐小岩、邓榕、袁明、韩启德、王春法、胡德平、陈昊苏、秦昭

何、吴两家并肩作战的同人后代。特别是何家的亲人们，从第三代84岁最年长的大嫂雷蓉到6岁最幼小的侄孙女哆啦，悉数出席，见证了这一时刻，为的是知历史、续传承。

我与吴红代表何、吴两家的爷爷将《长江万里图》原件送到王春法馆长手中，并将国博复制的仿真长卷转赠给了家乡福州三山人文纪念园。

经国博收藏部、展陈部与我们的共同努力，我将家中所藏爷爷何遂的诗画作品、书信奖状和吴红所藏爷爷吴石的遗物提供给国博；福州乡亲林军、郑立，桂林及南京的何遂故旧后代林汉涛、王世清等，都将所藏何、吴两位前辈的书画、印谱复制品送往国博，由国博举办展览。展览分为三个主题：以何、吴两人旧照为主线的生平介绍，冠以"遗踪"；以何、吴诗画长卷为主题的"合璧"；最后的主题环节是"传承"。

我在致辞中重点介绍了展览的"传承"部分。第一部分，是何遂仿苏体写的《后赤壁赋》六条幅和吴石的《石榴红》条幅，吴石的诗词老师、福建大儒何振岱，陈衍、故宫院长马衡题跋的《栖霞山图》。他们敬仰苏东坡的风骨与为人，习苏体数十载。爷爷条幅字越写越大，我原以为是他76岁高龄，气力不够所致，前年去眉州三苏祠，发现苏东坡的字原本就是这样，爷爷仿得认认真真，只是自叹"学书数十年仍有所歉，以力尚未到也"。

第二部分是对中华文物的保护。展览展出了1922年何遂重修邯郸武灵丛台时，撰写的《丛台集序》碑文，和他1941年赠给桂林篆刻家林半觉的《龙隐岩诗画》。

前者作于军阀割据时期，爷爷在碑文序中写道，一战时在欧洲观察，参访了古罗马遗址，新建之邦美利坚合众国现代博物馆，感叹"目击者如游心于历史中，与往古社会相触接，意志美也"。于是重修丛台，集文人碑帖，"以存古物，扬国光，助美育"。

后者作于抗战最艰苦时期，1939年他与徐永昌等访桂林龙隐岩，见旁有凿岩者，已伤及摩崖碑文，于是急告白崇禧而止之。随后比他年轻19岁的桂林文化科员林半觉耗时三年，将桂林及广西其他地方的摩崖石刻3000余幅拓片，保护了文化遗产，成为今天的桂海碑林。何遂和林半觉也成了忘年交，爷爷委托林半觉为其所藏印章200余方拓成了《叙圃印谱》，也在展品中。

第三部分是捐赠。文物为国家所有，用于公众是爷爷倡导的理念。这里展出的是1937年3月陈独秀给何遂的长信手稿，和他为爷爷所抄写的《叙圃甲骨文释略》的石印本，陈独秀题写了"抱残守缺"，成为国家图书馆古籍部的藏本。该馆在甲骨文常设展中介绍："何遂将1932年寄存国立北平图书馆的甲骨（129片）转为捐赠，此批甲骨由此成为国家图书馆收藏甲骨的开端。"藏本也遍及国家图书馆、历史所、北大、台湾历史语言研究所等图书馆，为郭沫若、胡厚宣、商承祚等专家著书所引用。

这仅是爷爷捐赠其中一例。1950年春，他率先向上海历史博物馆捐赠文物6895件，陈毅市长致信称赞："先生不自珍秘，破子孙家宝之例，宏人民共享之怀，嘉惠市民，同怀感佩。"

第四部分是文人雅集。《长江万里图》完成于重庆"擅壑专业之馆"，这是战时国画界同人专业画室，何遂与书画界朋友徐悲鸿、马万里等多有交往。1943年夏在贵阳与友人重展《长江万里图》，展览中有幅他赠给著名文化史、版本学大家柳诒徵的挂幅，记载了此次雅集。

另两幅是1962年春羊城会议为知识分子脱帽加冕，雅集画卷体现了文化人的心境。爷爷作画，题记盛事："1962年2月20日晚，康同璧（康有为的女儿，时年八十三岁）、顾颉刚、戴爱莲、肖三，集同志于从化温泉溪亭。皓月当空，湖影一碧。言慧珠同志歌昆曲，俞振飞师傅吹箫和之，极一时之盛。"

今天的捐赠活动也是一次大规模的文人雅集。爷爷生前捐赠文物上万件，他大概不会想到在他去世55年后，他与吴石爷爷的诗画长卷《长江万里图》会为中国国家博物馆收藏。中国国家博物馆收藏的不仅是一幅诗画长卷，更是收下了两位爷爷对祖国大好河山的忠诚守护、对中华文化的无比热爱的赤

何家第三、四、五代人大合影，为了知晓家史，传承家风

子之心!

陈昊苏大哥现场赋诗两首,他称父亲陈毅率领的华东野战军肩负解放台湾的任务,对吴石将军的牺牲深感悲痛,献诗以缅怀吴石先烈,结尾两句:"赴死凛然成不朽,英雄传奇耀华天。"

再为何遂、吴石的诗画长卷写下:"江流万里青春血,生死一心日月情。世纪沧桑回望处,山高水长仰精英。画写传奇三峡险,诗吟宏宇大江奔。山川绝胜通古今,血谊千秋万代神。"

诗句将大家的情感推向了高潮。

我为捐赠活动特别邀请了《吴石传》的作者郑立一起撰写了文章《诗画合璧传千载》。

## 诗画合璧传千载
—— 何遂、吴石《长江万里图》

为了实现90岁高龄叔叔何达临终前的嘱托,经多方人士共同努力,一幅由何遂作画、吴石题诗,于1941年4月完成,66.4米诗画长卷《长江万里图》在何家珍藏了82年后,终于在6月10日这一天,捐赠给了中国国家博物馆。捐赠日这天正是1950年时任台湾"国防部"次长的吴石将军在台殉难日。

何遂生于1888年,殁于1968年1月10日,吴石生于1894年,牺牲于1950年6月10日;他们是同乡,福建福州(闽侯)人;是军中将领,官拜中将;是文人,深受中国传统文化的浸润,又都有欧、日观战留学的经历与国际视野。他们亲历了辛亥革命、民国肇建、反袁护法、抗日战争、解放战争至新中国成立,始终站在了历史进步的一方。吴石自谓"戎马书生",从军一生,但以文化传人自居;何遂则是"武胆文心",效仿"鲁仲连",合纵连横,但骨子里是中国传统的"侠"与"士"。

这幅长卷不仅仅承载着何遂、吴石的兄弟情谊、文化素养、共同追求、理想信仰,诗画背后的故事更反映出中国近现代史上悲壮而光辉的一页。

### 一、六游长江　三次作画

长江是中国历代文人墨客最钟情的题材。宋元明清都有大画家留下的传世佳作:宋有夏圭、米黻(芾),元有王蒙,明有戴进、吴伟、沈周、文徵明,清有王翚,这些不同版本的《长江万里图》分别珍藏于北京故宫博物院、台北故宫博物院、美国大都会博物馆、波士顿美术馆等地;但是除了清代王翚的16米长卷为长江全貌图,其他名家都只取了长江一段,包括前几年轰动一时的南宋王希孟的《千里江山图》,也只取了长江的庐山和鄱阳湖部分。绝大部分画家也并未走过长江全程,像王翚的长卷是取自前人画作中的神游。

何遂则不同,在1940年冬作画前,已5次沿长江而行,他既受到了先辈画家的影响,又有实际的观察和体验。当他75岁,1963年11月第6次游长江时,在两幅大画上作诗并题记,回忆"乘江蓉(船名)东行至汉,计离渝已十八年,予十二岁入蜀,溯江五次。自思前后,因成此诗,并写为图以志盛代"。他录下了15岁时的诗作:

滩行最险处,涛声乱入耳;仰视不可攀,返顾莫能止。
何安复何危,瞬息决生死;远游良多艰,壮心未能已。

题曰:"此予一九〇三年由蜀返闽,舟过瞿塘所作。今已历六十年矣,生平遭际一何近似乃尔。"

1963年11月何遂第6次溯长江,作画瞿塘峡

何遂把自己的人生与长江相连,把自己的理想、情感注入了《长江万里图》的诗画之中。图中万里长江源出岷山,横贯四川;闯出三峡,奔向江汉;辗转九江,回旋湘赣皖;漫淌苏浙,穿越宁沪,奔腾入海。近70米的长卷在九江段、武昌段、三峡段、川江段均留下了吴石的诗句,画龙点睛,道出了两

位军旅之人在抗日战争中共同的经历与情怀,也用文字描述了画中山水的韵味,让一幅出自二人合作的长江更有了画面的解读。

## 二、"三春鬓改""十丈图成"

何遂、吴石诗画合璧的《长江万里图》完成于1941年春,为首画。自1937年七七事变,经1937年12月南京失守,于1938年3—4月豫东会战、6—10月武汉保卫战,首次长沙会战,何遂先后任第一战区高参室主任、桂林行营总顾问;吴石为国防部第二厅(情报厅)副厅长、第四战区参谋长,他们作为军人直接参与了对日作战。1939年年底至1940年年初,中日桂南战役,国军获昆仑关大捷,阻止了日军切断南部供给线、陷陪都重庆于困境的企图。何遂随同战役总指挥白崇禧亲临前线,战前他写下了:

昆仑关北迁江路,不断闲云自来去。淡淡波光浮一缕,斜阳如血,小梅几树,无那愁情绪。

在桂南战役指挥部广西迁江时写下:

韬略从君仔细论。月光洗地凉如水,壁垒无喧,剑气诗魂。
昆仑关外依然月,有胡笳满地悲凉。矛头藿食,威弧动处,射落天狼。

鏖战之际,他又写下:

文洒从容宴,半付与军书旁午。誓扫胡虏纵横,布衣还问吾土。

这是何等的豪情与气概!他也曾作《画虎题赠白健生(白崇禧)将军》:

昂头风起,传声谷应,山君一怒凭临。家国播迁,乾坤板荡,寇氛可叹陵侵。

他期望与挚友一起,"并力澄清天下,大斗为公斟"。

而吴石作为桂林行营参谋处长参与了昆仑关战役,并以在华日本人民反战同盟西南支部总顾问名义,为在战役中牺牲的三位日本籍烈士松山、大山、鲇川写下了祭文:

太和浩劫,产此鸱鸮。兴戎误国,荼毒生灵。侵略华夏,师出无名。压抑人民,墨动大兵。民生凋敝,农作不兴。灾黎遍野,哀哀其鸣。懿欤烈士,先觉天民。蒿目日弊,急谋自新。誓除军阀,拯溺国魂。一致反战,联结同盟。昆仑广播,警惕愚顽。正义浩荡,河岳星辰。天胡不吊,斫丧鸿熏。闻者哀悼,风悲日昏。英灵不灭,长存永生!

1940年4月,桂林行营撤销,改为军委会桂林办公厅,何遂仍任总顾问。他在《水调歌头·将之桂林》词中写下:

昆仑月,今古在,亦雄哉。
还剩闲愁清兴,付于画心词笔,怀抱豁然开。豪气冲牛斗,泱泱逼人来。

是年冬,何遂开始作画,写《题长江万里图》,首句便是:

浪淘人物今如故,遗恨旧游重省。鱼复云屯,马当风送,难写当时心影。

尽管有昆仑关大捷,他仍难忘"廿七年(1938年)六月十二日随白健生巡视马当,廿七日晨离去而马当即于是日沦陷"。

马当是长江九江段中的关键要塞,有坚固工事与重兵把守。守军长官贻误,使保卫武汉的门户大开。吴石在画中距马当40公里的九江段写下了他的第一首七绝:

依旧烟岚入画图,年时游屐遍匡庐,
云中五老女相顾,识得劳人面目无。

《长江万里图》九江段

这是在描绘入画的"烟岚",回忆"游屐匡庐"。1937年七七事变后,蒋介石发表了著名的庐山声明:"如果战端一开,那就是地无分南北,人无分老幼,无论何人,皆有守土抗战之责任,皆应抱定牺牲一切之决心。"国共第二次合作、抗击日寇,九江庐山,成为见证。

但是,马当之耻难以忘怀,再追忆南京失守、武汉战役,何遂写道:

吴头楚尾凝望。溯从天到海,雄奇无尽。十丈图成,三春鬓改,举首苍冥高迥。

当年何遂与吴石同离南京,溯江武汉:

铁瓮城,何苍莽。秦淮水,休惆怅。正纵横胡骑,谁堪乘障。半着已教全局误,大言不自今朝诳。抚无弦汉上且羁迟,吾犹壮。

诗中有着何遂对南京失守的悲愤,转至保卫大武汉;马当再失,撤离武汉;至1941年春,"三春鬓改",心痛所致;"十丈图成",情系长江,抒发"吾犹壮"的豪情;"誓扫胡虏"的意志,"布衣还问吾土"的决心,尽蕴含于《长江万里图》中。

### 三、抚今思昔 "鸿文椽笔"

1941年春,作画之时,正值黄花岗起义30周年纪念日,何遂作《鹧鸪天》两首,题记:

黄花岗纪念日。回忆辛亥春仲,将有广州之役,时方声洞、陈更新、严汉民、王印芗诸君集桂林福棠街二号予所（现改江南街三号，在江苏会馆对门）比首涂，予与方韵松、刘崑涛、杨子明送之大圩而返。及三月廿九日广州事败，予等未及发而罢。诸君中有生还者，复来桂寓予所。门外侦骑四集，予驱走之。再接再厉，遂有八月十九日武昌之役。予分道北走，于九月十日率十二混成协至石家庄，与晋革命军合。九月十二日，吴公禄贞至。予衔命赴娘子关，约阎百川来会。十四日阎吴既定策。十六夜吴公忽被刺。翌日晋燕军举予为燕军都督，兼燕晋联军副都督，以继吴公。已而清军大集，阎遂不出关，事竟无成。抚今追昔，感慨系之。

词中"英雄各有文章在，圣义应教性命轻"，舍生取义成为一代辛亥志士的信念。

吴石在《长江万里图》武昌段，题诗：

武昌夏口大江流，廿二年前忆旧游。
几度探幽攀古阁，也曾寻醉踏芳洲。
孤心郁勃隐双剑，共济安危托一舟。
楚客江篱无限感，秋风斜日更添愁。

"武昌夏口大江流，廿二年前忆旧游"，这一句记载了1919年，吴石初识何遂。时广州护法军政府委何遂为"靖闽军司令"，联络福建志士，共襄义举，推翻军阀李厚基，事泄失败，牺牲十余人，何遂、吴石等结伴逃亡至武汉。

"孤心郁勃隐双剑，共济安危托一舟"，这一句写下了吴石与何遂的共同理想与抱负，这让他们成了生死之交！

《长江万里图》武昌段

回到现实，中日激战已三载，再溯历史，何遂寻古访重庆合州石头城，感慨万千，借古寓今，写下了《满江红·登合州钓鱼台访余玠故城》：

独钓中原，竟难遣怒涛声歇。扼东川卅年筹战，歔欷前烈。断础天池遗恨石，峭岩城堞伤心月。叹南风不竞死声多，何凄切。孤臣涕，终消雪。同仇忾，宁澌灭。赖鸿文椽笔，补苴亡缺。剑气犹张余玠胆，炮风空喋蒙哥血。剩寒蛩处处吊颓宫，雏危阙。

余玠为南宋名臣，曾任四川安抚处置使，开府重庆，筑合州钓鱼城。1258年，蒙古大汗蒙哥围攻合州，被炮火击伤死，故有"蒙哥血"一句。全词以追思余玠为主线，洋溢着悲壮的情绪，表白了自己愿效仿余玠，与日寇血战，哪怕为国捐躯的决心。"剑气犹张余玠胆"与吴石的"孤心郁勃隐双剑"，都是军人在国家危难之际，一剑在手，责任在身，以诗言志，必胜顽敌！

**四、"奇险夔门""沧桑可论"**

三峡自古是文人墨客描绘长江诗画最多之处，何遂、吴石也不例外。何遂在此着墨最多，此处最奇，也最为险峻、最为壮观，因为这里是通往四川的大门，战时陪都重庆的关隘。何遂在1963年夜泊白帝城时，有感"有若风云者，波浪盖天涌，千古不能扫"。于是他作画夔门，题诗：

瞿塘峡八里，奇险在夔门。
岩石如斧劈，尚留亿年痕。
四川旧内海，沧桑若可论。
内水与外水，劈开万山根。
因此成奇景，请君看夔门。

画是当年《长江万里图》三峡的放大版，气势更加雄伟，因为"远游良多艰，壮心未能已"，15岁时留下的豪言壮语，在抗日战争的艰难岁月中，更显得悲壮。

1963年11月游长江，作画三峡（左）、夔门（右）

吴石题写的诗句：

远览方知天地宽，心安蜀道未为难。
香溪初望昭君里，险水又经崆岭滩。
艛艓顺流飞鸟过，峰峦当路怒猊蟠。
欲探何处闻猿峡，一为停舟着意看。

这部分诗句尽显了这对军人将领的胸怀，对未来必胜的信念，险水峰峦，"心安蜀道未为难"，因为"远览方知天地宽"，同时也描绘了画中三峡险滩急流、峰峦盘旋的景象，观飞鸟闻猿声，着意停舟，道出了文人雅士的情怀。

《长江万里图》三峡段

1941年何遂迁居重庆，与立法院同人在北碚筑屋，与文人画家交往频繁，在"擅壑专业之馆"（何遂1943年作画题图），即战时国画界同人专业画室，开始创作《长江万里图》。

四川旧为蜀国，诸葛武侯是何遂心中的偶像，在抗日战争的艰难时期，更令他怀念这位名相。看《定军山武侯墓图》，一连作词三首，借古抒情："大星（诸葛亮）仍未陨，终古有光芒"，"壮志依然在，不道禄千钟"，"手有横磨剑，行矣破黄龙"，"日暮吟梁甫（意为葬歌），宇宙共悠悠"。诸葛精神不死，千载风骨仍存，这也成为《长江万里图》川江段的主题。

吴石为此段题图呼应：

恕无俊语酬风物，如此江山处处幽。
杰阁凌虚吞远势，孤城衔日入深秋。
四峨隐约云中辨，三水飞腾峡里流。
胜地故应人杰萃，摩挲往迹思悠悠。

《长江万里图》川江段

两千年诸葛亮的精神不死，"摩挲往迹思悠悠"，"胜地故应人杰萃"，蜀地成为抗日战争的中心，中华民族魂魄皆在川江段气势磅礴的山水之中！同时也描绘了画中有气吞长江的凌虚杰阁，深秋暮林的衔日孤城，云中隐约的峨眉山峦，峡里汇入的奔腾瀑布，一幅大好河山，怎能让敌寇染指。吴石与何遂是生死之交的兄弟，他们的诗画也互为表里。

## 五、画卷重展 "荡涤倭氛"

1943年，全民族抗战已进入第六个年头，但是中国再不是孤军奋战。1941年12月7日太平洋战争爆发，中、美、英结成了世界反法西斯的战时同盟，开辟了太平洋战场、中缅印战场，在中国取得了第三次长沙会战的胜利。作为军人，何遂、吴石参加了三次长沙会议，吴石作为第四战区的参谋长，在前线作战，何遂则作为立法院军事委员会委员长，在后方坚守。

"癸未（1943年）盛夏客贵阳，一晴十雨气候如秋，重展长江万里图，纷然往事都在心头，叠赠劬堂（何遂好友，著名学者柳诒徵）韵，再题此图。"何遂睹画思友，"系孤舟吊黄夔畔，天涯愁共人远"。尽管"笔端无尽豪游兴"，"可奈宫移羽换"。战乱的漂泊已成习惯，画中"看一派岷峨，江绕千峰乱"。

尽管战事频繁，但是文化活动不断。在桂林、川渝，以至1943年夏居住在贵阳，何遂与各界文化学人交往，留下了许多诗赋绘画，有立法院的张维瀚、彭醇士、陈孝威，参议员钱永铭、章士钊，故宫的马衡，考试院的周钟岳，贵阳名家桂百铸，历史学家梁敬錞，诗人陈颂洛，图书版本大家柳诒徵，篆刻大师周哲文、林半觉，大画家徐悲鸿、马万里、高甜心等，文人墨客不一而足。其中交往最密切的好友，属吴石、缪秋杰也。何遂曾作词《水调歌头》：在漓江仿兰亭集会，聚四十余人，"陪都胜，名流集，发清讴。犹今视昔，千古天地一沙鸥。筹笔卧龙西蜀，磨剑屠鲸东海，烽火靖高楼"。继承光大中华文化传统，守土卫国抗击日寇是"戎马书生"的责任，也是"武胆文心"的彰显，两者实为一体。

何遂"廿八年（1939年）春偕次辰（军令部长徐永昌）却长绍戡参议游龙隐岩，见有于龙隐洞侧凿石作洞者，放翁（陆游）诗境刻石已罹此劫，行将及于宋三平蛮碑矣，次辰亟为言于健生主任而止之。三十年（1941年）三月重来桂林，半觉兄出示桂海碑目，知将于来月集全桂石刻拓本开会展览，属予为文记之"。这是何遂为篆刻家林半觉作《龙隐访碑图》写的后记，记述了为保护广西碑刻遗址的故事。时年林半觉32岁，与何遂相差19岁，为桂林政府文化科员，地位也颇悬殊，但为了保护桂林岩刻碑文，两人成为忘年交。林半觉耗时3年，将广西摩崖石刻拓片3000余幅，在湘桂大撤退时，抛家弃业而不舍拓片，保存了珍贵的文化遗产。何遂在诗中夸奖："护维文物独有卿，凿碑作石使人惊。即今桂海访碑录，平蛮三将永留名。"

1941年3月何遂画《龙隐访碑图》并题记赠林半觉

  另一位是北平图书馆馆员许国霖，因敦煌文献与何遂成为好友。许国霖一生从事敦煌遗书编目工作，1943年在贵阳与何遂相识，"以所著《敦煌石室写经题记汇编》及《敦煌杂录》见视，其治学之笃，不以乱离转徙而有小异，意极可感。予自劫后图书尽失，文献无征，仅能就记忆所及拉杂书之"。这是何遂写《校经图序》的开篇，完稿于9月6日。该文列出四点，对列强强夺敦煌文物、国内盗卖文物痛加谴责，随后又详细阐述了他对中华文物保护的五点意见。对于外国掠夺中华文物，他痛心疾首，"这于民族意识的消沉，真令人不寒而栗，可叹可恨"，"此可忍孰不可忍"。对于国内盗卖文物者，"尤其可恨"，"几千年来的文物不幸而有这黑暗无比的遭际，真可算是中国民族史上万分不名誉的一页了"。他把这归结为"清季全面腐败史的缩形"。何遂的五点意见明确提出了禁止文物国际买卖，"古物国有"，通过外交途径收回流散国外的文物，国家设立"关于文化古迹的专管保存及研究机构"，"古物应专属中央，地方士绅及人民绝不许容喙"。在抗日战争时，仍对中国文物保护大声疾呼，尽管有商榷之处，今天读来，仍可见一颗中华赤子的拳拳之心。在文中何遂列举了他的收藏，"个人所搜集的即逾万件，分存于北平图书馆、中央研究院、上海博物馆，并为著录成书十六七种，'八一三'后寄存于北平故宫博物院所建之南京朝天宫库中。且同时尚寄存有赠与青岛博物馆者八箱，内金石彝器及拓本刻板千余种，并记于此"。最后他身体力行，万余件文物全部捐献给了国家。

  中秋至，倍思亲。吴石五十初度，何遂为挚友写下了《百家令》"对酒当歌"，为的是"一洗胸中块垒"，词曰：

前身谓汝，恰中秋，明月人间能几。收拾乾坤归腕底，吾辈固应如是。多少英雄，古今人物，去去长江水。蓬莱清浅，望中澄澈无际。相与高唱分题，清谈踞坐，莫问今何世。且尽平原旬日饮，侧耳羽书闻喜。荡涤倭氛，廓清禹域，方快平生意。老松仙鹤，一声横笛吹起。

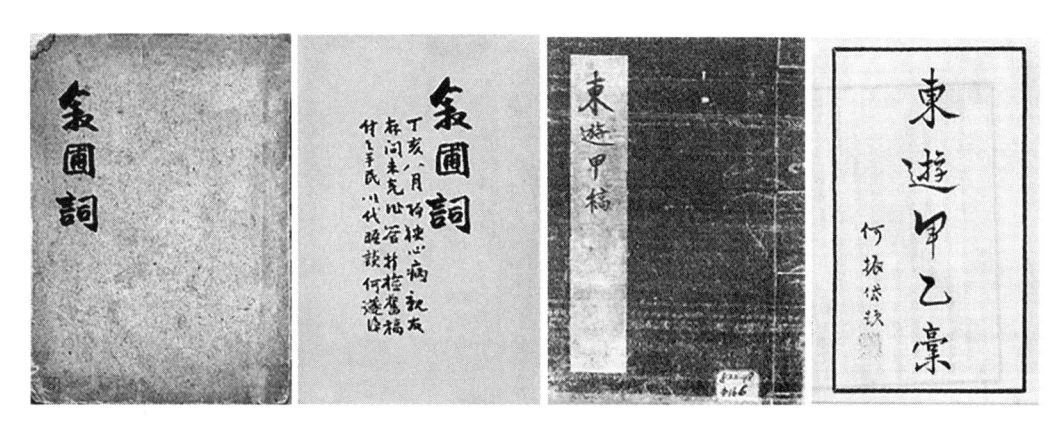

何遂《叙圃词》和吴石《东游甲稿》

"荡涤倭氛，廓清禹城（中国别称）"是军人的天职；"多少英雄，古今人物，去去长江水"是两位景仰苏东坡，发文人之感叹及对《长江万里图》合作的怀念；"收拾乾坤归腕底，吾辈固应如是"，何遂与吴石重整祖国山河，彰显中华文化，挥洒赤子之血的壮志雄心跃然纸上。

### 六、中国智慧 "武德为上"

《长江万里图》闪耀着中国绘画艺术的智慧，中国智慧带给何遂、吴石的不仅仅是这些。尽管同为新式职业军人，但深受中国传统文化的熏陶，都可以成篇背诵《左传》《战国策》，这种文化基因浸透于骨中。

1911年辛亥革命期间，何遂奉吴禄贞命，用缓兵之计，拖延清廷派往攻打山西阎锡山部的清军，并陪同吴前往娘子关与阎商议成立燕晋联军，直取北京。并奉命在石家庄截下清廷南下驰援军车，有力地支持了武昌起义。

1916年年底何遂赴欧洲观战一年八个月，返国后写下《参观欧洲大战记》，不仅记录了日、美、法、英、意、比、瑞士诸国战场、军事等见闻，也对各国国家治理与国民性作出评论，并提出中国应对的建议。他总结道："由是观之，目下世界战后，仅陆则德，而海则英美之局而已。日虽雄峙一隅，第二大战将因之而起，成败诸不可定。将来黄族之废兴者，唯视我国（土地、人民）与土（三亿回教徒）而已。"这种观察可以看到对中国春秋战国历史理解的影子。

1924年，何遂倡"以军阀治军阀"，参与北京政变，迎接孙中山北上。1926年，应蒋介石邀前往河南，策动吴佩孚主力靳云鹗、魏益三等反水，响应北伐。继而于1928年担任了黄埔军校代理校长。首创了海陆空联合大演习，将欧洲观战之心得用于军事教育。在任期间，他修建了总理纪念碑等一系列彰显中国革命军人精神的纪念碑亭，并撰写碑文，字里行间充满了中国文人的风骨与士人之武德。

吴石执着于光大中华武德，在军事理论研究领域有突出建树，深受军界重视，被尊为"近代军学权威"。他成为1947年10月《军民新闻》（第三期）杂志的封面人物，该期内页专栏介绍："吴石将军著有《兵学辞典粹编》《〈孙子兵法〉简释》诸书，为我国有数之兵学家。"

他主张：彰显中华武德于世界莫过于吾辈承接孙子等兵学大师的智慧。其代表性著作有《兵学辞典粹编》《〈孙子兵法〉简释》《克罗则维茨〈战争论〉之研究》《新国防论》《新战术论》等。军事术语，乃一切军事学之根柢。兵家之学，兼赅至广，盖自哲学、历史、地理、政治、经济、教育、社会、数学、物理、化学、生物、人类、天文、气象、工程、医药，各种科学，无不采撷精要，纳诸理于一轨。其复杂繁博，及其应用于实际远非他科可比。1936年12月出版的《兵学辞典粹编》为军事学研究厘清了基本概念，力促军语标准化、规范化，一出版就广受好评，一版再版，被军界视为"兵学之优良参考"。蒋介石、冯玉祥、何应钦、朱培德、唐生智、程潜、周亚卫、张华辅、曹浩森、张治中、杨杰、熊斌、谷正伦、龚浩、陈焯等统帅、将军、名流纷纷为该书题词或作序，人数之多，足见军界对该书不同凡响的重视。

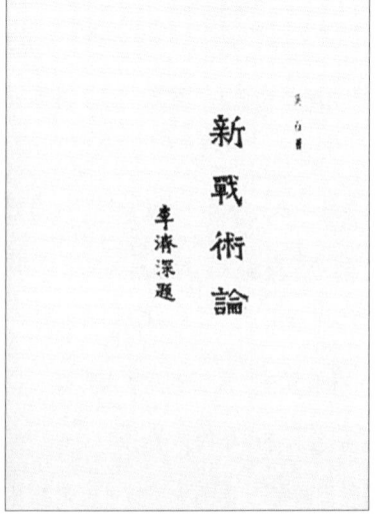

抗战胜利，袍泽修建"孙子纪念亭于虎丘之上，所以瓣香先哲，丕显武德"。受袍泽之托，吴石写下了《孙子纪念碑亭记》。中曰："吾国从武德为上，三代王者之师，司马九伐之法，有异于今日列强之侵略主义，然则，谓世人效法者也。斯亭之成，

1946年吴石任史政局局长及其著作

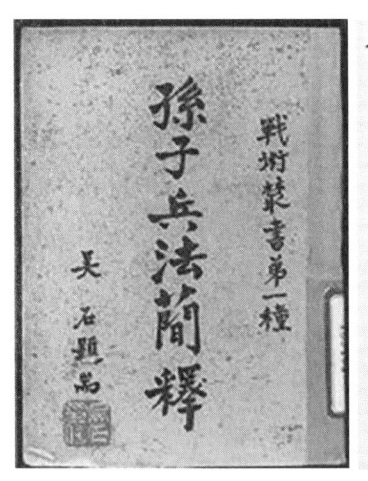

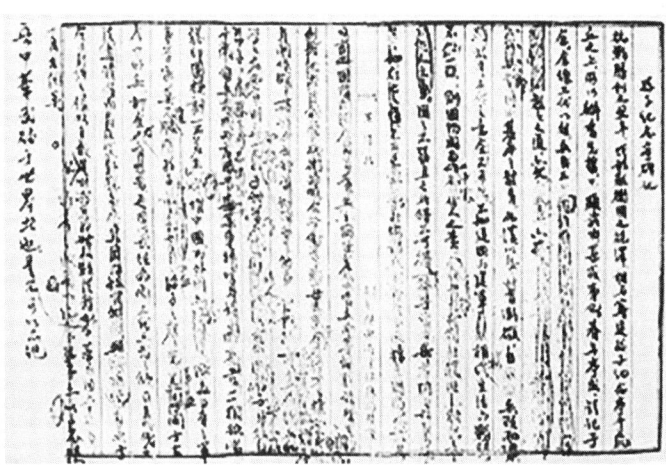

吴石著《孙子兵法简释》手稿

故以纪念孙子,亦以表扬吾中华武德与世界者也,是不可以不记。"

借古抒怀,吴石著作虽多为军事著述,然其文章气节、坚毅沉挚之情遍于字里行间。吴石以其承前启后、继往开来的研究,为中华民族文化之优良特性与战略智慧赓续血脉。

### 七、魂系故乡"心安吾土"

《长江万里图》从诗书画的视角可窥视何遂、吴石的精神世界之一隅。事实上,在何遂、吴石的精神世界里,情有独钟心系天下的家国情怀,情有独钟诗词书画的逸趣横生,情有独钟特立独行的苏东坡、林则徐等先贤。这些历史人物才华横溢,但他们也都有过怀才不遇或者被误解被冤屈的经历,有着铁板铜弦的豪迈,从来不会因挫折而淡化对国家的忧思,何遂、吴石从这些人身上感受着凛然正气和做人的基本准则,一日日在情绪上、在生存方式上与自己所敬仰的古代文人产生共鸣。

汉字书法作为中国人的符号,生生不息。追求腕底的精彩,充实着何遂、吴石的生命。何遂一生挚爱苏东坡书法,常常研习,苏东坡的《寒食帖》《李白仙诗卷》《新岁展庆帖》《获见帖》《前、后赤壁赋诗卷》都是何遂的"掌中宝"。时年76岁的何遂,于1964年元旦开笔,仿苏体写下了《后赤壁赋》,在卷尾自叹"学书数十年仍有所歉,以力尚未到也"。

吴石也曾在《自传》中提到学习苏东坡书法的经历:"在校行动异乎常人,每日午寝,余独不睡,利用此余间临池为乐。久之,同学效我所为者渐多。尤奇者余临眉山帖,同学作书者,亦皆习苏也。"

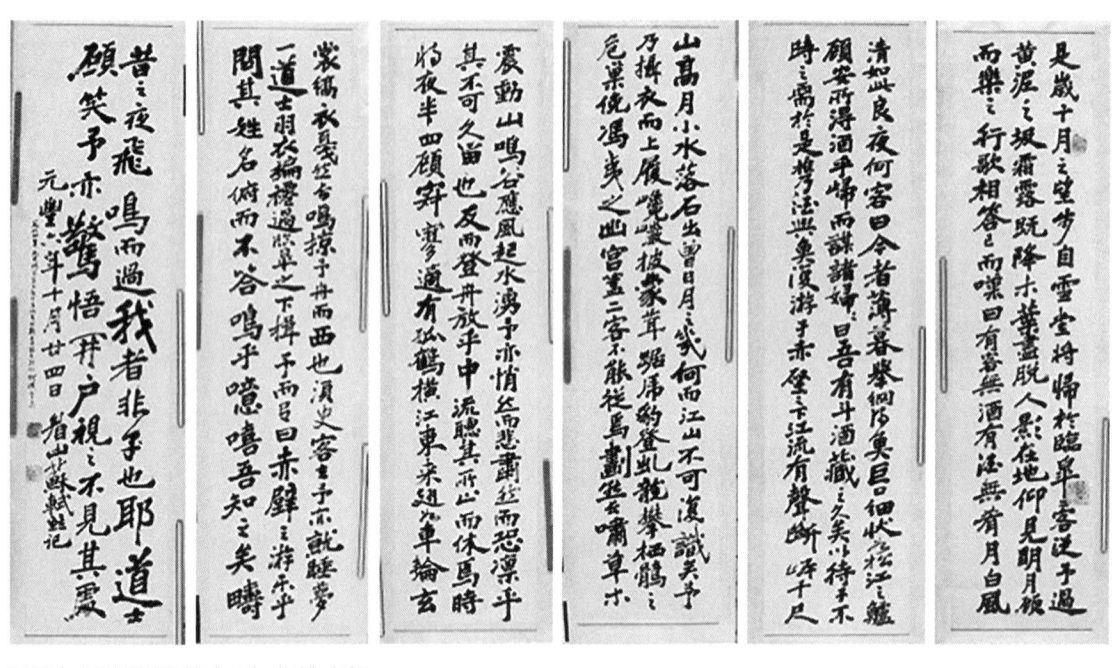

1965年何遂仿苏东坡《后赤壁赋》条幅

苏东坡书法是何遂、吴石常常交流的话题，共同的喜爱拉近了两人的心灵距离。对苏体的感悟，或许正是他们与苏东坡的心灵碰撞，迸发出理想火花，常常诗画合璧，朋友间的友谊在艺术的交流中得到升华。

中华文化的魂魄，保卫国家的坚守，终于迎来了1945年抗日战争的全面胜利。是年中秋，恰逢生日，吴石诗赠好友陈孝威："烦报滞息拨未开，喧街饶吹亦何哉。降书忽报出三岛，佳气悬知充九垓。妄负吞天沉陆响，终悲解甲拽戈来。八年戎马关山老，且喜收京醉菊杯。"诗中充满了胜利的喜悦。

1946年1月，正值隆冬。吴石、何遂、陈孝威三位福州老乡相约一同游历缙云山。他们冒着严寒，沿着石阶来到汉藏理教院。尽管体外的寒冷时时袭来，但阻挡不了他们火热的心，三人现场或赋诗或作画，情绪亢奋。何遂用他擅长的指画创作了《狮子峰下缙云寺》，吴石则在何遂画上题写七绝一首：

旧境重寻笑独勤，任他春已尽三分。

笋舆十里松阴路，细雨斜风上缙云。

1946年1月，吴石、何遂、陈孝威冒雨登上重庆北碚缙云山，留此诗画合璧于缙云寺，汉藏理教院

诗韵流畅，笔走龙蛇，大家一致称羡。

陈孝威也即席赋诗一首："轻风吹我出郊原，夜宿临江第一村。破晓窗光疑是月，出山泉水竟分湿。河清何日怜天意，石破无言吊国魂。却喜岁寒三友共，松荫十里问真源。"全诗情真意切，记下此次三人行。

吴石、何遂、陈孝威的字画历经战火、"文革"，奇迹般地保留下来，成为缙云山文化珍贵的组成部分。

"北有敦煌，南有大足。"敦煌石窟、大足石刻都是文化跋涉者魂牵梦萦之地。心系考古的何遂先是对敦煌石室的保护发出热忱的呼吁，1943年9月在《校经图序》（入选《中国敦煌学百年文库（文献卷）》）中写道："敦煌石室为举世之瑰宝，研究者不绝于途，右任先生曾建言政府设研究院以董理之，殊属必要措置，兹尚有不能已于言者，则该洞现状极有保护之必要，万不可再有有意无意或善意地毁损。"而后又为大足石刻的挖掘、保护亲力亲为。1945年4月27日至5月10日，何遂参加了由中国辞典馆馆长杨家骆发起的，与马衡、顾颉刚、庄尚严、朱锦江等专家一起赴重庆大足县考察。他参与了石刻的年代鉴定，他的三子何康负责编排窟号和丈量。这是历史上对大足石刻的第一次全面科考，得出的结论是：大足石刻"实际发现与敦煌相伯仲"，在当时的重庆引起轰动，成为抗战胜利前夕全国的一大文化盛事。令何遂等先辈们欣慰的是，经过50多年的持续接力，1999年大足石刻被联合国教科文组织世界遗产委员会列入"世界遗产名录"。

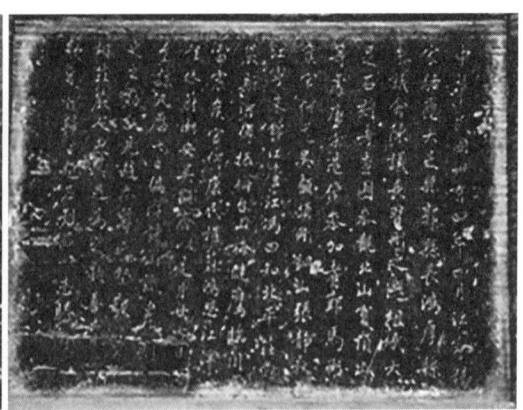

左图：1945年何遂参加大足石刻考察，右图：大足石窟考察记事碑

**八、"一掬丹心""力为忠善"**

抗战胜，内战起，民生凋敝，贪污横行，何遂、吴石面临人生道路的再次选择。何遂在抗日战争初起时已与中共领导周恩来、叶剑英、董必武等相识，也曾介绍了好友吴石、缪秋杰与中共交往。何遂三个儿子分别于1938—1939年间加入了中国共产党，长子、二子为抗大五期、四期学员，奉召回渝，与三子何康组成"特别党小组"，由南方局单线直接领导。1946年，董老将这枚战略棋子转交给上海局地下党，在关键时刻发挥了作用。何遂介绍吴石给上海局领导刘晓、刘长胜、张执一，他们开始为党工作。这个选择绝非出于偶然。

吴石在1947年《国防新报》第一期的文章《国防与心理建设》中展露了他的心声：

纵观吾国现状，……吾国人心之诟病，频年如江河之日下，令人不寒而栗。抗战以后，由于国民经济之困难，物质生活日趋困绌，国人之精神道德遂完全为物质私欲所蹂躏，举国滔滔莫不以竞逐私利为务，违法败纪，寡廉鲜耻，残忍刻薄，冷漠无情之事实，随处可见，随地可见。社会上至流行所谓发国难财、胜利财、接收财、救济财等名词，书者不以为怪，行者不以为耻，整个社会道德标准为之扫地以尽。世人有谓：吾国抗战已加深国人精神道德之破产者。此语固或失之过激，然今日人心实已达较清末民初为尤劣，固属无可讳言。此种不健全之国民心理，充其极致，即人之除一己外，不知国家民族为何物，个人与个人之间除互为忌刻残害掠夺而外，绝无仁爱同情之念。……以如此人心，其视国家民族自属漠如秦越，除以之为敛财肥已，自私自利之渊薮外，别无作用。一人如此，人人如此，则国家只为角逐利禄之场所，民族只为共同之刍狗。

1949年4月下旬，吴石和何遂及其女何嘉（中共地下党员，时为复旦大学社会学系二年级学生），同机从上海飞往广州。临行前夜，何康与夫人缪希霞（中共上海局地下党员，瑞明公司财务主任）在霞飞路卡弗卡斯咖啡馆为吴石饯行。多年后，何康对吴伯伯吟唱《荆轲歌》记忆犹新："那个店是白俄开的，有一个不大的舞池，留声机不停地播放《何日君再来》之类的歌舞曲。吴伯伯告诉我们，他接到了催他赴榕莅职的电报，他到广州短暂停留（国民政府已迁至广州）后，即赶赴福州。当时解放大军已首先从安徽胜利渡江，我们会心地交换了对局势的看法。吴石知道我将留待上海解放，今后很难再与我们直接联系，不胜依依惜别之情。吴石是一个豪爽侠义的人，平时讷于言，当晚却心情激越，他兴奋地跳舞，还用福州乡音吟唱出那首古老的悲歌：'风萧萧兮，易水寒；壮士一去兮，不复还。'此情此景，至今历历在目。"（何康口述、何达整理《从大陆战斗到台湾——缅怀吴石伯伯》）

天意茫茫未可窥，悠悠世事更难知；
平生殚力唯忠善，如此收场亦太悲。

吴石遗书

五十七年一梦中，声名志业总成空；

凭将一掬丹心在，泉下差堪对我翁。

这首诗是吴石生命中最后的诗作，写于1950年6月10日下午4时许，是在阴森的国民党法庭上写下的。不到半小时之后，在台北马场町两颗罪恶的子弹穿透他的心脏，吴石英勇殉难。今天再读吴石遗诗，仿佛跨越时空，反复回响。如果没有必胜的信念，没有"求仁得仁"的从容，哪有"凭将一掬丹心在，泉下差堪对我翁"的浩然诗句！

**九、"腕底乾坤""义重千秋"**

仔细梳理，我们会发现何遂、吴石交友甚广，邂逅不少朋友和挚友，多为饱学之士，志趣相投，肝胆相照，其中的一批人还是可以关起门来推心置腹的。其中既有军界、军校的故旧，如孙岳、李宗仁、张治中、白崇禧、林蔚、朱庆澜、程潜、卫立煌、徐永昌、罗卓英、周亚卫、张华辅、曹浩森、杨杰、熊斌、谷正伦、龚浩、陈焯、林遵、陈孝威，又有陈独秀、缪秋杰、章士钊、张伯苓、易培基、马衡、柳诒徵、康同璧、萧三、顾颉刚、何振岱、林半觉、戴爱莲等社会名流，还有鹿地亘、矢原谦吉等外国友人。

1949年1月前后，吴石受中共地下党的委托，与林遵促膝谈心，最后在各方的充分工作下，促成林遵率部起义；同年1月底，何遂也接受了上海地下党的委托赴武汉，三次冒险到"华中剿匪总司令部"做总司令白崇禧的工作，晓以利弊，达到很好的效果，得到华东局领导的充分肯定。

患难之中见真情。何遂与陈独秀间的友谊让人回味无穷。在2017年西泠秋季拍卖中，《陈独秀致何遂论青铜器及古文字学信札》拍品震惊收藏界，也让陈独秀与何遂的一段友谊浮出水面。这封信是1937年3月陈独秀从南京老虎桥监狱发出的，以洋洋洒洒700余言，与何遂探讨《古欢录》及文字学的看法。在信札上可清晰看到何遂的题跋，是见证陈独秀与何遂友情的重要实物。陈独秀与何遂相交，可追溯至1913年，二人相识于安徽都督柏文蔚军中。在陈独秀南京入狱期间，何遂不避嫌疑，常去探望，相互切磋文字学、音韵学。其间，二人合作完成《片假名之起源》，陈独秀还亲自为何遂缮写《叙圃甲骨释略》。《片假名之起源》书稿由何遂交傅秉常，在其主编的《三民主义文库》中刊出（用二人号首字合为笔名），付稿酬千元。何遂将所得全部稿费送交陈独秀，并以5只古瓷碗相赠。陈独秀去世时，人们发现陈独秀身旁留有的只有当年何遂所赠的这 5 只古瓷碗，令人唏嘘。

左图：1937 年 3 月 3 日陈独秀致何遂函，右图陈独秀为何遂抄写《释略》，并题写"抱残守缺"

吴石于1950年6月10日为祖国统一大业壮烈捐躯，何遂闻讯后，痛不欲生，心脏病突发。1965年，何遂在北京寓所对来访的吴石之子吴韶成谈到自己1949年年底撤离台湾时的情形，声泪俱下，哽咽地说："当时台湾风声已经很紧，情况很不好，你父亲一再催促我赶快离开虎口，免遭不测。我也力劝他赶快离开。你父亲对我说：'我不要紧，有国防部参谋次长这样牌子掩护，你快走。'就这样，你父亲替我买了去香港的飞机票，第二天亲自开车把我送到飞机场，直至上了飞机才离开。你父亲和我四十年之交，非同一般，情同骨肉，他关心我胜过关心自己，不意从此竟成永别！"

何遂去世后，为了完成吴石伯伯离开大陆时留给子女的嘱托"有事有困难找何康"，2007年，何康发表怀念文章《从大陆战斗到台湾——缅怀吴石伯伯》，首次详细披露了吴石为中共提供了有高度价值的情报，吴石英名得以彰显。何康关照其在国内的子女，并协调分离的亲人们在美国相会。

吴石的骨灰于1990年回归大陆。国家有关部门遵从何康夫人缪希霞的建议及吴石遗属的意愿，1994年，由何康主持吴石将军与夫人王碧奎的骨灰安葬仪式，安放在北京福田公墓其好友缪秋杰的墓旁。2007年何遂夫妇的骨灰也由八宝山革命公墓迁葬到福田公墓，建何氏家族墓。何遂的墓志铭这样

北京福田公墓，缪秋杰、吴石、何遂三个家族墓相邻为伴

写道："平生知己，莫过吴石与缪秋杰，今三人墓室相邻，岂天意乎？"吴、何、缪三公虽不是同年同月同日生，却在死后最终同葬于一处。"一墓"变"两墓"，"两墓"变"三墓"，这不是简单的数字变化，这般友情是何等的至死不渝！亘古罕见，义薄云天。

义重千秋的纯真情谊，梦回故乡的心心念念，不仅深埋在何、吴两家人心间，也打动了一位乐善好施的福州人——福州三山人文纪念园董事长林军。2017年9月，林军赴北京，面见何康，提议由他出资邀请我国著名雕塑家孙伟，为何遂和吴石这两位福州先贤雕塑大型铜像，何康深表赞成，并嘱咐家人要全力支持。临别之时，95岁高龄的农业部原部长何康向林军等后辈们深深鞠了一躬，长者的涵养与风范令在场的人无不动容。在何康、何达等何家后人及吴家子女的全力配合下，历经两年，何遂、吴石铜像于2019年10月在福州三山人文纪念园落成。

按照何达的建议，塑像的造型与环境的营造，突出了何遂与吴石隔海相望，寓意期盼祖国的统一。在各自铜像的旁边刻下诗词，何遂铜像用的是他给吴石的寄语："收拾乾坤归腕底，吾辈故应如是。"吴石铜像则用的是其绝笔："凭将一掬丹心在，泉下差堪对我翁。"

家乡福州三山人文纪念园中何遂、吴石塑像

89岁高龄的何达从北京飞抵福州参加落成典礼,何康之子何迪在仪式上发表感言:"今天,何遂与吴石的塑像在老家福州落成揭幕,这承载着他们的友情与追求。为了他们一生挚爱的祖国人民的幸福安宁,国家的繁荣富强,早日实现和平统一大业,让我们铭记历史,共同努力,这是对他们最好的纪念。"

何遂、吴石诗画长卷《长江万里图》进入了中国国家博物馆,但是《长江万里图》背后的故事还没有结束,历史的传承仍在继续……

第六章

# 学习当领导

# 在华东农林部的日子里

何 迪

1949年4月23日,中国人民解放军占领南京,毛泽东写道:"虎踞龙盘今胜昔,天翻地覆慨而慷",宣告了一个新时代的来临。5月27日,中国乃至远东第一大都市上海解放;5月31日,上海军事管制委员会发布了"命令任字第一号",任命何康为财政经济接管委员会农林处处长。自此,父亲由党的地下工作浮上了水面。1950年1月,华东军政委员会成立,父亲被任命为华东农林水利部副部长,走上

左图:1950年1月,何康就任华东农林水利部副部长
右图:缪希霞任供销合作总社会计科副科长

了农业的领导岗位,时年26岁。在干部队伍中,他的职位不低,党龄有10年,但与共事的老区干部相比,他没有组织群众、武装斗争、基层政权的工作经验,也从没有经历过整风学习、审干调查等党内斗争。从一位长期由南方局、上海局主要领导单线联系,从事上层情报、统战工作的地下党员要变为一名合格的领导干部。三年华东农林工作的历练,从工作性质、职务变化,到思想观念,父亲迈出了成为合格、称职的农业领导干部的第一步,于时代,于个人,都是"天翻地覆慨而慷"!

## 一、学习领导工作

学习当个好领导,使父亲最为受益的导师有两位:一位是接管上海的市委秘书长——华东局农委书记、主任刘瑞龙,另一位是华东农林部的党委书记——第一副部长程照轩。他们都是从老区进入城市、身经百战的中共老干部。

在《深切怀念老领导瑞龙同志》一文中,父亲写道:

瑞龙同志是我入党参加革命,特别是1949年参加政权工作以后,第一位主要直接领导。无论是在思想上还是在工作上,都是当时不满30岁的我的一位终生难忘的导师。当时华东区包括上海、江苏、山东、安徽、浙江、福建和台湾等省(直辖市),作为政治中心和经济发达地区,开展土地改革、恢复生产等工作非常紧张繁重。我于抗日战争初期参加工作,在南开中学入党之后,始终从事党的地下工作,对解放区的政权工作完全没有经验。在瑞龙同志的直接领导下,我亲身感受到的是他非常务实、敏锐的政治涵养和深入细致的工作作风。我多次跟随他下乡到苏北、山东老区,到新解放区、苏南、浙江、福建、安徽等地做工作调查。他访贫问苦,广泛接触基层干部。一到农民家里,首先进厨房、掀锅盖、看米缸。进屋上炕看铺盖、衣柜,看农民群众吃什么、穿什么。他毫无官架子,平易近人,在农户家里,脱鞋盘腿坐在炕上与老乡聊天,一聊就是大半天,边听边记。他切实关心农民的吃饭穿衣问题,不管乡干部介绍的情况如何,他都要下农田看苗情作物长势,实地去看一看。他的务实亲民作风给了我很大的教育。

在日常工作中,深感瑞龙同志做事非常认真仔细,一丝不苟。下去调查是这样,搞文件也是如此。他在这方面是我很好的老师,当时的我缺乏起草政府文件的工作经验,文件的格式、语气、文字,

1980年，何康和当年老领导刘瑞龙（中）、杨显东（右）在中南海合影

一切都要从头学起，刘老是手把手地教。那时农林部很多文件、报告要起草、处理、批办，这对我来说是一个极大的工作性质的转变。新中国成立前我长期做地下经济和统战工作，又周旋于国民党政要之间，极少从事文字工作，现在只能从头学起。每次开会以后，要撰写春耕、秋收等工作指导性文件和报刊社论文章，他就和我一起写。他先讲要领、大纲，让我写草稿，一页一页地拿给他修改。我的字迹比较潦草，我在前桌写，他在后桌改。刘老的蝇头小楷，非常工整，他对每一个标点符号都很认真。凡引用领导讲话，他一定认真地查对领导讲话原文，注明出处，检查有无失误。1952年我调回北京，在农业部工作期间，仍在刘老领导下工作。回忆自己的成长过程，在华东军政委员会三年的工作经历令我终生难忘。那两年，我可以说是进了一个革命的大学校，刘老就是我在革命政权工作、农业工作上的好领导、好导师。

另一位老师是程照轩。1951年11月3日，给在京待产的母亲的信中，父亲写道：

今天午后我同程部长谈了一下午，我第一次很痛快地将自己到部工作以来的感悟全部告诉了他，不自禁地竟哭了起来，我感到自己能力的确不够，感到无法完成党和人民交给我的任务，自己小资产阶级的缺点很多。程对我的帮助是很大的，他好像是我的兄长一样。他这个人外表很冷酷，但内心是很热情的。他觉我这两年来是有进步的，缺点主要在两方面：一是对问题的看法很摇摆，不够坚定，往往对一些正确的问题不能坚持；二是作风较浮躁，铺张不切实际。这讲得都非常对，正是我小资产阶级缺乏坚定立场与华而不实作风未经很好改造的具体表现。我自己也意识到自己的缺点，可是要改还需要一个艰苦的自我改造的过程，这里尤其是需要实际的锻炼，光从理论上是不能解决问题的。他也愿意我去参加土改，这是锻炼我最好的机会。我因组织上还未批下来，今晚又写了封信给曾（山）副主席，请他给我这样一个学习与锻炼的机会。我想我自己还很年轻，应该不妥协地来改造自己，提高自己，愿你也一样提高自己，并帮助我进步。

1950年年初，华东各部门人员调整，程部长要调到水利部去，父亲急得一夜未睡好，第二天一早就与母亲同去向华东局组织部部长——他们的老领导刘晓申诉，由此，不调动程部长，为父亲保留了位好领导。

1952年元旦前夕，父亲在给母亲的信中总结了在华东农林部两年的工作。他写道：

回顾这一年真过得很快，个人是比1950年有了更大的进步，虽然进步还极有限，但是我更进一步了解了自己，自己的出身、思想、优点和缺点，在工作上也更深入了一层。回想起我在开始工作时，很多地方真是幼稚得可笑。目前我开始领会到领导工作的方法，对一些原则性的路线问题有了更深的体会。今年我在学习方面比去年有了进步，比较集中地学习了几个问题，但是还不深入，缺乏系统性。在工作上我参加了两次中央农业部的会议，开扩了我的眼界，给予我很大的启发帮助。但是缺点在我下去的机会太少了，我深入到区里的时间不过一天，到省区去检查工作也只是片断零星的，这使我对基层工作的熟悉度很差，个人实际工作的锻炼更不够，尤其这次参加土改的机会又失去了，缺乏基层工作的锻炼，这成为我在领导工作中最大的缺点。在作风上有了初步改善，注意了团结干部，不过于急躁，但仍是修养不够，缺乏经验，工作还是飘浮不切实际的地方很多。1952年要搞好工作，必须首先加强对自己的改造与锻炼，我想在工作上要切实深入，不要铺排，而是要认真的，有一件事就办好一件事，多亲自掌握重点的工作，具体地学习业务，而不是高高在上，仅凭批公文、听汇报，以自己的小聪明、直觉地来领导工作。要争取多有时间下去，下到区村去，搞上半个月或一个月的工作，今年希望能有三个月的时间在外面，学习应集中、有计划地学。在理论学习方面学什么还未考虑成熟，我初步考虑，一是学习劳动互助的政策与发展过程，结合实际调查工作，较有系统地学一学，因为今年我已初步浏览了一部分这方面的书籍。二是农业技术群众路线问题，最近我曾一连看了几本米丘林学院的书籍，但还没有系统。明年预备在苏联先进农业技术方面有系统地看一些，结合我们目前农业试验研究的思想改造，更深地体会技术改进，及走群众路线的问题。我看书的习惯还是好的，除了开会及出发外，一般每天都能看一两小时的书，我想再考虑一下明年怎样有系统地进行学习。

还是用父亲怀念刘老的文章作为这一小节的结尾："在刘老的领导下，我对贯彻党的农村政策，对密切联系群众和发展农业生产有了更深刻的认识。他在我由从事党的地下工作，向从事政权、农村、农业工作，提高政策水平、起草文件、处理公务水平的转变过程中，起了很大的促进作用，这也使我以后在农业部的工作能够顺利开展。刘老对我的影响和帮教使我受益终身。"党的领导干部是这样炼成的。

## 二、促进农业发展

1949年5月31日，父亲被任命为上海军管处农林处处长，这出乎父亲意料，因为他曾从事地下工作，又涉及上层策反与统战，性质极为秘密。何况二伯伯一家已在台湾潜伏了三年，爷爷和姑姑将于6月从香港赴台，大伯伯仍在未解放的广州。但是父亲又喜出望外，因为这是他最喜欢的专业和事业，可以回归农业。他立即全身心地投入了工作，每天从早上7时工作到晚上十一二时，住在办公室里，在军管会接收期间，两三个月没有回过家。到农林水利部，母亲在记事本里数着他们相聚的日子，"吃过晚饭送迪儿回托儿所，我便回社里，康也回部，三人分三处，每星期才见一次，所以爹爹说我们是鹊桥相会,七日才见一面"。解放初期,工作热情高涨,因为他们是新社会的主人,投身于自己热爱的事业。

军管会农林处负责接管国民政府的旧机构与人员,有位老同学回忆参加接管大会,主席台上讲话的年轻领导竟然是他们相识多年的何康,方知他是地下党员。其实,在上海从事地下工作的三年里,父亲的心从来没有离开过农业,除了在南京栖霞山办农场,作为地下工作备用点,他还积极参与了中国农业科学研究社(简称中农社)的筹组成立,学术联谊活动。这虽然不是他地下工作的主要任务,但是渗透着他的兴趣爱好与同学情谊,并向领导张执一作了汇报,张让他要广交朋友。在"文革"中,他交代1947年5—6月间,他和西大农学院老同学程绪珂酝酿发起组织了农业科技学术联谊的社团,1947年10月到上海工作后,曾参加成立中农社筹备工作,并通过父亲何遂的关系在国民政府社会部注册,参加了11月间的中农社成立大会,是中农社发起人之一。但出于地下工作的纪律,他未担任领导、组织职务。为提高中农社在社会上的地位,他邀请父亲何遂作为中农社名誉发起人,并通过何遂找国

1997年,庆祝中农社成立50周年,老友们重聚,右三为理事长程绪珂

民政府副主席孙科为中农社题词："振兴农业"。他还参加过该社于1948年年初举办的农业展览会，及该社的一些联谊活动。实际上，中农社是由中共领导团结广大农业工作者的进步学术团体，父亲的老师程世抚担任了名誉社长。理事长程绪珂、执行秘书王璧、同学贺善文都是1948年入党的党员，在中农社里发挥了领导骨干作用，使中农社的组织得到很大发展，成员已达600余人。上海解放为军管会农林处输送了20多名社员，穿上军装，参加接管工作，有60多位社员先后参加了市郊农业复耕运动，并远赴外省支援农业生产建设。在中农社成立50周年的聚会上，父亲深情地回忆："中农社在解放前的农林系统中发挥了很好的作用，团结了不少学农青年和老专家，搜集了农业系统的资料送到解放区。上海解放后又输送了不少干部到军管会农林处，帮助我们顺利地接管了农林系统。在新中国的农业建设中，中农社社员也发挥了很大作用。"

1950年，由华东农林部推动，以在南京的中华农学会为主，与延安农学会、中农社合并，成立了中国农学会，成为农业学人的全国性社会团体。父亲曾担任过两届副会长，四届名誉会长。

1950年1月1日，由华东农林部、中农社、中华农学会、上海市郊农民协会联合举办了华东区第一次农业展览会，参加单位有102个，在占地190亩的市中心的跑马厅开幕。父母与华东局的领导一起出席了开幕式。陈毅市长题词："把1950年华东区农业增产计划和任务变成千万人的实际行动。"两周展期内参观者达50万人次，是上海解放后规模最大的展览活动，在敌机轰炸、市场短缺的情况下，起到了振奋市民精神的作用。展会成功，程绪珂功不可没。程世抚后调入北京，任中央建工部设计院副总工程师，程绪珂则成了上海园林局首任局长，他们父女与父亲的师生之情、同窗之谊保持了终生。我们称程绪珂为大宝阿姨，1976年5月，我与王苗新婚蜜月旅行，在上海时就住在她家。今年（2022年）4月21日，她以100岁高龄去世，上海人民不会忘记这位为市民们保留、建造城中绿地、美丽花园的老局长，我们不会忘记父母的挚友，并写了挽联："父女两代为中国园林事业奉献一生，大宝阿姨证后辈迪苗新婚感恩终身。"

陈老总为农展会的题词针对性很强，解放区的粮棉供应成为稳定大局的重要任务。华东农林部制定了1950年农业增产计划：粮食增产一成，达32亿斤，棉田扩达1520万亩，产皮棉3798000担。为达此目标，需要"变成千万人的实际行动"。由刘瑞龙、程照轩等老干部负责土地改革，调动起广大农民的生产积极性，父亲则主要负责培养骨干、推广科技、组织生产，以保障农民的积极性，能生产出更多的粮和棉。

为了培养骨干,从军管会农林处开始,农林部继之,分别办了棉垦殖训练班、植物病虫防治技术人员训练班、水稻良种推广训练班等培训机构。1950年春,华东农林部整合了原中央农业试验所、中央林业试验所、土肥室,成立了华东农业科学研究所,所里的研究人员与从中农社吸收进入农林部工作的专业人员一起,成为培训机构的老师。其中有几位是父亲在广西大学农学院的老师,如戴弘、徐明光、水新元、沈寿铨、朱凤美、林郁等都是留学归来,学术有成的专家。农林部还建立了县级农业推广站,争取每站配备10名技术员,培训班的学员成为推广站的骨干。

推广科技最有效的办法是从种子入手。1951年,在父亲的主持下,华东农林部开展了群众性的评选良种活动,松江县陈永康培育的良种"老来青"脱颖而出,高时亩产达700多公斤。由部农业处处长、水稻专家戴弘(也是父亲西大农学院的老师)带队,帮助陈永康整理出一套水稻丰产经验,加以推广,取得了粮食增产的良好效果。陈永康成为全国劳模,农民出身的他被聘为江苏农科所的研究员。20世纪80年代初,已任农业部部长的父亲到南京时,专门看望了陈永康,留下了照片,见证了他们30多年的友谊。

而棉花良种的引进与推广,则来自当时已享誉中外的农业科学家邹秉文,他曾任世界粮农组织筹委会副主席和国民政府农林部驻美代表。中央农业部副部长、棉花专家杨显东主持全国棉花良种的引进与推广工作,上海成为良种进口的枢纽。1949年年底,在父亲的主持下,上海军管会农林处委托并汇出美元,希望邹秉文设法购买棉花良种岱字棉,同时在上海开办了棉垦训练班,以迎候良种推

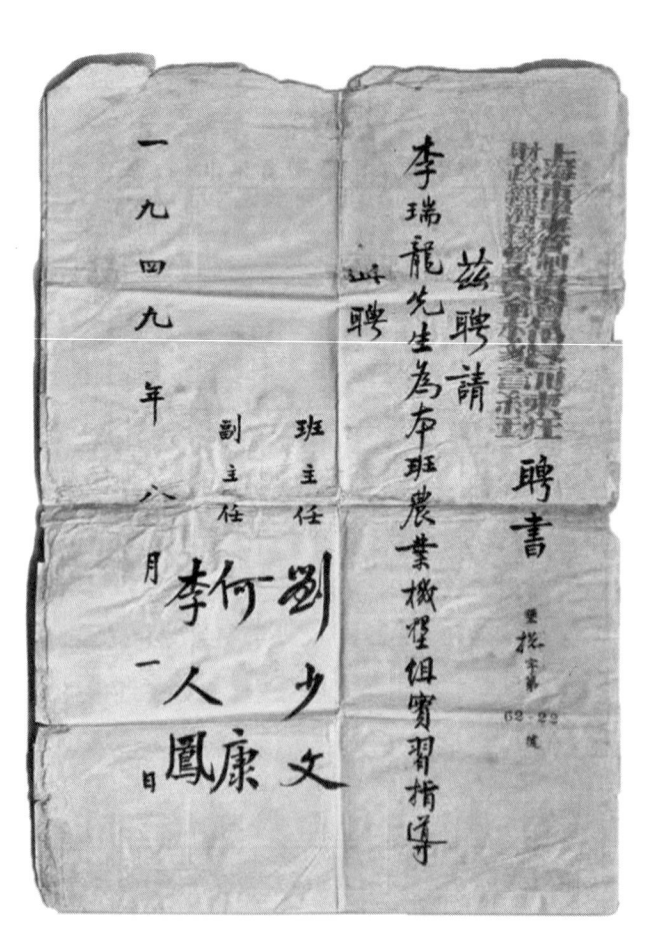

华东农林水利部举办培训班聘书

广。1950年1月邹秉文收到汇款,为了不错过播种期,他从纽约飞往密西西比,动员当地华侨分散采购,终于购得496吨棉种,运往新奥尔良港装船,经阿根廷驰往青岛港,种子抵港已是4月。为了不误季节,父亲昼夜兼程,在生产第一线指挥抢种,保证了当年的棉花丰收和来年岱字棉种的大面积推广。1950年棉花产量比上年增长55.8%,1951年又继续增长48%,良种的引进功不可没。20世纪90年代初,为竞选世界粮食奖,农业部上报国务院的材料中,特别提及了父亲在"1950年引进岱字棉、斯字棉良种2000吨,建立良种繁殖体系,使新中国棉花栽培事业取得较大发展"。

筹办农业机械化国营农场,华东农林部开创先河,父亲也是主要推动者之一。军管会时期,接收了旧政府留下的一批美制、欧制的农业机械,苏联推广办集体农庄的经验,又支援了一批苏式捷式的农业机械。为了消化与维修这批型号各异、来自不同国家的农业机械,筹办国营垦殖场,棉垦训练班内专设了农机组。聘请曾在广西大学农学院任教的徐明光、水新元和陶鼎来等留美农业工程专家和有修理农机实际经验的李瑞龙等技术工程人员亲自授课。父亲是培训班的班主任之一,为教师发聘书,为学员发结业证。为了筹办华东地区第一个机械化农场,父亲派徐明光前往山东广饶县黄河三角洲核定场址及提出技术办场方案,他还亲自到徐明光家探望,请他率领培训班的一批学员、导师前往山东,在盐碱荒滩上建起了著名的广北农场。徐明光担任了第一副场长,随同前往的李瑞龙成为第一位省级劳动模范。广北农场是华东地区第一所国营机械化农场,在中国农垦史上写下了辉煌的一页。

父亲回忆一生,上海三年是他难以忘怀的,回归热爱的农业,走上领导岗位施展抱负,青春燃烧在了激情的岁月中。1951年除夕,为了给新出生的儿子起名字,他给母亲的信中充满了对事业的热爱:"为了想孩子的名字,昨晚做了很多怪梦,一会儿想到取名叫'博',表示很博大;一会儿想取名叫'弘',表示很弘远。又想孩子的名字能联系到目前的建设情况、你我的名字,又想到取名叫'小丰',象征着农业的争取丰收。想到天明,在记忆中仍很清晰,但是这些名字我都不满意。早上小妹(即何嘉)想到小名,叫'小禾',一方面音同'小何',一方面又表示'嘉禾',很好写也很雅,爹妈大家都同意,不知外公外婆与你的意见如何?要是赞成就定名'小禾'。大名小妹想出来叫'冀',还是单名,有三个意思:一、代表希望,目前正是祖国开始建设,新生命的诞生正象征我们祖国未来无限美好的前途;二、'冀'是河北的简称,孩子生在北京,母亲又是大半个北京人;三、这是小妹的希望,就是希望再招来个妹妹。这个名字倒不坏,只是我感到自己一向思虑很快,这次却在儿子的名字上慢了一步,给姑姑篡夺了做父母正名的专利权,内心殊有不甘,因此提议'小禾'肯定,大名暂不肯定,待我们再想一想。

后排右起：何遂、缪秋杰、李碧生、陈坤立，前排右起：何康、何嘉、何迪、缪希霞

你说儿子取个什么名字呢?"弟弟"小禾"的名字一直叫到今天,他的大名单字"巍",定于1958年"大跃进"的年代,"东风压倒西风"、"祖国巍然屹立",但家人及至弟弟的同学朋友们反倒很少叫起。父亲90岁时,我们给落成的新居起名为"禾苗居",依然离不开结缘一生的农业。

## 三、思想改造

新中国成立,父亲走上领导岗位,从事热爱的事业,似乎人生一帆风顺。但是,在思想上父亲却认识到,自己从一个有十年党龄的共产党员,一直追求且走在时代前列的进步青年,变成了工作中需要从头学起的稚嫩干部,思想上需要彻底改造的小资产阶级知识分子,家庭里需要重新认识具有民主、进步、爱国思想的父亲。过去十年地下工作的革命经历,缺少组织生活、政治学习、党内运动的经验,对于自身的阶级定位是模糊抽象的,生活的圈子是狭小单纯的。"天翻地覆"的变化不仅是国家、社会,更加是自己的思想。

母亲难得写日记,因为她自觉毅力不足,难以坚持。幸运的是她留下了1950年1—2月的日记,在1月1日她写道:"自己的惰性真可怕,到现在还没有信心完成这一件事吗?——记日记,真得加紧锻炼。"尽管日记只有两个月,且非天天都有,但作为儿子,读起来饶有兴趣,特别是与父母的通信联系起来读,读出了这一对年轻的夫妻在大时代潮流中的思想变化。母亲的日记中涉及她单位华东供销合作总社的工作,但更多的是与父亲的争执、委屈与化解,当然也有爷爷和我这个儿子的趣事与变化,毕竟她是母亲,在公与私拉拉杂杂的记述之间充满着自我批评,具有时代特色。

在供销总社,母亲是会计科的副科长,又是妇女委员会的代表。过党组织生活、参加集中学习,妇代会的工作对她而言都是新鲜事。她看不惯老区干部的一些官僚作风,对于党组织生活走过场多有抱怨,因在学习中弄不懂一些新词汇,诸如阶级与民族的关系而着急,更因妇女工作只是陪衬、得不到重视而不满,因为这与她想象中的党、景仰中的老区干部有很大差距。她着急,"我自己的缺点太多了,因此更迫切希望党能严格地来督促我,帮助我改造自己;自己是太不争气,所以希望党来培育,然而这一点在总社内是做得太不够了。"对于妇代会的工作,"有人说,现在工作太忙,参加革命解放事业就是为了解放自己,阶级斗争胜利了,妇女问题便也解决了。但我不同意这个观点,目前妇女的一切还是不平等的,这还得我们妇女自己争取进步。首先,在工作中、在学习中都不要落于男同志的后面,这样才能有基本的说话力量，才能争取到政治上的平等。其次，妇女本身的狭窄也是限制本身发展的最大障碍，我们一定要去掉这种狭窄的妒忌心理，才能获得进步。"

话虽如此，母亲最难过的是家庭这一关。1950年1月15日是个星期天，下午父亲又要出差，母亲很想带着我，一家三口去照相馆拍照，可是父亲和爷爷谈着没完，时间飞逝，母亲催促，父亲戗了几句，"因此心里便觉委屈得很似的，哭了起来，发了一顿大脾气"，"晚上回想起来又感到了懊悔，何必这样对康发脾气呢，在他要离沪赴杭前，使得他不快，使他觉得我是幼稚得可笑。是的，正如他所说，我已是卅岁的人了，为什么还是这么孩子脾气呢？"母亲"再加深检讨是小资产阶级劣根性的充分表现。我总希望康更温柔一些，更体贴一些，在我脾气不好的时候，哄一哄我，对我温存一下，我便会很快地气消了。但我的这种要求是不是不对的呢？时时总是我虽明晓得这种发展要求是不对的，然而我却还放纵我自己的感情，偏偏这么要求着，也许可以说是自找苦吃！"

1951年11月父亲出差绍兴，在给母亲的信中写道，别人"都出去玩了，一个人坐在房子里，天气很好，秋天的天特别晴朗，我很想出去到公园走走，可是一个人太寂寞了，当时我就想要是你在这里多好，我们是太缺乏单独一起的生活了。我考虑了很久，我们的生活应该是很美满的。我们相识很久，从爱人而到同志，应该是很愉快的。你是很可爱的人，对我尤为亲切，而我也并不是很冷酷的人，为什么我们相处不愉快的时候很多呢？我想主要是我们过去的相爱是不十分健康的，缺乏深入的了解，在生活上、工作上互相亲切地渗透在一起，我们相爱很久，但还不够深，尤其是提高到工作与学习上，我们缺乏紧密的、牢不可破的血肉联系，因而我们的感情提不高、很庸俗，缺乏一个很坚实的基础。这主要应归咎于我，我是较早接受革命思想的，在政治上、工作上帮助你，我应负更大的责任，可是我在解放前，乃至解放后对你的帮助都不大，因而我们不能更好地在共同学习与工作中前进。至于我待你不够亲切体贴，那也是我的不对，但这较起前者来还是次要的，因此我认为要我们更愉快地生活，必须将我们的情感更提高，因为我们都是小资产阶级出身的，都需要很好地改造自己，牢固地建筑在共同工作与信仰的基础上，我想我们是充分具备这条件的，只待我俩的努力，尤其是我应更好地改造我自己"。

这是父母最早一批的书信，并非留给后代、诉之外人，反映的都是当时的真实思想。尽管有十年以上的党龄，从理论上讲也了解阶级斗争学说，但认识到自己需要认真地、脱胎换骨地进行思想改造，由此时起。出身于旧官吏家庭，受了旧大学教育，按阶级划分，给自己戴上了小资产阶级的帽子，需要经过不断的思想改造，才能成为无产阶级的一分子，成为真正的共产党员。这成为今后的父母书信中，父亲在历次运动中，自我检查不变的主题，思想改造几乎贯穿了终生。但是很少看到他想去改造别人，除了与母亲的交流，不记得曾要求我们进行思想改造，或者读马列、学毛选，也不作大道理说教，而是通过自己严于律己、宽以待人、以身作则，为我们树立了行事为人的榜样。他的思想改造打上了很深的时代烙印，或许他不认为自己的出身与阶级划分有教育他人的资格，或许他无法摆脱自幼所受到的影响，中国文人的传统："吾日三省吾身"，"见贤思齐焉，见不贤而内自省也"。

20 世纪 50 年代初兄妹合影，左起何康、何嘉、何世平

## 四、政治运动

　　1951年11月20日,毛泽东发出了在党内展开"反贪污反浪费反官僚主义"的指示,1952年1月又在大中城市展开了"五反"运动。父亲一再争取参加土改,因"三反"运动去不成了,他在给母亲的信中写道:"我失去了这样一个好的锻炼机会,我们最大的缺点在自己没有吃过苦,受实际工作的锻炼太少。这使我们缺乏深厚的阶级感情,革命的热情仅限于理性的知识而缺乏感性的体验,因此我们浮在工作与生活的上面,情感很脆弱,立场不够坚定。平时在领导的直接掌握下,一切还较好,但一旦在艰苦环境下独立处理工作,就不易掌握原则,容易发生偏差,往往非过'左'即过右,而不能坚定地沉着地工作。我也同很多同志谈过,的确没有一帆风顺的,坏环境下而能培养出坚忍的干部,只有困难、艰苦不断地磨炼,才能将干部锻炼坚强。我们将来必须尽可能选择这样的机会来锻炼自己,以便更好地工作。""三反"是父亲第一次亲身参与全过程的政治运动,他也因此开始认识到什么叫"党内斗争"。

　　"三反"运动的第一阶段是自我检查。在部领导中父亲的支出最少,因为每次出差,凡是超出预算规定部分,父亲都自掏腰包。有一次部里统一给领导干部做身卡其布中山装,用于公务场合,父亲交了一半费用。而曾担任国民党军长的佩剑将军——华东农林部部长张克侠因家庭困难,出不起这一半的费用,遂由部里统一支出了这笔置装费。部里要退还父亲所出的费用,他不便拒绝,但做成了捐款。他"自认为小心谨慎,不胡作非为,但是经过这次检查,我在思想上以及在工作中还是存在着铺张浪费现象,而且一年比一年严重,这主要表现在会议招待及出差招待上,我两次到北京开会都招待同开会的人吃涮羊肉、烤鸭子与看京戏,在上海也曾出主意请各省厅处长吃锦江饭店。虽然这些都是大家花钱的,而且也是当时的社会风气,但是证明自己不能勤俭朴素,而以此表示大方大气来达到'团结'与革命态度的目的。以现在的水平来看,是受了资产阶级思想的侵染,而缺乏严肃一贯的无产阶级作风"。通过这一阶段的自我检查,父亲认为部里存在的问题不严重,基本面是健康的。

　　运动发展出乎父亲的想象,在第二阶段,以"反贪污"为重点,发动群众,要抓出"大老虎"。运动开始时,揭发检举,但坦白的不多,"高潮冷了下来,又麻痹地认为差不多了"。直至"领导上的督促检查深入","才重整旗鼓"。父亲在给母亲的信中又自我检讨:"现在运动又深入了一步,前一段使我更了解了自己的缺点,而后一段则磨炼了我阶级斗争的斗志。我对与资产阶级作斗争的严肃性与艰苦性

1951 年何遂心脏病复发，家人们在华东医院探望时留影

认识太差、轻率、急躁，怎么能上阵作战。自己太幼稚了，太缺乏阶级斗争的经验。这次虽未参加土改，但受的教育并不少，到乡下是看农民斗地主，而在这里是亲自率领无产阶级的队伍向资产阶级的思想及腐蚀行为开火，对我的锻炼更大。""明天就年卅了，过年放假时期我们将同样地紧张，准备在年后开斗争大会。"

春节后"三反""五反"运动掀起高潮，正月初八是父亲 30 岁的生日，他只在家中吃了碗寿面就出去开会了。会议的焦点对准了父亲敬佩的程照轩部长和他夫人于汀子，"主要是作风不民主，生活上较铺张，虽然对我的意见不如他那样多，但对我的教育很大，我深知自己的阶级出身，我的弱点比他还大。于汀子因支部大会给她提了两天意见，群众大会又有人给她提意见，提得都很尖锐，她太好强，太脆弱，现已神经失常入院休养。"于汀子在抗日战争爆发后毅然中断学业，由日本回国，与兄妹亲戚近十人举家抗日，在胶东传为佳话。她 1938 年入党，时任华东农林部秘书科科长。父亲感叹："作为一个共产党员，必须要勇于接受意见与改正错误，神经要粗壮健康，不能太麻痹也不能太脆弱。"尽管程照轩过了"三反""五反"这一关，1954年他们夫妇调到中央农业部，程照轩还担任了副部长，但最终没有躲过"文化大革命"这一关，1966年被迫害自杀身亡，1979年得以平反并在北京举行了追悼会。

在运动中，父亲还担起了帮助爷爷进步的责任。1950年，吴石将军在台湾遇难，外公缪秋杰因泄密辞去了中央财政部参事职务，他们是爷爷的挚友，爷爷心脏病发，借此向华东统战部部长陈同生大发脾气，批评中共工作失误，致使吴石遇难，中共不讲义气，过河拆桥。父亲从小跟随爷爷，认为爷爷从辛亥革命起一直追求民主，爱国抗日，与周总理、董老、叶帅等是好朋友，为党做了不少工作，在华东又为陈老总的部下，担任政法委员会副主任、司法部部长。父亲在运动中检查了自己对于统战政策的认识，对爷爷，"我预备慢慢同他从一些具体问题、历史问题上来进行分析，帮助他进步"，"他还是要求进步，在目前情况下，不进步也不可能"，"帮助他也正是借镜来教育我们自己。"

在北京的外公也出了事情。1949年年底，外公缪秋杰因在给盐商的信中泄露了调整盐税的政策，受到领导批评。他深感自责，几经要求，在1950年6月辞掉了财政部参事职务，领导未再追究。1951年年底的"三反""五反"中，旧事重提，将外公拘捕。爷爷为此专门给政务院副总理兼政治法律委员会主任董老写信求情，董老回复，一码是一码，昨日之功不能抵今日之过，最终判了刑，但缓期执行。外公从此彻底脱离了政界。父母在运动中作了深刻检查，母亲检讨道："沉痛感到自己的政治水平是如何低差，阶级立场是多么模糊。'三反'对我的教育意义是太大了，这是个最具体的考验，粉碎了我对家庭的模糊看法。从今后，必须而自要坚定地端正我的视线，不单从思想上，并且在感情上划清与家庭的界限。"

"三反""五反"是父亲第一次参加的政治运动，他开始认识到什么是党内斗争，在今后一连串的政治运动中，他总是"右倾"、"犯温情主义"的错误，斗争不够坚决，总是检讨自己的出身问题，"小资产阶级思想"。父亲总是夹着尾巴做人，除了"文革"，在历次的运动中他都没有成为被斗争的对象。在几十年的工作中，他一再表示或检讨，"不爱或不善于做政治、人事工作、搞人事关系"、"对上不跟人、对下不结派"。

1977年，中央农林部上报国务院、中组部的材料中写道："何康参加革命以来，在历次政治运动中表现较好。'文化大革命'中，能正确对待群众对自己的审查和批判。工作积极，认真负责，对科研工作较熟悉。有一定组织领导经验和理论水平。工作作风正派，能联系群众，团结同志一道工作。但在工作中有时表现急躁。"父亲抄下了这段评语，并写下"存查以自勉自励"。

# 附　录

# 怀念先父缪秋杰

缪希霞

岁月荏苒，父亲逝世转瞬 20 年了。

1948 年，父亲被国民党政府撤去盐务总局局长职务，退居北平，等待解放。中共上海局领导考虑到他的安全，让我劝他暂避香港。记得是 11 月，我与父亲从塘沽乘船赴港。当时，刘晓、张执一等同志也在那里，他们为父亲在石澳安排了住处，我伴他月余，因有任务，便先回上海了。不久，北平和平解放，经组织安排，父亲与梅汝璈等爱国民主人士同船经天津返北平。他先在华北人民政府工作，新中国成立后，任财政部参事。

1942 年，时任盐务总局总办的缪秋杰

父亲由一个比较正直的旧官吏，最后，满怀热诚地归向人民，曾走过曲折的历程。

父亲字剑霜，祖籍江苏江阴，1889年生于上海。早年毕业于税务学堂，1913年进入盐务稽核总所管理英文档案。因业务熟悉，受到会办英人丁恩赏识，擢升得很快。30多岁就担任省一级盐务领导，1930年任两淮盐运使；1935年任四川盐运使；1938年任闽、粤、湘、桂、浙、赣六省盐务特派员；1940年春升任盐务总局局长。

父亲在盐政任职期间，当然是替国民党政府征税效力，但在抗日战争的艰难岁月里，他也确实为保障当时老百姓的食盐供应和开辟抗日财源尽了一份心力。当时，沿海大部分地区已经沦陷，海盐来源断绝，长芦与两淮盐产区均陷入敌手，四川的井盐必须承担起供应全国大部分地区的重任。于是，父亲狠抓井盐生产，广开卤源，以满足当时的需要。

父亲是爱国的，有较强的民族意识。他虽感激丁恩的知遇，但对外国人控制中国盐政是反对的。他就任盐务总局局长后，立即提出废除盐务总局及各分局会办由洋员任职和行文用英文正副本的辱国制度，并获准执行，由此开始了我国盐政自主的局面。父亲对国民党特务意欲控制盐务系统不满，为抵制"军统"渗入，他在盐务系统内成立了一个独立的税警团。"中统"曾派一百多个"缉私督察员"到盐务机关。为了削弱"中统"在盐务系统的力量，父亲在盐务总局成立视察处，派老盐务人员为处长，"中统"头目为副处长，撤销"缉私督察员"的编制和称号，并把这些人和老盐务人员混杂安排。

父亲最好的朋友是何遂。我与何遂的第三子何康结婚后，缪、何两家的关系也就日益亲密。何遂与中国共产党的关系是较密切的，父亲受其影响，对共产党坚持国共合作抗日的主张逐渐有所认识，对当时在国统区坚持工作的周恩来、董必武同志十分敬佩。何遂长子世庸、次子世平在延安"抗大"毕业后，先后回到重庆，根据组织上安排，均通过父亲在盐务系统安置了工作。

周恩来同志在渝时常到沙坪坝南开中学时任校长张伯苓家做客。张亦为我父好友，常通知我父去作陪。时隔20年，1960年2月，周总理到海南岛视察时，还向我和何康问及我们父母的情况，并指着我们对在场的同志说："他们都是官僚家庭出身的子女，现在不是干得很好吗？"总理亲切的教诲，至今言犹在耳。

1940年夏，因淮、沪盐被日军控制，陕中、豫西地区食盐供应紧张。父亲想从陕甘宁边区运出花马池盐接济，便通过何遂与叶剑英同志联系。叶剑英认为，将花马池盐外销，换取边区所需的日用品，对发展边区经济是有利的。经何遂介绍，父亲在重庆海关宴请董必武、叶剑英、博古同志。席间商妥，由何世庸以盐务总局代表的身份赴边区洽办。不久，何世庸公开经西安抵延安，受到朱总司令、叶剑英、林伯渠和叶季壮（时为边区后勤部部长）等同志的接见。他回到重庆后，向父亲报告了交涉经过和拟定的办法，父亲即派他到甘肃平凉盐务运输处工作，专门负责督办。此事得到了较圆满的解决，客观上破坏了反动派对陕甘宁边区的经济封锁。

1941年1月皖南事变发生后，父亲对国民党的倒行逆施深为反感。他从何遂处得知八路军办事处经济上有困难，便与何共同筹措了一笔现款，同车送往曾家岩周公馆，面交董必武。后来，董必武、叶剑英还送给他们延安生产的白毛线、毛毯、衣料等作为答谢。

抗战胜利后，盐务总局迁回南京。1946年解放区有2000吨食盐在运输途中被盐务税警团缉私大队截留，董必武为此专函由何康转交我父，他当即批交下面将这批食盐放行。

1946年内战爆发后，中共上海局决定在上海成立瑞明股份有限公司，作为上海局直接领导的经济机关，资金设备等均为我党资产。为便于掩护，由父亲和何遂出面作为缪、何两家合办的企业，邀请上海金融界知名人士组成董事会，刘长胜同志化名出任董事，由吕苍岩、李桐村任正、副董事长，何康任总经理，我担任会计部主任。那时，我们住的愚园路俭德坊2号，是中共上海局的一个机关，房子是通过我父亲的关系取得的，没有用党的经费。

1948年，我父亲因反对增加一笔盐税作为国民党的党务经费，触怒当局。那时国民党政府亟欲控制盐政财权，便撤掉我父职务，由"中统"头目王抚洲继任。至此，父亲对蒋介石的统治完全失望。

父亲在旧官场沉浮数十年，难免有种种局限。他的晚年，由于当时形势和自身健康的原因，未能多作贡献。然而他对自己最终选择的道路，从未反悔。

发表于1986年8月5日《人民政协报》

# 1951年"三反"运动中的思想汇报

缪希霞

## 一、家庭出身

原籍本是江苏江阴，但自祖父到北京"赶考"，未中，即落户在北京。因感到没面子，而不愿再回原籍，和原籍的大家族便也断了来往。活到卅几岁便去世了，留下了两个孤儿及祖母艰苦地生活着。后来得到舅祖父一些资助，父亲才去读书。以后便半工半读地考进了税务专门学校，毕业后即分配到伪盐务局工作，由科员、秘书、分局长，直到总局长，共计工作了卅几年，直到1948年被撤职。

在旧社会里以旧的眼光来看他还算一个比较清白的人，没有什么政治活动，是个搞业务工作的人，脾气很直爽以至暴躁。他自命是清高超然的，封建士大夫气很重。但实际上，他是替反动政府服务的，他的工作越是努力，盐税收得越好，那正成为帮凶，帮着好稳定了反动政权啊。就在他认为做得最好的一件事上——帮助陕北边区政府解决了食盐输入，蒋管区已冲破经济封锁——在今天看起来，那也只是由于他业务上的需要，而且可以完成他调剂民食的任务，同时表现他的超然，所以才向反动当局力争而并不是真正地在政治上有明确的认识。

他虽然出身很贫苦，但是有了工作以后，即很顺利，一步步地爬了上去。直到晚年做了伪盐务总局的局长，他的阶级本质是在逐渐地变化的。生活上已上升到接近资产阶级。

在1948年，为了擅自取消名义上是盐工福利费而实质上是国民党党费开支的盐税附加税，他抗拒了反动当局的意志，所以被撤职，并且当局准备查办他，所以他跑到香港，北京解放才回到北京。由中央统战部介绍到中央财政部任参事。当时我们都很高兴，觉得父亲还不错，虽然为国民党服务了那么多年，但终于还是回到了人民的怀抱。他对盐务上的经验也可贡献给人民了。但今日回想起那时的高兴，多半还是偏重在私人的感情上，只看到他比较好的一面，而没有到他丑恶的一面。他当时取消了国民党党费的盐税附加，并不是对于革命有什么真正的认识。他是为了实现自己的超然，即正义感，以及他自谓的"不畏权势"，但他忘了他是一直在为反动政府服务着的。

对于他及家庭，一直是缺乏一个明确的正确的认识，只是糊里糊涂地存在于温情的私人感情中，没有从政治上正视过这个问题。对于父亲也没个正确的估价，只是盲目地相信他所说的一切，以至在1950年4月间，他来上海医病时，告知我们他在1949年12月曾犯了大错时，也未引起我们足够的警惕。

事情是他给一个盐商朋友写信，告知了盐税可能增加的消息，以致盐价波动。当时领导即找他去询问，他即承认了错误，并请求处分。他对我们表示很愧恨，说已呈请辞职数次。当时，我们还劝他不要辞职，既已认识到错误，仍可戴罪立功。现在回想起来，幸亏他回去后还是辞职了，否则可能会做出更严重的罪行来。我是太缺乏政治嗅觉了，没有从本质上、从阶级立场上来看这个问题，只认为他既已认错，并悔愧到辞了职，而组织上也未处罚他，我便也没有再仔细地追查这件事情。只是麻痹的掺杂着私人的感情而原谅了他，直到最近"三反"运动开始，他被增产节约委员会找去谈话，并被扣押起来，我才惊醒过来。沉痛地感到自己的政治水平是如何低差，阶级立场是多么模糊。"三反"对于我的教育意义是太大了，这是个最具体的考验，粉碎了我对家庭的模糊看法。从今后，必须而且要坚定地端正我的视线，不单从思想上，并且从感情上划清与家庭间的界限。

## 二、家庭的经济情况（是根据历年来的日常谈话中我听到的一切而归纳的）

解放前主要的生活来源是靠薪金，另外有伪盐务局所发的养老金，过去是退休时始发，以后改为数年发一次，在后（大约是抗战胜利后）是改为每年发一次，在抗战期间，他被停职过一次，曾领了一笔很大数目的养老金（大约是根据工作年限越长，养老金越多，详细数字不知）。当时，他即交给银行界的朋友李桐村，代为买了美金债券。抗战胜利后，美金债券还本兑现时，增值了很多倍，听说当时共合得了5000美元，仍一直放在李桐村处未拿回，后来在反动政府改革币制为金圆券时不准私人保存黄金美钞，那时李桐村即代将5000美元中的一部购买了某轮船公司（名字不知）的股票，另一部投到四合计房地产公司，在上海铜仁路安仁坊盖了数栋房产房屋。但听说自从分投到这两个公司内后，即一直没有拿回过钱。后来，父亲没有工作后，把本钱抽回来，以维持家用均不可能。抗战胜利后所发的养老金，陆续买了黄金，解放后已陆续卖了卅九两，现尚存黄金廿两。

关于不动产，有房屋两所。一座在北京，就是现在自己所住的。此房原是外祖父的房子，在廿几年前，因家道中落舅舅们要分家，所以我母亲便把她从生活费中节省下的私蓄买了这所房子，以便分家，而外祖父母则仍可住着不动，以免老年人难过。因我们家一直是在外省跑的，另外一所在南京，是抗战胜利后，反动政府因房荒而鼓励大家盖房子，银行可以贷款，所以那时便也向银行借款而盖成功的。那时的纸币贬值很厉害，还款时已不值钱了。解放后家中搬回北京，南京房子想卖而无买主，直至去年才找到一家租客，租金仅够付房税和地价税。

我的母亲是个旧式家庭妇女，解放前父亲有工作时，是可以不劳动的，自从父亲没有工作，家事便是由自己操作了。我有三个妹妹，一个弟弟。二妹及二妹夫是青年团员，解放前在燕京大学时，因参加地下学联活动而被反动派列入黑名单，公布通缉，但在学校内未搜到，以后他们便到老解放区去了。北京解放后和军管会一块儿回到北京参加接管工作。现二妹（现名李涵）在中央文化部社会文化事业管理局担任秘书工作，二妹夫（现名石泉）在中央教育部高教司担任副科长工作。三妹（缪希琴）是1946年到老解放区去的，是青年团员，现在华北革大行政学院教育科工作。三妹夫王唐文是共产党员，在华北革大行政学院担任院长工作。弟弟缪希法在金陵大学农学院读书。小妹缪希陶是少先队员，在北京五一中学读初中。

## 三、个人经历

那时是只知道努力念书，将来可以独立工作赚钱，而不是要依赖别人，尤其不愿依赖丈夫，像那时的一般妇女所走的路。我要自己工作，自己有经济权，那才不会给丈夫压迫，这是由于当时所看到的都是妇女受欺辱的影响。同时，我父亲也常说，他不需要很多的钱，他把儿女供养大了，供养到大学毕业，便都可以自立谋生了，他就算尽到了父母的责任。给儿女留很多的钱，那更是害了儿女，至于他自己，到了晚年能有一笔养老费就够了。因此，这给予我们姐妹的影响很大。

1939年，由于日本鬼子的统治更加凶恶，经济来源也将断绝，所以决定转移到内地去。虽然还差半年即将毕业，但也顾不得了。即由上海经宁波、金华，顺着公路到达四川。途经桂林时由于世交的关系，碰见了何康的二哥何鹏（共产党员），那时他是刚由抗宣队被派回到内地。他以无比的热情向我们姐妹三人上了政治上的第一课。是他头一次启开了我们的眼睛，扩展了我们的视野，使我们三人知道了很多不知道的事情，初步地认识了共产党。感到过去的日子是活得多么空虚，20年的生活都是一段空白。从那时起，才算有了思想。这也是把我们姐妹导向了革命道路的一个起步点。那一次的会晤，在我们的心里种下了革命的种子。

1940年到达了重庆，便和何康的家庭发生了密切的关系。一来是何康的父亲何遂和我父亲是多年的好朋友，二来是何鹏早就向我们介绍了他的哥哥和弟弟，叫我们向他们多请教。

由那时起，便和何康同学由南开中学直到广西大学毕业，思想上受他的影响不少，但具体的帮助教育是不够的。在学校内我接触的一些同学都是进步分子，后来知道多是共产党员。有个最要好的女同学李桂娟对我的影响也很大，那时我们时常密谈从书本上所看到及所听到的陕北的一切事情，整天幻想着能有机会跑到陕北去，我尤其向往去鲁迅艺术学院。但何康及他的哥哥们总说要参加革命工作，也不一定非到陕北去，什么地方都有革命工作可做的。当时我还不明了，后来才逐渐了解到这一点，因此便不再嚷着要到陕北去了。只是默记着只要跟着他们走，总不会错的。他们叫我去做什么，我便去做什么，也不多问。因为他们说过不要多盘问，因此在深夜他们有朋友来密谈，我便也自动地躲开，但我内心知道，那来的人一定不是平凡的朋友。在日本人打到广西，我们撤退时，只剩我一个人，我也是把存在家中的一箱电讯器材隐蔽好才跑，而并不感到惊奇和恐慌。我们便是在这个可以意会而不可言传的关系中过着。在学校内除了演话剧及唱京戏外，没有参加过其他的活动。1944年毕业后即在四川自流井安益公司做会计工作。到1945年8月，我们决定结婚而订婚时他才正式告诉我，他是个共产党员，并且我们的婚姻也经组织上批准了。从那时起，我才真正明朗化地走向革命的大道。但由于当时的环境，我也没什么具体的工作做，只是跟着做些零碎的事情，精神上还是相当苦闷。

1947年10月，上海地下党组织要新建一个经济据点，派何康来负责这个机构。名义上是他的父亲及我的父亲出面组成，实际上资金完全是地下市委的，由市委直接领导。何康担任经理，我便在那个公司里担任会计工作。由那时起我才算和组织上发生了直接的关系，内心之高兴是无法言喻的。我终于算有了实际的革命工作，可以为党做一些事情了，我必须尽我所能贡献我的一切。后来地下党市委之一张执一同志提出我入党问题，才由何康及邓裕民二人介绍，在1948年11月正式入党。

## 四、"三反"思想总结

"三反"运动刚刚开始时,我还在休养中。当时我除了感到毛主席的伟大和英明而衷心表示拥护外,没有想到联系自己,因为我早就为看到一些不合理的现象(如某些部门的过分铺张浪费,极严重的官僚主义,以及机关生产上的许多毛病),而思想上搞不通,发过牢骚,但对于贪污方面是估计不足的,没有想到在人民政府里还会有这么多的贪污分子,并且其中还有共产党员。

"三反"运动展开以后,我才更明了到这一运动的伟大意义。但感到自己既无贪污又无浪费,官僚主义也是着重在领导上,因此仍很泰然地在休养,完全作为"旁观者"。直到得知父亲被扣押以后,才警觉到自己麻痹的严重性,才感到必须停止再休养。虽然病未全好,也应得回工作岗位。在这一伟大的运动中彻底地"洗个澡",清除一下过去的麻痹思想,划清资产阶级思想界限。

## 五、资产阶级思想的影响

(1) 我出生在一个小资产阶级的家庭,以后逐渐上升到接近资产阶级。父亲做到反动政府的高级官吏(伪盐务总局局长),又是长期生长在较大的都市里,接受着资产阶级的教育,因此养成了个人主义,从小又是娇生惯养,旧社会里因为我父亲的关系,也是逢迎奉承,因此又使得我很任性,不能忍受一点委屈。

把自己看得很重,总希望别人能来迁就我,幸喜入党以后受到初步的教育,知道应当把党放在第一位,个人是其次的。但改造得还是很不够的。例如,由合作总社调到司法部来工作,当时表面上虽是服从了组织上的调动,但思想上是有保留的,我是抱着临时观点来工作的。我只想工作半年到一年的时间,以后仍回去做会计工作。因为对秘书工作既不熟悉,又无兴趣。同时,到了司法部以后,又感到不被重视,也没有具体的工作,想到在合作总社时,总算领导着一个小单位,大家都很尊敬我,组织上也很关心我,但到司法部后所得到的都是冷淡,因此就更不满意了。然而,我所考虑到的这些都是什么呢?都是从个人出发的斤斤计较与地位待遇,并没有想到我的工作做得如何,我是否已努力尽了我的责任。我不是考虑如何工作,而所考虑的却是个人的一切。

(2) 阶级立场不坚定,政治警觉性差,斗争性不强。由于出生在官僚家庭,又没有经过严肃的阶级斗争的考验，因此个性非常之软弱，感情容易冲动，脆弱，非常之容易哭，入党的时间很晚，又是处在地下环境，未能很好地受到党的教育，尤其是缺乏实际的斗争经验。基本上的缺点是仍都存在的，因此阶级立场不够坚定，政治警惕性差。例如，我父亲在中央财政部任参事时，在1949年12月，泄露盐税加价消息，后引咎辞职，未被处分，在"三反"开始后才被追查扣押。在事情发生的当时，我就表现了政治上的软弱，未能提高到原则上来看这个问题，反而原谅了他的口头上的悔过，实际上他的内心到底是如何呢，便没有去仔细地追究。就是最近他被扣押了以后，虽然痛恨他的罪行，但感情上还是隐隐地有一点难过，担心他年老有病的身体吃不消，而不能爱憎分明地对他这个行为引起强烈的憎恨，在积极揭发检举方面也是很不够的，虽然由于客观上我也不大了解内情（所知道的一点已写了寄给中央财政部），但主观上也没有采取积极的态度。

又如，在"三反"运动中，最初虽没有参加，仅由所看到的一些材料中，思想上还是偏向右倾的。看到变相肉刑等，觉得群众有点儿过火；看到逼供信情形，有点为那个被怀疑错的人叫屈，这固然是由于自己没有亲身体验参加到打虎斗争中去，但也说明是由于自己的阶级出身而表现出立场不坚定。又像后期参加学习后，也不大发言，推诿情况不熟以及自己不习惯于讲话，但仔细检查也是政治嗅觉太差，斗争性不强，找不出问题，同时怕得罪人，习惯于处在无原则的一团和气中。

（3）享受意识，生活作风不够俭朴。抗战胜利后到了上海，还看不惯上海的繁华，看到生长在上海的表妹们涂脂抹粉，烫发穿高跟鞋，还感到鄙视，但是日子久了以后，自己也趋向于装饰了，并且也是烫发、高跟鞋、涂口红，而并不感到丑恶了。在做地下经济工作时，借口掩护，必须穿得好一点，便热衷于做花衣裳，其实这是不太必要的，主要的还是自己的虚荣心盛，享乐思想向上发展。直到解放后，自己没有添置过新东西，生活上是比从前下降了，因此就认为是趋向俭朴了。但仔细检查起来，没有添东西的原因是过去原有的已经够用了，还都可以将就过去，无须添置。虽未去追求过分的享受，但也下意识地感到过去什么都好。通过"三反"，感到过去什么吃的喝的穿的都不缺，对那些花天酒地是不屑一顾的，而并不是真正认识到俭朴的美德。同时，过去我所了解到的俭朴、享乐的标准，也还是非无产阶级的小资产阶级看法，若以无产阶级的标准来衡量，享受思想还是较重。比如住房子，总希望住得好一点，总希望能力范围内把屋子布置得较合自己的心意；又如吃东西，也是总希望吃得合口味，较粗的供食便难以下咽；再如买东西，也是总喜欢选质量好而价钱贵的那种，而不愿意去买那质量虽差一点而价格便宜的那种。总之，我对于物质生活方面还是想享受得好一些，而且是重视到这些事情的。相反，对于政治方面的学习却是放松的，未能及时努力提高自己的思想水平。

## 六、"三反"对我的影响及今后努力的方向

"三反"对我的教育意义是太大了，过去对贪污腐化、铺张浪费虽然感到厌憎，但是恨之不足的那只是出于自发的小资产阶级的一种清高感，而并未真正认识到它的危害性，以及所造成的对人民、对国家的那么严重的损失。这次"三反"，提高了我的认识，也由这里我得到了经验教训，并且是更进一步地认清了资产阶级的丑恶面目而感到必须划清这道界限，隔断这些长久潜存在脑子里的或多或少的，都与资产阶级思想感情有着关联的千丝万缕的线，那才能得到根本的改造，否则，只是自欺欺人而已。今后不应还只是停留在憎恨的阶段，并应坚决地不断地向这些现象做无情的斗争。

"三反"进一步提高了我的政治觉悟，让我初步懂得了如何运用批评与自我批评的武器，加强了我们的觉悟和信心的证明。

在对家庭的问题上，过去一直很模糊，从没有正视过这个问题。对于父亲也没有认真分析过，"三

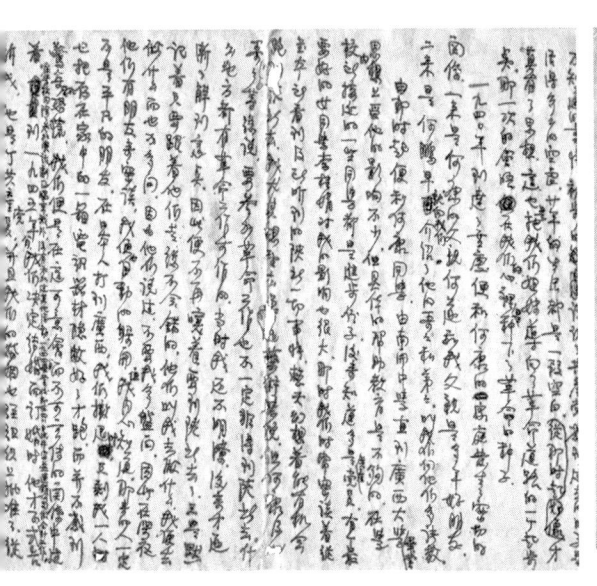

《1951年"三反"运动中的思想汇报》原件节选

反"以及父亲被扣押，给予了我一个最实际的考验，使我对家庭有了一个初步的明确的认识，并划清了界限。今后，不单是从思想上认清这个问题，并应贯彻到感情行动中去。

在学习方面，应该加紧努力学习，以提高政治思想水平，不要再做思想上的懒汉。

# 何家家系表

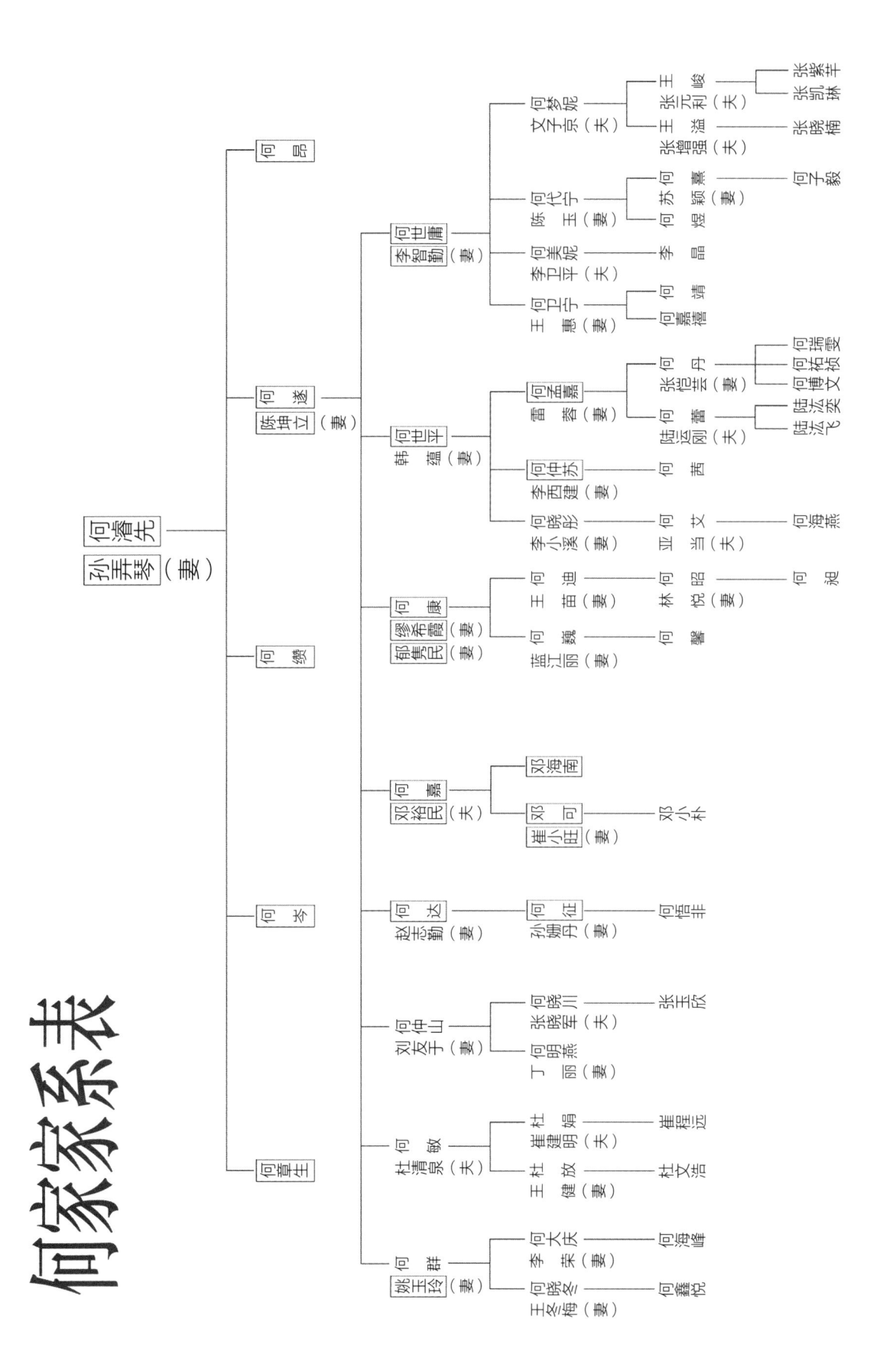

- 何昂
- 何遂　陈坤立(妻)
  - 何世庸　李智勤(妻)
    - 何梦妮　文子京(夫)
      - 王峻
      - 王元利(张增强 夫)
        - 张紫芊
        - 张凯琳
      - 王溢
        - 张晓楠
    - 何代宁　陈玉(妻)
      - 何苏颖熹(妻)
      - 何煜
        - 何子毅
    - 何美妮　李卫平(夫)
      - 李晶
    - 何卫宁　王惠(妻)
      - 何靖
      - 何嘉禧
  - 何世平　韩蕴(妻)
    - 何孟嘉　雷蓉(妻)
      - 何恺丹　张恺芸(妻)
        - 何瑞雯
        - 何祐祯
        - 何博文
      - 何蕴　陆运刚(夫)
        - 陆法柔
        - 陆法飞
    - 何仲苏　李西建(妻)
      - 何茜
    - 何晓彤　李小溪(妻)
      - 何文亚当(夫)
        - 何海燕
  - 何广康　缪希霞(妻)　郁隽民(妻)
    - 何迪　王苗(妻)
      - 何昭　林悦(妻)
        - 何昶
    - 何魏　蓝江丽(妻)
      - 何馨
- 何缵
  - 何嘉　邓裕民(夫)
    - 邓海南
    - 邓可　崔小旺(妻)
      - 邓小朴
- 何岑
  - 何达　赵志勤(妻)
    - 何征　孙姗丹(妻)
      - 何悟非
  - 刘仲山　刘友于(妻)
    - 何晓川　张晓军(夫)
      - 张玉欣
    - 何明燕　丁丽(妻)
  - 何清敏　杜清泉(夫)
    - 杜娟　崔建明(夫)
      - 崔程远
    - 杜放　王健(妻)
      - 杜文浩
  - 何群　姚玉玲(妻)
    - 何大庆　李荣(妻)
      - 何海峰
    - 何晓冬　王冬梅(妻)
      - 何鑫悦
- 何萱生

何清先　孙荓琴(妻)

# 缪家家系表

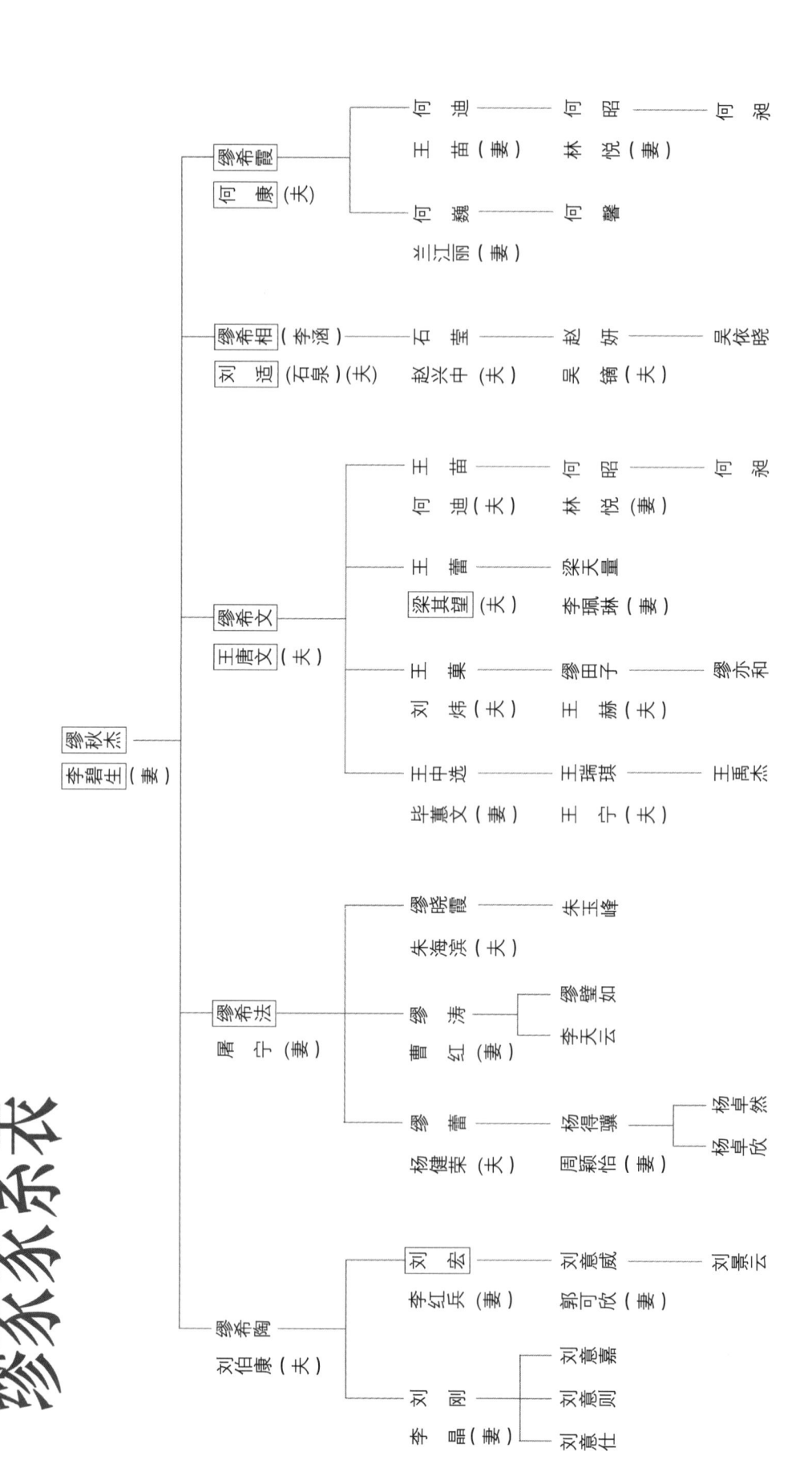

```
缪秋杰
李碧生(妻)
├── 缪希霞 ── ┬── 何迪 ─────── 何昭 ─────── 何昶
│   何康(夫)  │   王苗(妻)      林悦(妻)
│            └── 何魏 ─────── 何馨
│                兰江丽(妻)
│
├── 缪希相(李涵) ── 石莹 ─────── 赵妍 ─────── 吴依晓
│   刘适(石泉)(夫)   赵兴中(夫)    吴镝(夫)
│
├── 缪希文 ── ┬── 王苗 ─────── 何昭 ─────── 何昶
│   王唐文(夫) │   何迪(夫)     林悦(妻)
│            ├── 王蕾 ─────── 梁天量
│            │   梁其望(夫)   李珮琳(妻)
│            ├── 王棠 ─────── 缪田子 ─────── 缪亦和
│            │   刘炜(夫)     王赫(夫)
│            └── 王中选 ────── 王瑞琪 ─────── 王禹杰
│                毕蕙文(妻)    王宁(夫)
│
├── 缪希法 ── ┬── 缪晓霞 ─────── 朱玉峰
│   屠宁(妻)  │   朱海滨(夫)
│            ├── 缪涛 ──┬── 缪璧如
│            │   曹红(妻) └── 李天云
│            └── 缪蕾 ─────── 杨得骥 ──┬── 杨卓然
│                杨健荣(夫)  周颖怡(妻) └── 杨卓欣
│
└── 缪希陶 ── ┬── 刘宏 ─────── 刘意威 ─────── 刘景云
    刘伯康(夫) │   李红兵(妻)    郭可欣(妻)
              └── 刘刚 ──┬── 刘意嘉
                  李晶(妻) ├── 刘意则
                          └── 刘意仕
```

远游良多艰　壮心未能已

附录

时年85岁的何康题父亲何遂15岁出川过瞿塘峡时写的诗句,"赠爱儿迪苗 壮心未已书此存念"。